病いの語りによるソーシャルワーク

エンパワメント実践を超えて

栄 セツコ

金剛出版

はじめに

　「反省的な実践家は行為をしながら考える」，このフレーズはショーン（Schön, D.）の訳書である『専門家の知恵』（Schön 1983=2001）の副題である。これは，専門家の専門性とは活動過程における知と省察それ自体にあるという考え方であり，思考と活動，理論と実践という二項対立を克服した専門家モデルであることを意味する（秋田，2001，p.215）。
　近年，精神障害者に関する法制度の理念に，地域移行や地域定着支援並びに地域生活支援が提唱されるなかで，精神科ソーシャルワーカー（以下，援助専門職）の支援も単に個別支援やグループの支援だけではなく，地域住民に理解を求めたり，地域生活に必要な資源を開発したりする必要性が強まってきた。精神障害者の場合，特に意識的バリアである偏見をどのように低減していくかが大きな課題となっている。つまり，抑圧的な社会環境のなかで，パワーレスな状態にある精神障害者が一人の市民としてのアイデンティティを確立し，本人自身がその抑圧的な社会環境を変えていく方策を解明することが喫緊の課題と言える。本書では，社会の偏見に悩む精神障害者が自らの病いの経験に基づく語りを公共の場で行うことを通じて，抑圧的な社会環境に影響を与え，パワーを取り戻し増強することを目的とした活動を事例として提示する。その「公共の場における語り」に対する援助専門職の支援モデルから，広く援助専門職の支援に役立つヒントを導き出すことを企図した。同時に，「研究者の私」が「援助専門職の私」の実践，及びその実践に参加した当事者のエンパワメント効果の検証とモニタリング，そ

の結果を論文として書くという一連のプロセスを反省的に考察することで得られた知見を提示する試みである。その意味で，本研究は，精神障害者にエンパワメントをもたらす公共の場の語りの実践モデルを研究したものであると同時に，「援助専門職」と「研究者」という二つの立ち位置をもつ「私」自身の当事者研究でもある。冒頭のショーンは，実践者は研究キャリアと実践キャリアを行き来しながら，時間をかけて省察的研究家になっていくと述べている（Schön 1983=2001, pp.340-342）このような研究目的を立てた背景には，私自身の精神科ソーシャルワーカー（以下，援助専門職）の臨床経験がある。精神の病いを患うことで，病気そのものと抑圧的な社会環境との相互作用のなかで自らのパワーを喪失し，自らの声を奪われてきた人々とのかかわりがある。本書は，精神の病いを患うことでパワーを喪失した人々がどのように自らの声を取り戻し，病いをもちながらも自分らしい生活を再構築していくのか，この当事者と協働する援助専門職のエンパワメントに基づく支援モデルを提示した。その支援モデルの独自性は，当事者の病いの語りに着目したことにある。病いの語りに織り込まれている精神の病いを経験することで得た生活の知恵に価値を置き，その語りがもつ力を，ミクロレベルを超えてメゾレベル，エクソ・マクロレベルにおける実践への活用を試みた。その一方で，エンパワメント実践を試みる援助専門職がもつ権力性にも言及している。

　この書の特性から，精神障害者の支援に携わるソーシャルワーカーの方々に読んでいただき，ソーシャルワーカーのメゾレベル，エクソ・マクロレベルの実践の可能性を考える機会になれば幸いである。

目　次

はじめに　3

第1部　病いの「語り」とエンパワメントの理論　……………… 7

序　章　「研究者の私」による「援助専門職の私」の当事者研究 …………… 9
1. 「公共の場における語り」の実践の設計を目指して　9
2. 「公共の場における語り」の実践の理論化を目指して　15
3. 「公共の場における語り」の実践をふまえた当事者のエンパワメントのモニタリング　17
4. エンパワメントを志向する実践を超えて　18

第1章　エンパワメントを志向するソーシャルワーク実践の理論的枠組み…… 21
1. 精神障害者がパワーを喪失していく過程とその関連要因　22
2. エンパワメントの概念とその実践の枠組み　27
3. 精神保健福祉領域におけるエンパワメントを志向する実践の介入方法　43
4. エンパワメントを志向する実践上の課題　50

第2章　エンパワメントと病いの語りの関連性 ……………………………… 55
1. 病いの語りがもつエンパワメントの要素　57
2. 病いの語りの場とエンパワメントの関連性　60
3. 公共の場における語りの独自性──面接・グループの語りの比較を通して　62
4. エンパワメントを志向する病いの語りの実践上の課題　72

第2部　病いの「語り」とエンパワメントの実践 ……………… 75

第3章　語り部グループ「ぴあの」の教育講演会活動の実践的枠組み ………… 77
1. 語り部グループ「ぴあの」の設立経緯　78
2. 語り部グループ「ぴあの」の教育講演会活動の設計　82
3. 語り部グループ「ぴあの」の教育講演会活動の展開過程　88
4. 語り部グループ「ぴあの」の教育講演会活動の実績　92

第4章　当事者が物語る病いの語り ……………………………………………… 97
1. 問題の所在：当事者は公共の場で何を語るのか　97
2. 調査方法：当事者が物語る病いの語りの構造　97
3. 発症から快復，未来への提言に向かう語り　98
4. 当事者が物語る教育講演会の語りの特徴と子どもたちの反応の相互関連性　108
5. 小括　115

第5章 「リカバリーの物語」の生成過程における援助専門職の機能と役割 … 117
1. 問題の所在：「リカバリーの物語」はいかにして創り上げられたのか　117
2. 「リカバリーの物語」の生成過程と援助専門職の機能と役割　118
3. 裏舞台で交された語りの応用可能性　132
4. 教育講演会と裏舞台の語りの場の相互関連性　144
5. 小括　146

第6章 公共の場における語りは精神障害者に何をもたらしたのか ………… 149
1. 問題の所在：公共の場における語りは精神障害者に何をもたらしたのか　149
2. 調査方法：公共の場における語りの活動に参加した人々の事例研究　151
3. モデル・ストーリーを語る人々　151
4. 「私」のストーリーを模索する人々　162
5. 小括　172

第7章 公共の場における語りが社会変革をもたらす可能性 ……………… 175
1. 問題の所在：当事者の語りが社会変革をもたらす方策とは何か　175
2. 「私」のオリジナルなストーリーを語る人々　176
3. 「教育講演会活動」に対するジレンマと限界　178
4. 公共の場における語りが社会変革をもたらす方策　189
5. 小括　196

第3部　「援助専門職の私」の当事者研究 …………………………… 199

終　章　エンパワメントを志向する実践を超えて ……………………… 201
1. 「公共の場における語り」の実践の設計——本研究の実践的意義　202
2. 「公共の場における語り」の実践の理論化——本研究の理論的意義　208
3. パートナーシップを求めて——「ために」から「ともに」へ　214

おわりに ……………………………………………………………………… 222
文　献 ………………………………………………………………………… 227

第1部
病いの「語り」とエンパワメントの理論

章

「研究者の私」による
「援助専門職の私」の当事者研究

① 「公共の場における語り」の実践の設計を目指して

　私が精神科ソーシャルワーカー（以下，援助専門職）として出会った精神障害者のなかには，精神疾患そのものと社会の偏見や専門職主導の治療等の抑圧的な社会環境のなかで，パワーを喪失し，自らの声を発することをあきらめた人々が少なくなかった。私が援助専門職として勤務した1980年代当時は，精神障害者に対する偏見も強く，精神病を患った体験は，"隠すもの""公言してはならないもの"という風潮があった。しかし，精神障害者の地域生活支援が謳われた『精神保健及び精神障害者福祉に関する法律（以下，精神保健福祉法）』が成立した1995年前後から，公共の場やマスメディアに顔や名前を出し，自らの病いの経験を語る人々が増えてきた。その語りにおける病いの意味づけに着目すると，従来の「自分でも理解できない病い」「内なる偏見がある病い」から「新たな生き方を見出す機会になった病い」へと変容したことに隔世の感がある。それは，精神障害者に対する社会のマスター・ナラティヴを覆す力を感じるものだった。実際に，公共の場における精神障害者の語りを聞くと，病いの経験から得た生活の知恵が織り込まれており，同様の生活のしづらさをもつ人々にとって実用的で応用可能な内容であり，病いの未経験者にとっても精神障害者に対する内なる偏見

への気づきや肯定的な障害者観を体得できるものだった。一方,病いの経験を語った当事者も聞き手の肯定的な反応を得て自己効力感を高めていた。

　しかし,今も公共の場では自己の病いの物語を語れない人々や語らない人々も大勢いる。以前,顔なじみの当事者に公共の場における講演の講師を依頼したところ,険しい表情で「人を見世物にしないでくれ」と怒鳴られたことがあった。その人は,常々,社会の偏見をなくしたい,精神の病気をもちながらも堂々と暮らしたいと語っていたので,私にとっては想定外の出来事であった。この経験から,個別面接やグループの語りと公共の場における語りでは当事者にとって何が異なるのかを明らかにしたいと思ったことが,本研究の動機となっている。

　公共の場における語りに着目すると,精神保健福祉法が成立した1995年以降,精神障害者の地域生活支援を担うボランティアやホームヘルパー等の支援者を対象として,当事者が病いの経験を語る機会が増えてきた。支援者を聞き手とした場合,当事者は支援やサービスの受給者である「精神障害者」という立場から赤裸々な病いの経験や支援者への要望を語ることが多い。

　その一方で,近年,社会福祉領域の援助専門職である私が,教育機関に出向き,児童や生徒(以下,子どもたち)に精神障害者の理解を目指した精神保健福祉教育を行う機会も増えてきた。障害や病理に特化した講義では,当事者を「精神障害者」ではなく,「精神障害をもつ一人の生活者」として理解を図ることに苦心し,子どもたちの精神障害者に対する偏見を助長させるのではないかという危惧すら抱いていた。というのも,私は援助専門職として精神障害をもつ人々との日々のかかわりのなかで,障害や病理はその人の一部分にすぎず,その他の多くは個性豊かな健康的な部分があることを体感的に学んでおり,それこそが彼ら彼女らと向き合う上で最も重要であることを実感していたからである。そのため,私には子どもたちに「精神障害者」を「病者」や「障害者」ではなく,「一人の生活者」としての像を伝えたいという思いがあった。先述のように,病いの経験に基づく生活の知恵が織り込まれた当事者の語りは,次世代を担う子どもたちにとって人生の処世訓になる可能性が高いことから,当事者による語りを精神保健福祉教育に生かせる方策はないかと考えていたのである。

　そのようななかで,当時私が役員をしていたNPO法人Z(以下,法人Z)の職員から,ある自治体で多様な就労形態を見出す事業の公募があるので申請したいと相談を受けた。それが,教育現場における精神障害者の語りを就労の一つの形態とする試みであり,本研究の発端となっている。法人Zには地域住民から施設建設に対する反対運動を受け,通学路にも施設建設反対の幟が立てられたと

いう辛い経験がある。このような精神障害者に対する社会の偏見を目の当たりにした法人Zの職員は、精神障害者にまだ偏見を抱いていない子どもたちが精神障害をもつ人々との交流を通して、「精神障害者」を体感的に理解する必要性を感じていたのである。そこで、私は法人Zの職員と事業の公募に関する申請書の作成や事業説明の面接にも同行した。この精神障害者による語りの活動を発案した職員には、「子どもたちに精神障害者に対する正しい知識をもってもらいたい。その取り組みとして病いの語りを当事者の就労の一形態として位置づけたい」という思いがあった。

当時は、公共の場で精神障害者が病いの体験を語る活動や語りを就労形態と認識する風潮がなかったため、働くこと（病いの語りの活動）によって得た報酬が当事者にとってのエンパワメントにつながる、語りを聞いた子どもたちの精神障害者に対する偏見も低減される、それは援助専門職の私にとっても魅力的な提案だった。予想通り、語りを就労形態の一つに位置づけたアイデアが斬新であると自治体から評価され、2006年度から二カ年にわたり事業受託されることになった。「語り部事業」と称する実践の枠組みにおいて、法人Zの職員は主にマネジャーの役割を担い、当事者の個別面談や「研修」というグループ活動、語りの場の開拓とそのマッチングを担当した。私ともう一人の研究者である大阪市立大学大学院 清水由香先生は、「研修」というグループ活動に参画し、語りの場を開拓すると共に、事業の成果報告に必要な当事者のエンパワメント評価とその語りを聞いた子どもたちの教育的効果を検証する役割を担当した。

このような体制で「語り部事業」が開始され、公的事業費は、主に「語り部養成研修」と「現任者研修」に必要な費用に当てられた。養成研修において自らの病いの経験に基づく語りを生成した当事者は、学校に出向いて子どもたちに病いの経験を語り、また研修の場でその語りを振り返り、語りを書き換えるという作業を続けることとなった。試行錯誤のなかで行ってきた活動だったが、一年間の活動を振り返ると、精神障害者の語りが聞き手の子どもたちに好ましい意識変容をもたらすだけでなく、その語り手である当事者のエンパワメントも実感できるものだった。当事者から「語りの活動を継続したい」という声があがったことから、私は学術振興会科学研究費助成事業に「精神障害当事者の『語り』の効用に関する研究」をタイトルとする研究を申請することにした。そこで、改めて研究枠組みを考えることになり、「援助専門職であり研究者である私」は、ソーシャルワークにおけるアプローチのなかで、エンパワメント・アプローチを援用することにした。第1章で詳述するが、このアプローチは、①クライエントとワーカー

のパートナーシップをもとに（Cox & Parsons, 1994 = 1997；Hartman, 1993；Hasenfeld, 1987），②当事者本人とその本人を取り巻く環境の相互作用の観点から，③スティグマを受けたグループやその成員を対象として，④クライエント個人のパワーの増強（Gutiérrez, 1990；Miley et al., 2012）とストレングスの活用，社会に対する批判的意識に基づいた行動化を企図したものである（Gutiérrez et al., 1998=2000；Lee, 1994；Miley et al., 2012；Solomon, 1976）。このアプローチの特徴は，法人Zの職員が発案した当事者による語り部事業の活動に合致するものだったので，研究目的を，精神障害者の語りによる子どもの教育的効果と，それに伴う語りを行った精神障害者のエンパワメント効果を検証することにした。この研究は，2007年度からの二カ年の萌芽研究として採択されることになった（JSPS：19653056）。それによって，より一層，教育機関における精神障害者の語りの有効的なモデルの提示が求められた。そのため，聞き手の教育的効果及び当事者のエンパワメント効果を可視化する必要性があった。子どもたちへの教育的効果の測定は，先行研究を参考にしながら教育機関の担当者と質問紙を作成し，学校長の同意を得て質問紙票調査を実施した。一方，当事者のエンパワメント効果は，当事者に語りの活動についてインタビュー調査を行った。いずれの調査結果も一定程度，語りの活動の有用性が認められたことから，その成果を当事者とともに学会等で発表してきた。当事者から語りの活動を継続したいという希望から，2008年に語り部グループ「ぴあの」を結成することになった。

　2009年度からの三カ年は「精神障害当事者の『語り』の有効性に関する研究」（JSPS：24530762）を受託し，語りの活動を継続するとともに，その有効性を当事者とともに学会や論文等で発表してきた。その頃より，思春期・青年期の子どもたちに向けたメンタルヘルス教育の必要性が精神保健分野や教育分野の研究者や実践者から提唱されるようになり，精神疾患教育やメンタルヘルス教育を企図した実践報告が聞かれるようになった。しかし，それらの教育は専門職主導の教育プログラムであり，精神疾患の知識の習得やその予防に着眼した教育がほとんどだった。私は「ぴあの」のメンバーから「病いにならないにこしたことはないが，病気になったとしても自分らしく生きることができる社会を創ろう」というメッセージを受けていたため，精神障害者による語りを主とした福祉教育の必要性を強調するようになった。このような「ぴあの」の語りの活動を六カ年間継続するなかで，ピアサポートの活動や独自の語りの活動に移行する人々がみられたことから，「ぴあの」のグループを解散することにした。現在，この語りの活動はより大きな社会変革という目的をもつグループに受け継がれている。

序　章　公共の場における語りの活動を通じた精神障害者のエンパワメントを目指して

　この六年間を振り返り、教育機関における当事者の語りは子どもたちから肯定的な反応が得られ、それによって語り手の当事者は自己効力感や「病い」に対する肯定的な意味づけが可能となることが明らかになった。そこで、精神障害者がエンパワメントを獲得できるような「公共の場における語り」の活動を設計し、今後の援助専門職に有用な支援モデルを提示できないかと考えた。

　「ぴあの」の実践は、「援助専門職の私」にとってやりがいのあるものだった。特に、当事者から語りの生成作業は自己理解や浄化作用があるという意見を聞いたり、「ぴあの」のメンバー同士の語り合いが仲間意識を高め、モデルストーリーを得たという声を聞いたり、語りにより子どもたちの精神障害者に対する偏見が低減し、それによってメンバーの自己効力感が高まっていく様子を観察できたり、それらをふまえた自尊感情や自己肯定感も高まっていく過程に参与することは、「援助専門職の私」にとって喜びのあるものだった。しかし同時に多くの悩みを抱えた苦しい実践でもあった。まず何よりも、精神障害者が病いの語りを語る機会を見つけることが難しかった。教育機関に出向いて、当事者が病いの経験を語る意義を丁寧に説明し、その機会の提供を依頼しても「精神障害者」という理由で断られることが何度もあった。

　この背景の一つには、池田小学校で起きた悲劇的な事件以来、「精神障害者」が学校に入ることに対して保護者が過敏になっていることがある。学校側は、「精神障害者」の語りの活動の意義を認めても、保護者に対する配慮から受け入れられないといった事情を抱えていた。また、精神障害者の語りが可能になった場合でも、当事者が病いの経験を「ありのまま」に語ることは難しく、教育機関が設定した講演テーマに沿った語りが求められたり、教育機関から自傷行為等の生々しい内容を語らないよう要請されたりすることがあった。他の一つは、公共の場において病いの経験を語りたいと強く希望しながらも、自己物語を完成させることができない人や、顔を公表することに躊躇する人、薬の副作用で語る行為自体に困難を感じる人も少なくなかった。実践における当事者の発言を録音することやノートに書き留めることが、容易に妄想に結びつく人もいた。病状の悪化がみられた場合は、法人Ｚの職員が個別面接で当事者の不安を受容し、主治医と連絡をとりあうなどの対応をしてきた。また「研修」というグループの語り合いの場を通して、公共の場で語ることの難しいメンバーを励ましたり、個々人の不安をコトバにするように促してきた。教育機関で「精神障害者」の語りが実現しにくい状況をメンバーとも共有し、当事者とともに私自身も教育現場でどのような語りが望まれるのか、何を語ればよいのかを何度も話し合い悩みながら、当事者

の語りたい語り,「ありのままの語り」との折り合いをつけてきた。このように,「公共の場における語り」の支援は苦悩の連続だった。各章で詳述するように,徐々に聞き手となる子どもたちや教育機関のニーズに適う語りを作成するメンバーが現れ,聞き手の肯定的な反応を得て成功体験を積み重ねるメンバーも増えていくことで,語りの活動を軌道に乗せることができるようになった。

そして,語り部グループ「ぴあの」の実践が終了した後,「援助専門職の私」が関与した精神障害者の語りの実践は,一体どれほど当事者のエンパワメントにつながったのかと改めて問い直すことにした。それと同時に,「ぴあの」の実践から得た知見を学術的に論じ,「当事者による語りの実践」を希望する援助専門職に向けた支援モデルを提示したいと考えた。そのような時に援助専門職の立ち位置に関する多くの著書がある立命館大学の立岩真也先生から指導を受ける機会があった。その後,「ぴあの」の実践を振り返り,実践に参加してきた「援助専門職の私」の当事者研究の観点から,「援助専門職の私」が「ぴあの」の実践や語りの実践の効果測定や評価と,「援助専門職の私」の実践に対する「研究者の私」の省察との間で葛藤が生じたことに着目した。

このような実践的研究に基づく本論文の展開は,援助専門職が設計した語り部グループ「ぴあの」の活動を検証した結果,つまり,当事者の語りを聞いた子どもたちの感想やアンケートから一定の肯定的反応が得られたことから始まる(第3章)。子どもたちから肯定的反応が得られた当事者の語りの特徴とは何か(第4章),そうした語りがどのように「ぴあの」の実践を通して生み出されたのか,そこに関与する援助専門職はどのような支援をしたのか(第5章),それをもとに,語りの活動は当事者にどのようなエンパワメントの効果があったのか(第6章・第7章),以上をふまえて公共の場における語りに援助専門職が支援するモデルを提示する(終章)という流れになっている。つまり,ソーシャルワーク実践のなかでエンパワメント・アプローチを援用した「援助専門職の私」は,クライエントのエンパワメントを目指して社会的次元(本論文では「組織的次元」というクライエント自らが影響を与えることができる社会環境や地域の活動)に介入する実践を計画し,そのモニタリングを行い評価を試みたという論旨になっている。「援助専門職の私」が自らの支援や実践を検証し,その成果を析出し,考察する実践的研究(第3章から第7章)を,「研究者である私」が省察する(序章と終章)という二重構造になっている。次節では,その二重構造の「見取り図」を提示する。

2 「公共の場における語り」の実践の理論化を目指して

　まず，研究者として着手したことは，公共の場における語りの活動を設計するために必要な概念や先行研究の整理である（第1章）。私は，エンパワメントやその重要な要素であるストレングスやアドボカシーという鍵となる概念に着目した。専門職主導の伝統的なソーシャルワークが見直され，病理・欠陥視点からクライエントの持ち味を示すストレングス視点へ，クライエントの変容を目指す治療や訓練から社会環境の変革へという支援の展開のなかで，このような概念を活用することは援助専門職にとって当然の流れとなっていた。特に，専門職の立ち位置やパートナーシップを強調する点は援助における重要な論点であり，実際に「ぴあの」の活動でも開始当初から意識していたことだった。

　しかし，先行研究の文献を整理してみると，「エンパワメント」も「ストレングス」も「アドボカシー」も実践で使用するには多くの困難があることに気づいた。さらに，私にとっての大きな課題は，公共の場における語りの介入への実践，公共の場における語りを通じた当事者のエンパワメント実践についての先行研究がほとんどなかったことである。エンパワメント実践を行う専門職が介入する次元である，個人的次元，対人関係的次元，社会的次元（組織的次元・政治的次元）という類型別でみると，より顕著に「組織的次元」の介入にあたる「ミクロ的環境：公共の場における活動への介入」の実践的研究が少ないことを発見した。また，「ぴあの」の実践を振り返ると，教育機関や当事者の要請を受けて，個別面談（個人的次元の支援）やグループにおける語り合い（対人関係的次元の支援）を行ってきたが，これらの活動は別々の研究領域（患者の症状の軽減を目指す精神療法を用いる医学系や，病いの意味づけ等を目指すカウンセリングやナラティヴ・アプローチを用いる心理学系，セルフヘルプ・グループ等のメンバー同士のグループダイナミクスを解明する社会学系等）で論じられており，統合したモデルをみつけることができなかった。

　そのうえ，「ぴあの」に参加した当事者の活動の場は，面接からグループ，グループから公共の場（クライエント自らが影響を与えることができる社会環境や地域の活動）へとスムーズに段階的に「場」を変えていくわけではなく，グループで上手くいかなくなると面談し，それによって動機が高まると公共の場へ，再びつまずいてグループ，また語りの使命を実感して公共の場へ，精神的な報酬や評価

を得てよりマクロな公共の場へと，多元的な場のあいだを重層的に往還的に多方向的に動きつつ，よりマクロな公共の場へと向かっていた。そのため，エンパワメント実践における専門職が介入する次元に関して，面接からグループ，グループから公共の場（地域・組織）へといった「レベル」として区分する段階論を想定する先行研究では限界があること，かつ，それらの相互関連性に着目した実践的研究はほとんどないという課題が明らかになった。

　次に，研究者として行ったことは，「語り」に関する先行研究の整理だった（第2章）。その結果，ナラティヴ研究における個別面接の語り，セルフヘルプ・グループやグループワークにおける語り合いに関する理論的研究や実践的研究は多くみられた。また，公共の場における語りに着目すると，戦争体験の語りやハンセン氏病の語り，精神保健福祉領域における「べてるの家」の当事者研究における語り等があるものの，これらの語りに関する研究は語りの様式や構造に着目した研究に傾倒していた。それらの「個別面接の語り」「グループの語り」「公共の場における語り」に対して，個々の語りの効果や語りの内容が論じられることはあっても，語り手と聞き手の特性，語りの意義，エンパワメントの観点から比較検討したものはほとんどみられなかった。「公共の場における語り」に着目すると，今まで社会の周縁部に置かれてきた人々が自らの経験をカミングアウトする機会や場が増えてきたものの，「公共の場における語り」の特性を明示した研究や，「公共の場における語り」とエンパワメントの関係に照準をあてた研究はほとんどみつからなかった。つまり，「公共の場」をエンパワメント実践の社会的次元（組織的次元）の場に合致する場として位置づけ，個別面接（個人的次元）やグループの語り（対人関係的次元）との比較を通して，公共の場における語り（組織的次元）の独自性を明らかにする必要性を見出したのである。

　以上のように，公共の場における語りの実践的研究に参考となる研究はあまりみられなかったことから，語り部グループ「ぴあの」の活動の事例研究を通して，これまでのエンパワメント実践を再考したり，新たな知見を見出すヒントを導き出せたりするのではないかと意識するようになった。冒頭に示したように，「援助専門職の私」が実践してきたことを，「研究者の私」が省察的に実践を振り返り，実践のなかで得た知恵を理論に活用する試みの意義があると思えたのである。

3 「公共の場における語り」の実践をふまえた当事者の エンパワメントのモニタリング

　「エンパワメント」や「語り」の概念的整理に基づき，語りによるエンパワメント志向に基づく実践の可能性を見出した私は，公共の場における語りの活動が当事者のエンパワメントにどのように役立ったのかを検証したり，その語りの内容を分析したりすることに着手した。

　第3章は，エンパワメントの組織的次元にあたる活動として企画した，語り部のグループ「ぴあの」の教育講演会活動の枠組みを説明する。語り部グループ「ぴあの」とは，共生社会の実現を目指して，精神障害をもつ当事者が教育機関に出向き，子どもたちに自身の病いの語りを行うグループの名称である。語り部グループ「ぴあの」の設立経緯，活動の目的，語りの「場」と「聞き手」の特徴，教育講演会活動の展開過程，そして六カ年にわたる語りの実績について説明する。

　第4章では，精神障害者が子どもたちに教育講演会で何を語るのかという問いを設定し，KJ法を参考にして，「ぴあの」のメンバーの語りを帰納的に分析する。

　第5章では，教育講演会の語りはどのように生成されたのかという問いを設定し，「ぴあの」の活動の展開過程において生成される語りの内容と，その生成に関与した援助専門職は何を支援したのかを紹介する。

　第6章では，「ぴあの」の語りの活動に参加したメンバーはエンパワメントできたのかという問いを設定し，グティエーレスら（Gutiérrez et al., 1998=2000, p.26）が示した組織的次元のエンパワメントの指標を援用して検証した。

　第7章は，公共の場における語りの活動に等置する，「ぴあの」の語りの実践の課題を明らかにするために，聞き手や語りの場にしばられない独自の語りの活動をはじめた人々にインタビュー調査を行った。そして，「公共性」という観点から，公共の場における当事者の語りの実践枠組みを再設計する。

　以上のことをふまえ，公共の場における語りの活動に対する援助専門職が支援する際の実践的課題を整理し，その支援モデルを構築する（終章・第1節）。

④ エンパワメントを志向する実践を超えて

　先述のように，「ぴあの」の語りの実践に対するモニタリングは，さまざまな批判やコメントを招くことになった。社会福祉領域の「援助専門職の私」は，どうすればクライエントがエンパワメントできるのか，エンパワメントされないならばその要因は何なのかという実践的な課題とそれを通じた設計に結びつくようなモニタリングを目指したのだが，社会学や人類学の研究者をはじめとして，そうした事例の「効果の検証」の枠組みを超えるコメントや要求がかえってきた。その内容は，語り部グループ「ぴあの」の活動という目の前の実践的課題を抱えた私にとっては十分に検討し得ないものだった。

　しかしながら，本論文を作成していくなかで，あらためて援助専門職とは何か，研究者とは何か，援助専門職と研究者という二重の立場を抱えた自身について考えることとなった。その結果，公共の場における語りを設計するという視座や，「エンパワメント」と「語り」という概念に着目した実践それ自体が孕む問題もみえてきた。たとえば，公共の場のなかでも義務教育機関では，精神障害当事者が語りたいと望む「ありのままの語り」をそのままの形で実現することは難しかった。援助専門職の私は，教育機関と当事者のあいだに立ち，両者の要求の折り合いを当事者と共に考えてきたが，それは当事者のエンパワメントを目指す援助専門職として妥協を強いることにならないのかと悩んできたのも事実である。また，「援助専門職の私」と「ぴあの」のメンバーの間に存在する権力の不均衡は，「公共の場における語りを設計する」という視座において十分に俎上に載せることができなかった。先行研究で規定されたエンパワメントの指標をそのまま活用すると，そうした指標では論じがたい当事者なりの前進のあり方や当事者にとっての意義を見過ごしてしまうことになったのではないか，実践を通して見聞きした当事者たちの語りや何気ない談話にはもっと論じるべき課題があったのではないか，こうした点を省察することは援助専門職によるエンパワメント実践，あるいは設計主義的な考え方それ自体を議論の俎上に載せるという意義があることに気づいた。また同時に，私の発見を「エンパワメント」として括ることをやめると，私自身の新たな語りの場に関する研究の課題があることもみえてきた（終章・第2節，第3節）。

　以上で説明してきた経緯から，本論文は以下の三部構成となった。まず，序章

を含む第一部では，公共における語りの場の設計のために参照した理論や概念を整理する（第1章と第2章）。第二部では語りの実践を通して発見された公共の場における語りの活動の設計ならではの実践的課題を導き出し，それを検証し，モニタリングし，支援モデルを構築するまでを記述する（第3章から第7章）。第三部の終章では，まず実践的研究から発見された知見をもとにして支援モデルを提示する（第1節），次に「ぴあの」の活動の設計をして，そのモニタリングと評価という実践的研究において，「研究者の私」が「援助専門職の私」を自己批判する過程で発見した点を論じる（第2節）。そして，実践のなかで取りこぼしてきた課題を私自身の研究課題として提示する（第3節）。

第1章

エンパワメントを志向する
ソーシャルワーク実践の理論的枠組み

　序章でみてきたように，法人Zの職員が発案した「就労の一環に位置づけた教育機関における精神障害者の語りの活動」のモデル化にあたって，援助専門職であり研究者である私は，エンパワメントを志向するソーシャルワーク実践を援用することにした。
　その理由はソーシャルワークのアプローチのなかでもエンパワメント・アプローチが，①クライエントとワーカーのパートナーシップをもとに（Cox & Parsons, 1994=1997；Hartman, 1993；Hasenfeld, 1987），②当事者本人とその本人を取り巻く環境の相互作用の観点から，③スティグマを受けたグループやその成員を対象として，④クライエントのパワーの増強（Gutiérrez, 1990；Miley et al., 2012）とストレングスの活用，社会に対する批判的意識に基づいた行動化を企図したアプローチであることによる。(Gutiérrez et al., 1998=2000；Lee, 1994；Miley et al., 2012；Solomon, 1976)。これは，本実践的研究の素材となる，教育機関における精神障害者の語りの活動の枠組みに合致するものであり，実践のモデル化に有効的であると考えたのである。
　そこで，本章では，エンパワメントを志向するソーシャルワーク実践（以下，エンパワメント実践）について概観する。本章の構成は，次の通りである。第一に，精神障害者がパワーを喪失していく過程とその関連要因を図式化する。第二に，エンパワメント実践の枠組みを提示する。第三は，エンパワメント実践の構成要素を整理する。それらをふまえて，第四に精神保健福祉領域におけるエンパワメ

ント実践とその課題について述べる。

1 精神障害者がパワーを喪失していく過程とその関連要因

　ソーシャルワーク領域に「エンパワメント」の概念を導入したソロモン（Solomon, B.B.）が，「エンパワメントの実践者は，パワーを喪失していく力動とその結果に関する理解を論証しなければならない」（Solomon, 1976, p.26）と指摘しているように，ここでは「精神障害者」がパワーを喪失していく過程の提示を試みたい（栄, 2005）[注1]。その際，「無力化は，個人と環境の継続的な相互作用の産物である」（Cox & Parsons, 1994=1997, p.20）というコックスとパーソンズ（Cox, E.O. & Parson, R.J.）による，「高齢者」のパワーを喪失していく過程の図式化を援用することにした（図1-1）。というのも，私が援助専門職として出会ってきた「精神障害者」と呼称される人々のなかにも，精神疾患そのものと本人を取り巻く抑圧的な社会環境が複合的に複層的に絡み合うなかでパワーを喪失していく過程を経験している人々が少なくなかったからである。

　「精神障害者」と呼称される人の多くは，ストレスフルな日常生活の地続きのなかで「精神疾患」を患い，認知機能等のバランスを崩す。それにより，知覚及び注意・思考・記憶・実行の機能の「心身機能の低下」[注2]や，活動レベルにおける思考力や集中力並びに作業能力の低下という「活動の制限」がみられる（野中，2004）。この「活動の制限」は，抗精神病薬による副作用（池淵, 2011, pp.48-49）[注3]や思春期・青年期に初発が多いことによる「社会生活の経験不足」[注4]からも生じることがある。このような心身機能の低下や活動の制限は，就労・就学，

注1）精神障害者がパワーを喪失していく過程の図式化について，栄（2005）で整理している。本章では，その図式に大幅に加筆し，データも新しい数値を示した。
注2）「心身機能の低下」に関して，野中は統合失調症が認知行動過程における感覚器からの情報入力，その意味の解釈と行動への指令，運動器による行動という出力までの一連の機能のいずれかに障害が生じ，知覚及び注意機能，思考機能，記憶機能，実行機能等の機能の低下がみられると指摘している。また，パターン認知のために類推が困難である（知覚及び注意機能の低下），会話のピントがはずれる（思考機能の低下），潜在記憶をうまく利用できず，適切な事態の把握や言語表現が困難である（記憶機能の低下），作業行動がうまくできない（実行機能の低下）等の活動の制限がみられるとし，このような活動の制限は，就学，就学，就労，家事，育児等の社会参加の制約をもたらすことが多い。詳しくは，野中猛（2004, pp.14-21）を参照したい。

家事・育児等の「参加の制約」にも影響を及ぼすことが多い。

　一方，本人を取り巻く環境に着目すると，病いをかかえながら自分らしい生活を送るには，未だ制度的・情報的・意識的障壁がある。制度的障壁に着目すると，「精神障害者」に関する法律に初めて「福祉」の文言が明文化されたのは1995年の『精神保健及び精神障害者福祉に関する法律』の成立においてであり，『身体障害者福祉法』の成立に比べて46年，『知的障害者福祉法』の成立に比べて30年も遅い。そのため，他の障害に比して，「消極的な精神保健福祉施策」[注5]や「欠格条項や社会保障等の制度的障壁」[注6]がみられる。精神医療では，精神科特例等の「特異な精神医療体制」[注7]をはじめ，国民医療費に占める精神科医療費の低さ，本人の意思によらない入院形態の存在，「医学モデルに基づく専門職主導の治療関係」[注8]等の課題が山積している。また，クライエントの生活課題は個人の欠陥に起因するという考えに基づく医学モデルは，個人の病理や疾患に焦点

注3)「活動の制限」に関して，公益社団法人 全国精神保健福祉会連合会（みんなねっと）が行った『精神障がい者の生活と治療に関するアンケート より良い生活と治療への提言』によると，精神障害者本人が精神科の薬で困っていることとして（複数回答），「困っていること」と「ときどき困っていること」の回答を加えると，「喉の渇き」が53％で最も高く，次いで「からだが疲れやすい」「何となくからだが重い」「体重の増加」48％であり，疲労感や代謝異常がみられた。本調査の概要は，全国の精神障害者家族会に所属している，家族の精神障害者を対象として郵送調査を行い，1492件の回収があった。調査期間は2010年9月24日から12月10日までである。詳しくは，池淵恵美（2011, pp.48-49）を参照のこと。

注4)「社会生活の経験不足」の要因に関して，次の二点が影響する。一つは，精神疾患の好発時期が思春期・青年期にあるため，この時期のライフイベント（受験，恋愛，結婚，出産等）を経験することが難しくなる。他の一つは，精神病の再燃を危惧して，本人自身によるストレスとなる社会経験の回避や，家族等のパターナリズムによる社会経験の制限が考えられる。

注5)「消極的な精神保健福祉施策」に関して，精神障害者に関する法制度に「福祉」の文言が規定されたのは1995年の『精神保健及び精神障害者福祉に関する法律』である。この制定は，1949年の『身体障害者福祉法』，1960年の『知的障害者福祉法』に比して，非常に遅れて成立された。その後，2006年に施行した『障害者自立支援法（現，障害者総合支援法）』により，障害者施策の三障害の一元化が図られたが，精神障害者のニーズにあった地域生活支援に対する法制度やフォーマルな資源が未だ十分とは言えない状況にある。

注6)「欠格条項や社会保障等の制度的障壁」に関して，「消極的な精神保健福祉施策」とも関連するが，「精神障害者」の制度的障壁の代表なものに欠格事項がある。欠格事項は障害者の権利侵害や社会参加の制約をもたらすことから，1993年の「障害者対策に関する新長期計画」で，これらの制限条項の検討が明示された。これにより，栄養士・調理師・製菓衛生士等（1993年『精神保健法』の改正時），理容師・美容師等（1995年『精神保健及び精神障害者福祉に関する法律』成立時）が絶対的欠格事由から相対的欠格事由へ緩和されることになった。しかし，精神障害者の就労に着目すると，2018年度から『障害者雇用促進法』の法定雇用率に「精神障害者」が算定されることになったものの，精神障害者の社会参加が遅々として進まない現状にある。

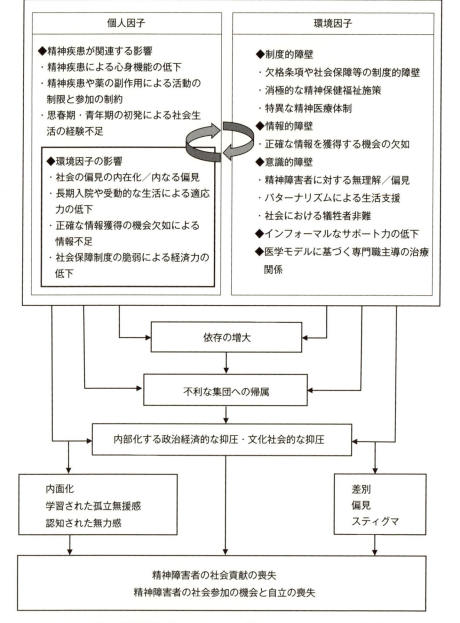

Cox & Parsons 著 小松源助監訳 (1994=1997, p.23)『高齢者エンパワーメントの基礎』をもとに作成

図 1-1　精神障害者がパワーを喪失していく過程とその関連要因

をあて，専門職が個人の変容を目指す治療や訓練を行う傾向がある。また意識的障壁となる「パターナリズムによる生活支援」「社会における犠牲者非難」[注9]「精神障害者に対する社会の無理解／偏見」[注10]は生活主体者の自律心を喪失させ，「精神障害者」として受動的な生活を強いる危険性がある。さらに，情報的障壁では，本人や家族が精神の疾患や障害に関する「正確な情報を獲得する機会の欠如」[注11]があり，適切な治療や対処が遅れてしまう場合がある。このような障壁に加えて，本人の家族や近隣等の「インフォーマルなサポート力の低下」[注12]（藤

注7）「特異な精神医療体制」に関して，①精神科医療費の低さ，②医療環境の質の低さ，③本人の意思によらない入院形態の存在等をあげることができる。精神科医療費の低さに関して，2014年度の厚生労働省「病院報告」によれば，精神科病床数は33.8万人床であり，全病床の21.6％を示す。しかし，2013年度の国民医療費の推計額は400,610億円であり，そのうち精神医療費の推計額は18,810億円で，国民医療費の4.7％程度にすぎない。医療環境の質の低さとして，1958年に「精神科特例」が規定され，医師・看護師・薬剤師等の人数の基準が一般科病院に比して低い数値が示された。本人の意思によらない入院形態として「医療保護入院」や「措置入院」等が精神保健福祉法で規定されている。

注8）「医学モデルに基づく専門職主導の治療関係」には「治療する者（専門職）―治療される者（患者）」という二項対立の関係性があり，専門職が患者よりも専門的知識や情報量の点でパワーを有するという構図がある。そのため，専門職が専門的な知識や判断に基づいて治療計画を作成することが多い。

注9）「社会における犠牲者非難」に関して，医学モデルでは個人の疾病や障害に焦点をあてる欠損主義を主張してきた。精神疾患は生物学的な脳の疾患であるといわれているが，精神障害者本人の課題は個人の技能の欠如，職歴の欠如，対人関係もしくは日常生活の技能の欠如，症状管理の欠如等に起因するとみなされてきた（Rapp et al., 1998）。

注10）「精神障害者に対する社会の無理解／偏見」に関する用語として「偏見」「差別」「ステレオタイプ」等がある。精神障害者に対する誤った情報を不当に単純化した見方や感情を示す「偏見」は，「差別」という意識や行動を生み出す危険性がある。2014年4月に施行された『障害者差別解消法』によって，「不当な差別的取扱いの禁止」と「合理的配慮の提供」が規定されたものの，可視化が困難な精神障害の場合は周囲の理解を得ることが難しい。

注11）「正確な情報を獲得する機会の欠如」に関して，我が国の義務教育における「保健・体育」の学習指導要領には精神疾患や精神障害に関する正しい知識を習得する事項がなく社会の偏見が高い「精神障害者」に関する情報を自ら得る意向は低いことが想定される。

注12）「インフォーマル・サポート力の低下」に関して，藤井（1987）は精神障害者のソーシャル・サポートの特徴として，その規模が極端に小さく，ほとんど家族成員によって構成されており，その密度は高く，関係の相互性が少なく，入院によって関係が切断され，関係期間が短くなっており，多重送信的関係も少ないと指摘している。また，栄ら（1998）が1997年に行った大阪精神障害者家族会連合会の会員に対する調査（767名：回収率66.4％）では，精神障害者家族自身が「精神障害者本人に直接関連する生活上の困難さ」「精神障害者家族の社会関係上の困難さ」「精神障害者家族自身の生活上の困難さ」を抱えており，家族自身もサポートが必要なことを指摘している。

井，1987；栄・岡田，1998）がみられ，本人や家族が孤立感や孤独感を抱いていることが少なくない。このような障壁が複合的に複層化され，精神障害をもつ本人の個人的な生活のづらさとなって表出される。たとえば，精神障害者に対する社会の偏見が本人の「内なる偏見」[注13]となり，「長期入院や受動的な生活による適応力の低下」[注14]「正確な情報獲得の機会欠如による情報不足」，及び「社会保障制度の脆弱による経済力の低下」等がみられる。

　以上のように，精神障害者は疾患そのものと本人を取り巻く環境との相互作用によって，さまざまな喪失体験が伴う。その体験が複合的に複層的に絡み合うなかで，本人の精神保健福祉システムに依存した状態が継続し，「精神障害者」という社会的に不利な集団に帰属させられ，政治経済的な抑圧や文化社会的な抑圧が内部化される。個人的に自己統制感の欠如や孤立無援感を学習し，自身の無力化を認識することになる（Deegan, 1992）。精神障害者の場合，この無力化の認識に伴う抑うつ気分や引きこもりが精神障害の典型的な兆候として解釈されることがあり，そのことが本人の無力化を強化させてしまう場合が多い（Deegan, 1992）。一方，「精神障害者」というラベリングは本人に不利な集団のステレオタイプを内在化させ，低い自己期待感や周囲からの偏見を体感させる（Manning & Suire, 1996）。そして，専門職のパターナリズムによる支援を継続的に必要とする存在として認識し，一人の市民としての社会参加や社会貢献の機会も喪失してしまうのである。このような過程のなかで，「精神障害者」と呼称される人はパワーを喪失した状態を辿る（図1-1）。

　パワーを喪失していく過程の図において，コックスらが示した「高齢者」のモデルと比較すると，「精神障害者」の場合は個人因子と環境因子との相互作用（⇔）がより一層本人のパワーの喪失に関連することを強調した。つまり，精神の病いをかかえながら，本人がエンパワメントするには，個人とその環境の相互作用に

注13）社会の偏見の内在化「内なる偏見」に関して，「『こころのバリアフリー宣言』～精神疾患を正しく理解し，新しい一歩を踏み出すための指針～」の一つに，「第5 自分で心のバリアを作らない（肯定）」が規定されている。「心のバリア」とは「内なる偏見」を指し，精神障害者本人や家族自身も精神疾患や精神障害に対する社会の偏見を内面化していることが多い。内なる偏見は，精神疾患や精神障害という現実を受け容れることを難しくさせ，「精神障害者」という診断に抵抗感を抱くようになることが考えられる。

注14）「長期入院や受動的な生活による適応力の低下」に関して，我が国の精神科病院における在院期間は諸外国に比して著しく長く，2015年の平均在院日数は274日である（厚生労働省「病院報告」）。入院が長期になればなるほど，受動的な生活を余儀なくされることになり，社会生活に関する技能が低下することが想定される。

焦点をあて，本人自らが社会変革に参画するアプローチの必要性を示している。そこで次節では，「エンパワメント」を概観し，その実践枠組みを説明する。

❷ エンパワメントの概念とその実践の枠組み

1．エンパワメントの概念

1）エンパワメントのルーツ

　エンパワメントは，もともと法律用語として公的な権威や権限を付与することを意味して用いられていた概念である。1980年代の米国において，ソーシャルワークにエンパワメント理論が生成された背景には二つの潮流がある（古寺，2007）。一つは社会運動の影響であり，もう一つはソーシャルワークの発展過程の影響である。

　前者は，1950年代半ばから1960年代の米国で隆起した公民権運動や黒人解放運動の理念として「エンパワメント」が用いられたことに始まる（稲沢，2003；古寺，2007；久木田，1998；三毛，1997）。その当時のエンパワメントは「社会的な差別や抑圧によってさまざまなパワーを奪われた黒人たちが，自らをコントロールするためのパワーを取り戻すプロセス」を意味していた（稲沢，2003）。1960年代以降，エンパワメントは被抑圧者等の当事者による社会運動である，市民運動（消費者運動），民族独立運動，フェミニズム運動，自立生活運動，セルフヘルプ運動等に影響を与えた（中田，2000）。1970年代に入ると，被抑圧者に対する解放教育の普及（Freire, 1973=1979）により，エンパワメント実践の具現化が検討されるようになった。これらの共通点は，「社会的弱者」に位置づけられてきた人々が本来もつ権利や可能性を自覚し，それらを社会の中で実現する過程を通して，抑圧的，従属的，依存的な社会環境や関係性からの脱却を目指した点にある（和気，2005）。

　障害者に関連する自立生活運動やセルフヘルプ運動の源流は，1950年代の英米でみられた脱施設化やコミュニティケアの動き，北欧のノーマライゼーションの思潮の普及を背景として，医学モデルにみられる専門職主導の援助のあり方に対する批判にある（Hartman, 1991；中田，2000）。医学モデルの特徴は，専門職がクライエントの問題を専門用語で定義し，その問題解決を図るという「定義の

権力」の行使にある（中西・上野，2003, p.33）。上野千鶴子の言葉を援用すれば，医学モデルは「他者化の言説実践」（上野，2003, p.31）である。「問題」の自己定義権を奪われた本人は治療の客体である「病人／患者」役割を引き受けることになり，専門職に依存せざるをえない関係を余儀なく結ばれる。このような状況のなかで専門職によってパワーが奪われ，希望や要望の「声」が抑制されてきたことに気づきはじめた当事者たちは，専門職のもつ自己定義権の奪還を要求した（上野，2013；和気，1998）。市民の一人として地域社会に参加する権利や人間性を豊かにする権利を取り戻し，自らが本来もつ力の活用を通して，主体的な自立生活を懇願したのである。専門職によって抑圧された一人の「声」も，同様の「声」が集まることで社会変革を目指す運動に発展していく可能性を生む。このように，「社会的弱者」に位置づけられた人々が自らの力でパワーを取り戻す方策として，エンパワメントの理念が必要とされるようになったのである。

　後者のルーツは，ソーシャルワークの萌芽期に遡り，1890年代の英国で起きた社会改良を目指したセツルメント運動に始まる（Lee, 1994）。この運動は，さまざまな理由で貧困となった世帯が暮らすスラム地域に住み込み，人間的なかかわりによって問題解決を企図した有志による運動である。グループにおける教育活動を通して，貧困者の意識変容や社会環境の改善を目指す点は，エンパワメントに通底する活動である。しかし，1930年代に入ると，精神分析理論の影響を受けて，ソーシャルワークはクライエントの弱点に焦点をあて，ワーカーは病理学の言語でクライエントの問題に名づけをし，その解決を目指した実践に傾倒していくことになった。その流れのなかで1960年代に，レイノルズ（Reynolds, B.）は精神分析志向のケースワークとソーシャル・アクションを結びつけ，ワーカーが「ソーシャル」に働きかける重要性を指摘した（Reynolds, 1963）。1970年代に入ると，ソーシャルワークの統合化が図られ，その介入の観点として「個人とその個人を取り巻く環境の相互作用」（Germain, 1979）が確認された。しかし，その当時のソーシャルワークは，クライエントの問題は個人に属するという捉え方が強く，個人の変容を目的とする心理療法やケースワークが主流だった（伊藤，1996）。そのため，社会からスティグマを受けた「高齢者」「障害者」「児童」「女性」等のマイノリティの軽視と社会変革の視点の欠如，専門職とクライエントのパワーバランスの不均衡という特徴がみられた（Cox & Parson, 1994=1997；Hartman, 1993；久木田，1998；Lee, 1994；Simon, 1990）。これらの問い直しが求められるなかで，エンパワメントを理念に掲げた理論と実践が求められるようになったのである（Cox & Persons 1994=1997；久保，2012）。

このように，社会運動の影響とソーシャルワークの発展過程を背景として，1976年にソロモン（Solomon, B.B.）は "Black Empowerment : Social Work in Oppressed Comunities"（Solomon, 1976）を著し，元来運動理念であった「エンパワメント」をソーシャルワークの援助理念として位置づけた（稲沢，2003；久保，1995；小田・杉本・久田，1999）。ソロモンは「エンパワメントは，スティグマ化された集団あるいはその集団の構成員が受けた否定的評価によってもたらされるパワーレスな状態の低減を目指して，クライエントもしくはクライエント・システムに対応する一連の諸活動にソーシャルワーカーが取り組む過程である」（Solomon, 1976, p.19）と定義し，エンパワメントが個人やグループ及び社会システムにも働きかける点で，スティグマ化された集団に適用されるアプローチとして，ソーシャルワークの実践に適合すると指摘している（Solomon, 1976, pp.43-48）。その後，ソロモンの提唱したエンパワメントはソーシャルワークのアプローチの一つとして体系化が試みられた。さらに2000年7月に開催された国際ソーシャルワーカー連盟の総会において採択された『ソーシャルワーク』の定義に「エンパワメント」が明文化されたことにより，「エンパワメント」はソーシャルワークの理念であり，実践の目標概念として，広く普及されることとなった。

　我が国のソーシャルワーク領域における「エンパワメント」に着目すると，コックスらによる "Empowerment-Oriented Social Work Practice with the Elderly" が1997年に『高齢者エンパワーメントの基礎―ソーシャルワーク実践の発展を目指して』として，グティエーレスらの "Empower in Social Work Practice: A Sourcebook" が2000年に『ソーシャルワーク実践におけるエンパワーメント』として，いずれも小松源助によって監訳されている。また，1995年にソーシャルワークの専門誌である『ソーシャルワーク研究』に「エンパワーメント・アプローチの動向と課題」を掲げた特集が組まれた。三年後の1998年には，『現代のエスプリ』にて，久木田純と渡辺文夫が編者となり，「エンパワーメント―人間尊重社会の新しいパラダイム」をタイトルとして刊行された。このように，我が国でも，1990年代以降に「エンパワーメント」に関する概念や実践枠組みが多くの研究者によって紹介され（狭間，2001；古寺，2007；小松，1995；久保，1995，2012；久木田，1998；三毛，1997；小田ら，1999；大谷，2003），ソーシャルワークの援助理念であり，アプローチの一つとして普及していった（久保・副田，2005；米本，1999）。2003年には，厚生労働省が推奨する『障害者ケアマネジメント』の実践における理念にも「エンパワーメント」の文言が明記され，障害者の制度や政策には不可欠な概念となっている。

このように，「エンパワメント」は多くの論者によって理論構築が試みられているものの（Gutiérrez et al., 1998=2000 ; Lee, 1994 ; Miley et al., 2012 ; Solomon, 1976），単一的な定義はなくそのあいまいさが指摘されている（三毛，1997）。我が国のエンパワメント研究でも理論紹介に留まり，エンパワメントに基づく実践的研究は管見の限りあまりみられない（三毛，1997）。そこで，エンパワメント志向に基づくソーシャルワーク実践の体系化にあたり，エンパワメントの理論に影響を与えたモデルやアプローチについて押さえておく。

2）エンパワメント志向に基づくソーシャルワーク実践の体系化に向けて

ここでは，ソーシャルワークにエンパワメントが導入され，その実践の体系化に向けて影響を与えたモデルやアプローチをふまえ，エンパワメント・アプローチの主要な提唱者の特徴を紹介する。

エンパワメントの実践の体系化に向けて影響を与えたモデルやアプローチとして，ライフモデル，フェミニズムの原理をふまえたアプローチ，被抑圧者に対する課題解決型教育がある。

まず，ライフモデル（Germain & Gitterman, 1980）は個人の能力の向上と抑圧的な環境の変容を目指した生態学視座に特徴がある。個人の病理に焦点をあてる医学モデルに拮抗するモデルとして提唱された。ジャーメイン（Germain, B.C.）によると，生態学視座では「（クライエントの生活）課題は病理を反映したものではなく，他者，事柄，場所，組織，思想，情報，そして価値を含むエコシステムの要素間の相互作用の結果である」（Germain, 1973, p.327）と説明され，ライフモデルは人と環境の相互作用に焦点をあてながら，個人と個人を取り巻くシステムの不均衡や機能不全に働きかける必要性を強調する。このようなライフモデルを受け継ぎ，マルシオ（Maluccio, A.N.）はクライエントがもつ潜在的な能力を示す「コンピテンス」の概念を導入し，その促進を目指すアプローチを主張している（Maluccio, 1981）。この「コンピテンス」は，「個人の取り巻く環境を自らのニーズに応じて変容できる，個人が潜在的にもつ技術や知識及び特質などの総体」（Maluccio, 1981）を意味し，エンパワメント・アプローチの重要な概念である「ストレングス」と親和性の高い概念である。「ストレングス」は「病理・欠陥」に対抗する概念であり，ストレングス視点のアプローチは，クライエントとワーカーの信頼関係を基盤に，クライエント自身による課題の定義づけを行い，病いによって覆い隠されてきたストレングス（本人の性質，得意分野，関心事，環境）を活用しながら，自分らしい生活を再構築するというリカバリーを目指す

アプローチである。このようなクライエントによる課題の自己定義や課題の解決方法の決定への参加は，本人の自己統制感や自己効力感を生む点でエンパワメント・アプローチに不可欠な要素と言える。また，ミドルマンら（Middleman, R.R. & Goldberg, G.）はクライエントの変容よりも社会変革に重きをおく，構造的アプローチを提唱した（Middleman & Goldberg, 1974, p.73）。そのなかで，ワーカーの役割として仲介的機能，調整的機能，弁護的機能を示し，それらが段階的に展開していく過程は，エンパワメント・アプローチにおけるアドボカシーの観点に通じるものがある。

次に，フェミニズムの原理を応用したフェミニスト・アプローチをみていく（Bricker et al., 1991）。「女性」という性別に起因する無力化には，①「声の喪失」という自己疎外，②「女性」という二重の拘束状況，③社会にある制度的並びに構造的な性差別が複層的に関連しあい（GlenMaye, 1998=2000），自らを価値のない人間として自己認知していく「非人間化」の過程がある。「女性」が一人の人間として，主体的に自らの人生を取り戻すためには，フェミニズムの「個人的なことは政治的なこと」というスローガンを唱えながら，自らの生活のしづらさが個人に帰するのはなく，抑圧的な社会環境に対する批判的な意識覚醒を促す「意識化（conscientization）」（Freire, 1973=1979, pp.287-288）の支援が必要になる。このようなフェミニスト・アプローチの援助方法は，エンパワメントの対象が「黒人」という社会的に不利な集団に端を発する点で，エンパワメント・アプローチに必要な援助方法である。

そして，アフリカの識字教育に貢献したフレイレ（Freire, P.）のグループ形式による課題提供型教育がある。この教育は「意識化」を中核的な概念として，抑圧された人々が〈沈黙の文化〉を克服し，「人間化（humanization）」していく過程を目指す。具体的には，抑圧によって「非人間化」された人々が専門職との対話と省察を通して，自身を抑圧する社会の構造を客観視し，その状況に対する批判的意識が深化していく「意識化」の過程（Freire, 1973=1979, pp.287-288）のなかで，抑圧的な社会環境による生活課題の自己定義を行い，社会変革への意識高揚による行動化の促進を図るというものである（Lee, 1994, pp.30-55）。この教育方法は，リーが提唱するエンパワメント・アプローチにおける急進的教育法（radical pedagogy）に採用されている（Lee, 1994, pp.36-37）。

以上のようなモデルやアプローチにみる，個人とその個人を取り巻く環境の相互作用の観点，「人間化」に向けた意識覚醒や抑圧的な社会環境の変革を目指したカミングアウト，クライエントのストレングスの活用はその後のエンパワメン

ト・アプローチの体系化に不可欠な要素となっている。

　次に，ソーシャルワークにエンパワメントを導入したソロモンのアプローチをふまえ，ソーシャルワークにおける主要なエンパワメント・アプローチを紹介する。

　ソロモンは，無力化の要因として，
　①抑圧されたグループの人々の態度
　②被抑圧者と抑圧を生む社会環境とのシステムの相互作用
　③抑圧的な社会環境

をあげ，これらが相互に影響することによってもたらされるという。そして，エンパワメントを促進する介入の目標として，
　①クライエント自身が問題を解決する主体であると認識する
　②クライエントがワーカーのもつ知識や技法を活用できると認識する
　③問題解決の過程において，クライエントがワーカーをピア協働者，パートナーとして認識する
　④クライエント自身が「権力の構造」に影響を受けることも与えることもできると認識する

をあげている（Solomon, 1976, p.26）。

　このソロモンの黒人に向けたエンパワメント実践の対象者の拡大を図ったのがリー（Lee, A.B.）である。リーは「エンパワメントはパワーレスな状況にある人々の潜在的な適応力の強化や，社会の抑圧構造の変革を目的として，個人的，対人関係的，社会的，政治レベルといったミクロレベルからマクロレベルで，そのパワーを発展させていく過程である」（Lee, 1994, p.15）と定義し，アプローチにおける七つの視点と八つの原則を明示した（Lee, 2001, p.62）。七つの視点とは，
　①社会政策の歴史を含む抑圧されたグループの抑圧に関する歴史的な視点
　②生態学的な視点
　③民族的な視点
　④文化的な視点
　⑤フェミニストの視点
　⑥グローバルな視点
　⑦批判的な視点

である。また，ワーカーがなすべき八つの原則とは，
　①ワーカーはクライエントとともに，クライエントの生活を破壊する抑圧に対峙する
　②ワーカーは抑圧状況に対して全体的な視点をもつ

③ワーカーはクライエント自らがエンパワーするよう支援する
④ワーカーは共通基盤を共有するクライエントとエンパワメントを相互獲得する
⑤ワーカーはクライエントと互酬性のある関係を築く
⑥ワーカーはクライエントが自分の言葉で語るよう励ます
⑦ワーカーはクライエントを抑圧の犠牲者ではなく，勝者として捉える
⑧ワーカーは社会変革にも焦点をあてる

　また，コックスとパーソンズはエンパワメントを志向したソーシャルワーク実践の先行研究をふまえ，「高齢者」を対象とした10の原則を提示している（Cox & Parsons 1994 = 1997, pp.42-43）。

①援助関係は協力，信頼，パワーの共有に基づく
②共同活動を活用する
③クライエントによる問題の捉え方を受容する
④クライエントの強さを確認し，それに依拠していく
⑤階級とパワーに関する論点について，クライエントがもつ意識を高める
⑥クライエント自身が変革過程にかかわる
⑦クライエントは特定の技能を習得する
⑧相互支援やセルフヘルプのネットワークもしくはグループを活用する
⑨エンパワメント志向の関係において，クライエントが自身のパワーを実感する
⑩クライエントのために資源を動員したり，権利を擁護したりする

　その後，コックスらは「（エンパワメントは）人間のニーズを充足させていくうえで必要とされる社会変革を個人的および政治的に実現する手段とみなす」（Gutiérrez et al., 1998 = 2000, p.1）と定義し，より広範囲の対象への応用を目指した。そして，エンパワメント実践において，集団的な体験の活用を重視し，ソーシャルワークの実践モデルの構成要素として，以下の四点を示した（Gutiérrez et al., 1998 = 2000, pp.4-6）。

①態度・価値・信念：クライエント個人の統制感に価値をおくが，それ以上に，より大きな社会システムにも影響を与えるという信念をもつ
②集団における体験を通しての正当化：グループにおける体験を共有することは，自責の念を軽減し，運命共同体の意識を高める。このような意識は，他のシステムの変革に向けた動機づけを可能にする
③批判的意識と活動のための知識と技術：（集団の成員）相互の共有と支援を通して，個々人は問題の内的側面と外的側面に関して批判的意識が可能となる。パワーの強化は，批判的な意識，情報へのアクセス，行動化，結果に対

する評価によって生じる
　④活動：個々人は内省的に自分の活動に対する責任を学び，共通の目標や社会変革を達成するために他者と協働するようになる

そして，マイリーら（Miley, K.K., O'Melia, M.W. & DuBois, B.）はジェネラリスト・ソーシャルワーク実践のエンパワメント・アプローチを提唱した。このアプローチは，ソーシャルワークの価値を反映したエコシステム指向の採用，社会正義の責任の反映，クライエントのストレングス志向の適用，クライエントとワーカーの協働，個人的・対人関係的・社会的レベルにおけるエンパワメントの達成を構成要素として，ミクロレベルからマクロレベルにおける介入を行う（Miley et al., 2012, pp.100-129）。具体的な実践として，契約としての「対話」，アセスメントとしての「発見」，介入と評価としての「発展」の局面がある。対話では，①クライエントとパートナーシップの形成，②クライエントがチャレンジしようと思う状況の設定，③方向性の決定がある。次の発見では，①クライエントのストレングスの確認，②クライエントが活用できる資源や能力の判断，③希望する目標に向けた解決方法の検討がある。そして，発見では，①社会資源の活用，②クライエント，クライエントのもつネットワーク，社会資源のシステムとの協調，③多様な機会の拡大，計画の達成の認識，総合評価がある。

　これらの論者による原則等から，エンパワメント実践の枠組みを総合的に捉えると，エンパワメント実践の構成要素として，
　①価値・信念：クライエントに対する絶対的信頼
　②集団における体験の活用：スティグマを受けた成員で構成されるグループの活用
　③介入方法：活動のための知識と技術の教示・ストレングスの活用・批判的意識と思考の醸成
　④多元的な介入（個人的次元，対人関係的次元，社会政治的次元）
　⑤クライエントとワーカーのパートナーシップ
にまとめることができる（表1-1）。

表1-1 エンパワメント実践の構成要素

構成要素	エンパワメント・アプローチにおける具体的な内容
ワーカーの価値・信念	・クライエント自身が「権力の構造」に影響を受けることも与えることもできる（Solomon） ・クライエントは抑圧の犠牲者ではなく、勝者である（Lee） ・クライエント自らがエンパワーすることができる（Lee） ・クライエント自身が問題を解決する主体である（Solomon）
グループの活用	・セルフヘルプのネットワークやグループを活用する（Cox & Parsons）
パートナーシップ	・クライエントの問題解決過程において、クライエントはワーカーをピア協働者、パートナーとして認識する関係を構築をする（Solomon） ・ワーカーはクライエントと互酬性のある関係を築く（Lee） ・ワーカーとクライエントがエンパワメントを相互獲得する（Lee） ・援助関係は協力、信頼、パワーの共有に基づく（Cox & Parsons） ・クライエントとワーカーの協働関係を築く（Miley, O'Melia & DuBois）
介入方法	・クライエントによる問題の捉え方を受容する（Cox & Parsons） ・エコシステム指向のアプローチを採用する（Miley, O'Melia & DuBois） ・ストレングス志向のアプローチを適用する（Miley, O'Melia & DuBois） ・クライエントのストレングスを確認し依拠していく（Cox & Parsons） ・クライエントのために資源を動員し、権利を擁護する（Cox & Parsons） ・クライエントが個人としてもつパワーを実感するよう支援する（Cox & Parsons） ・自らエンパワーできるように特定の技能を教示する（Cox & Parsons） ・クライエントがワーカーのもつ知識や技法を活用できるよう支援する（Solomon） ・社会正義の責任を実践に反映させる（Miley, O'Melia & DuBois） ・ワーカーとともに、クライエントは自身の生活を破壊する抑圧的な社会環境に対峙する（Lee） ・ワーカーは社会変革にも焦点をあてる（Lee） ・ワーカーは抑圧状況に対して全体的な視点を保持する（Lee） ・ワーカーはクライエントが自分の言葉で語るよう励ます（Lee） ・階級とパワーについて、クライエントの意識を高める（Cox & Parsons）
多元的な介入	・クライエント自身が変革の過程にかかわっていく（Cox & Parsons） ・個人的・対人関係的・社会政治的レベルに至るシステムに介入する（Cox & Parsons） ・個人的・対人関係的・社会的レベル（Miley, O'Melia & DuBois） ・個人的・政治的レベル（Lee）

2. エンパメントを志向する実践における要素

1) 価値・信念

　エンパワメント実践の前提に，人はいかに劣悪な状況にあっても自分の人生を変える力があるという人間観がある（Cowger, 1994；Cowger, 1997；Simon, 1994）。エンパワメント実践では，社会的に不利な集団に属することで差別や偏見を受けたり，自らの力で困難な状況への対処が難しいことにより，無力な状態に置かれた人々（狭間，2001；Lee, 1994；Solomon, 1976）を対象としている。そこで，ワーカーはクライエント個人のもつ潜在的能力に対する信頼を寄せ（Saleebey, 2000），クライエント自身による自己変容や社会変革に責任をもち（Gutiérrez, 1994；Lee, 1994），地域の一員として活動することを目指す（Simon, 1994）。

2) グループにおける体験の活用

　エンパワメントは，元来，社会的・政治的・経済的・文化的・歴史的なシステムにおける抑圧状況のなかでパワーを喪失し，社会のスティグマを受けた集団を対象としているため，その実践でもグループにおける体験の活用が推奨される（Cox & Parsons, 1994 = 1997；Gutiérrez, 1990；Gutiérrez et al., 1998 = 2000；Lee, 1994）。パーソンズ（Parsons, R.B.）が「エンパワメントは最初に仲間意識の確認や共通性の認識から生まれてくる結果や過程である」（Parsons 1991, p.7-21）と指摘するように，グループ活動の初期段階では，自身の抑圧的な社会環境による生活のしづらさを「ストーリー」として語り，その「ストーリー」が同様の生活のしづらさをもつ他者によって聞かれ，正当化される機会が不可欠である（Cox & Parsons, 1994 = 1997）。同様の生活のしづらさや運命を共有することで自責感が緩和され，他者との運命の共有感という仲間意識が高まる（Gutiérrez, 1990；Parsons, 1991）。このような意識は，自身の生活のしづらさが個人の問題ではなく抑圧的な社会環境に起因すると捉える傾向を強めることになり（Gutiérrez, Cox & Parsons, 1998 = 2000），社会・政治レベルの変革を求める動機づけを生む（Gutiérrez et al., 1998 = 2000）。

3) 介入方法

　エンパワメント実践の主要な介入方法として，①活動のための知識と技術の教

示，②ストレングスの活用，③批判的意識と思考の醸成がある。

　まず，パワーを喪失したクライエントが再び「パワー」を取り戻すには，パワーが意味する「他者に対する影響力」（狭間，2001, p.154）を発揮するための知識や技術が必要になる。たとえば，コミュニケーションの技法をはじめ，社会資源に関する情報へのアクセス，調停と交渉，アドボカシー，行動化とそれに伴う評価（Cox & Parsons, 1994 ＝ 1997；Gutiérrez et al., 1998 ＝ 2000；Parsons, 1991），課題を解消するストレングスの共有（Cowger, 1994；Cox & Parsons, 1994 ＝ 1997；Saleebey, 2000）等である。

　特に，エンパワメント・アプローチには，抑圧的な社会環境に対して，クライエントが批判的な意識を醸成する方策として，先述のフレイレの教育法がある。フレイレは，学習者の主体的な教育方法を重視し，学習者の成長段階に応じて，①傾聴，②対話，③行動の三段階を示した。第一段階の「傾聴」では，学習者同士が自身の経験を語り合い，各々の経験を傾聴することで，学習者に共通する生活課題を共有する。第二段階は「対話」である。学習者がもつ生活課題を共有することで，学習者同士に仲間意識が生まれる。より互いの体験を深める対話によって，「私たち」の生活課題を生む抑圧的な社会環境に対する批判的意識が醸成されるようになる。第三段階は「行動化」である。自分のコミュニティと他のコミュニティとの比較により，自身を取り巻く環境がいかに抑圧的であり，自分たちのパワーを喪失させる要因となるのかに気づき，その社会変革に向けた行動化を図る（Freire, 1973 ＝ 1979），というものである。このようなフレイレが示す知識や技術の習得過程そのものが，学習者同士の仲間意識を高め，社会変革に向けた行動化への意欲を高めることになる。

　次に，ストレングスの活用である。先述のように，「ストレングス」はエンパワメント・アプローチの発展に影響を与えた概念の一つである。ストレングスとエンパワメントの関係について，コウガー（Cowger, C.D.）は「クライエントのストレングスはエンパワメントの源泉である」（Cowger, 1997, p.60）と述べ，マイリーらは「ストレングスへの焦点化が，エンパワメントに基づくソーシャルワーク実践の基盤である」（Miley et al., 2012, p.23）と指摘している。このように，クライエントのストレングスに着目し，それを活用するアプローチはクライエントのエンパワメントには不可欠な要素と言える。

　「ストレングス」に着目したアプローチは，1980年代後半以降，米国のソーシャルワークにおけるアプローチの一つとして注目され，少なくとも次の三点に特徴がある（Goldstein, 1997；Rapp, 1998；Saleebey, 1996；2000）。第一に「ストレ

ングス」の位置づけは医学モデルが着目する「病理・欠陥」と相反するものである。第二に，ストレングスとは庶民が普段の生活で使用してきた言葉であり，日常性や統合性および対等性などに関連する。それは，専門職主導の治療や援助にパラダイム転換を求めるものである。第三に，個人とその個人を取り巻く環境にストレングスがある。個人的なものには，熱望・自信，長所・才能，プライド，生活経験から学んだ知恵やその伝承も含まれる。また，環境的なものには，物理的・制度的な資源，対人関係などの社会関係，喜びや夢をえる機会などである。ストレングス視点に基づくアプローチには，人はどのような状況にあっても自分の人生を変えていく力（power）やストレングス（strengths）が備わっているという人間観がある（Cowger, 1994, pp.262-268）。狭間は，「ストレングス」には意味の転換により変化を可能にする，変化を生み出す力としての生成力という意味があると指摘し，何がストレングスなのかはクライアントが決める（狭間，2001, p.161）というクライアントによる自己定義を重視している。

　ストレングス視点に基づくアプローチを提唱したサリビー（Saleebey, D.）は次の五原則をあげる（Saleebey, 2000, pp.13-18）。
　①個人，グループ，家族，地域にはストレングスがある
　②トラウマや虐待および病気は苦しみであるかもしれないが，それらは挑戦や好運の源になる可能性を秘めている
　③成長や変化の能力には限界がないものと仮定して，個人，グループ，コミュニティの希望を受け容れることである
　④ワーカーはクライエントと協働することにより，最高のサービスを提供することができる
　⑤あらゆる環境は資源に充ちている
　また，精神障害者のストレングスモデルを開発したラップら（Rapp, C.A. & Goscha, R.J.）は，次の六原則にあげる（Rapp & Goscha, 2012）。
　①重症な精神障害をもつ人もリカバリーし，生活を改善する可能性がある
　②焦点は欠陥ではなく，個人のストレングスである
　③地域を資源として捉える
　④クライエントこそが援助過程の監督者である
　⑤ワーカーとクライエントの関係性は基盤となるものであり，本質である
　⑥われわれの仕事の主要な場所は地域である
　このように，ストレングス視点に着目したアプローチでは，ワーカーはクライエントとパートナーシップの関係に基づき，クライエント自身による課題の定義

づけを行い，疾患によって隠されていた潜在的なストレングスを活用しながら，自分らしい生活を再構築するというリカバリーを目指す。このようなクライエント自身による問題の定義や自らが問題の解消方法を決定し関与していくという自己統制感は，クライエントの肯定的な自己認識を生み，主体的に自らの生活課題に取り組む動機を高める点で，「ストレングス」はエンパワメント実践には重要な視点でありアプローチと言える。

　そして，批判的な思考やその意識化に向けた介入として，アドボカシーの観点に立ったアプローチがある。Encyclopedia of Social Work によると，アドボカシー（advocacy）は「安定と社会正義を目的とする個人，グループ，地域のために，擁護，介入，支援などを行う活動である」（Mickelson, 1995, pp.95-100）と定義され，ソーシャルワーク実践の中核にある方法に位置づけられている。1960 年代以降，「アドボカシー」はエンパワメントの手段に結びつけられ（Leadbetter, 2002），小西加保留はエンパワメントとアドボカシーに関連する先行研究から「エンパワメントはアドボカシーの上位概念として，アドボカシーはエンパワメントの達成のための主要な具体的活動の一部として洗練される」と指摘している（小西，2007, p.45）。

　我が国のソーシャルワークにおける「アドボカシー」の定義や捉え方について，時代を追ってみていく。1970 年代に，宮川数君によって定義されたアドボカシーとは「自己の利益や権利を適切に主張できないクライエントに対して，専門家であるソーシャルワーカーがその無力さを弁護・代弁することで，援助関係における当事者平等を確保しようとする」（宮川，1978, pp.33-34）とし，アドボカシーを「クライエントの弁護・代弁」としている。1990 年代に入ると，クライエントの権利擁護が強調され，その活動範囲も拡大された。たとえば，高山直樹はアドボカシーを「権利擁護」と訳し，「社会福祉サービス利用者の権利主張を支援し，代弁・弁護する活動」（高山，1997, p.6）として位置づけている。また，秋山智久は「ソーシャルワーカーがクライエントの生活と権利を擁護するために，その知識と技術を駆使して，主として行政・制度や社会福祉機関・施設の柔軟な対応や変革を求めて行う専門的・積極的な弁護活動」（秋山，1999, p.25）と定義し，アドボカシーを「ニーズの充足」「生活支援」「生活擁護」をも含む広範囲な概念として捉えている。平田厚は「判断能力の不十分な人々または判断能力があっても従属的な立場におかれている人々の立場になって，それらの人々の権利行使を擁護し，ニーズの実現を支援すること」（平田，2012）と定義し，「クライエントの立場」から「ニーズの実現」の支援の必要性を強調する。このように，クラ

イエントの生活者としての権利を取り戻す／権利の行使を擁護するという観点から，エンパワメントと関連付けた定義がみられるようになった。たとえば，久保美紀はワーカーが行うエンパワメントを「クライエントが個人的，社会的，経済的，政治的力を自ら獲得していく過程を，クライエントのパートナーとしてサポートする活動とし，クライエントの権利と威信のために社会的条件の変革を志向するアドボカシーを，エンパワメントの過程で用いられる重要な方法としての活動」（久保，1997）と説明している。また，谷口政隆は「エンパワメントの基盤を形成する最も具体的な実践としてアドボカシーがあり，……エンパワすることがアドボカシーの目的」（谷口，1999，p.53）と指摘している。北野誠一は「アドボカシーとは，個人や仲間がエンパワメントする（自分らしく自立して生きていく力を高める）ことを支援する技術や方法の一つである」（北野，2000，p.142）と述べているように，エンパワメントがアドボカシーの目的となる点で，先述の小西の主張はこれらの定義を包含したものである。

このように，「アドボカシー」が定義された時代背景によってその強調点は異なるものの，クライエントの本来もつ人間としての権利を擁護する／取り戻す／その行使の擁護という点は合致しており，クライエントのエンパワメントには不可欠な要素といえる。

小西は先行研究をまとめ，アドボカシーは大きくはパーソナル・アドボカシーとシステム・アドボカシーに分類することができ，前者にはセルフ，ケース・クライエントインディビジュアル，グループ・コレクティヴ，ピア，アシスティブ，シチズン・アドボカシーが，後者にはクラス・コーズ，パブリック，リーガル，アドミニストレイティブ，コミュニティレベルがあるという（小西，2007，pp.42-43）。

以上のように，介入方法において，ストレングスの視点やその活用，アドボカシーの観点やその支援はエンパワメント実践で重要な概念であるにもかかわらず，エンパワメント実践の次元との関連性から明示しているものはあまりない。

4) 多元的な介入

人と環境の相互作用の観点から，エンパワメント実践におけるワーカーの介入の焦点となる次元は，「個人的次元」というミクロレベルから，「対人関係的次元」というメゾレベル，「社会的次元（組織的次元・政治的次元）」というエクソ・マクロレベルにわたって包括的に設定される（Cox & Parsons, 1994 = 1997；Gutiérrez, 1990；Gutiérrez, Cox & Parsons, 1998 = 2000；Lee, 1994；Miley et al., 2012)。ここでは、コックスらが提示した介入の焦点となる次元に即して、各々の特徴をみていく（Cox & Parsons, 1994 = 1997, pp.58-66）。

個人的次元は、抑圧的な社会環境のなかでパワーを喪失したクライエントに対して、ワーカーは信頼関係を形成しながら、クライエントのセルフ・イメージを高め、当面のニーズの充足を目指す次元である（Cox & Parsons, 1994 = 1997, p.59）。クライエントの訴えに対する共感や受容並びに経験の意味づけなどを行うことから「カウンセリング次元」とも言われている（宮川, 1999）。

対人関係的次元では、スティグマを受けたグループのセルフ・イメージを高めるために、「グループの体験の活用」を実践する次元である。エンパワメントがスティグマ化されたマイノリティグループの運動に端を発しているように、対人関係的次元にあたるグループのダイナミクスを活用した活動はエンパワメント実践における中核的な活動であり「相互支持次元」とも言われている（宮川, 1999）。

ミクロ的環境及び組織的次元では、クライエントの身近な生活環境や社会の変革に焦点をあて、クライエントの当面の社会環境の変革もしくは調停に焦点がおかれる（Cox & Parsons, 1994 = 1997, p.59）。ここに示す「組織」とは、グループと社会政治の中間、ミクロ的環境にある地域の団体やサービス提供機関といった（Cox & Parsons, 1994 = 1997, p.62）、市民社会レベルを示す。クライエントが社会環境と自分の関係を見直し、市民としてもつあたりまえにもつ権利を守るために地域や組織などの社会環境に働きかける活動を目指すことから「アドボカシーの次元」と言われている（宮川, 1999）。

政治的次元では、クライエントのパワーの喪失をもたらす社会変革や制度政策の開発などに向けてソーシャル・アクションを起こす次元である（宮川, 1999）。

5）クライエントとワーカーのパートナーシップ

エンパワメント実践では、クライエントとワーカーのパートナーシップの関係が不可欠である。「エンパワメント」がソーシャルワークに導入された功績の一つとして、クライエントの抑圧的な社会環境のなかに専門職が含まれるという自己批判的な視点がある（稲沢, 2003）。サイモンが「援助者がクライエントをエンパワメントすること」と「クライエントが自らをエンパワメントするように援助すること」は異なると指摘しているように（Simon, 1990）、クライエントとワーカーの関係性にはパワーの非対称性が存在する（Hasenfeld, 1987）。先述のアドボカシーの定義にみられるクライエント像が「主張できない」「無力」「判断能力

の不十分な人々または判断能力があっても従属的な立場におかれている人々」といった文言で表記されるように，ワーカーとクライエントの援助関係において非対称的関係や一方的な関係が生じやすい。従来，ワーカーはクライエントに対する援助の専門性の向上を目指して，援助の実証性や論理性並びに科学性を重視してきたあまり，病理欠陥視点に基づく実践に傾倒してきた経緯がある。このような実践では，ワーカーがクライエントの問題をアセスメントし，その問題解決を図ってきたことから，誰のための何のための援助なのかという援助の主体性の問題を生じさせることになった（Hartman, 1991）。ワーカーが意図的にクライエントをエンパワーしようとすると，クライエントは自らをエンパワーする力を失い，ワーカーに依存するという関係が生まれる。このことを，グルバーとトリケット（Gruber, J. & Trickett, E.J.）は「エンパワメントのパラドックス」と呼称している（Gruber & Trickett, 1987）。稲沢は，この要因として，元来「自らがパワーを獲得する」という社会運動の理念として生成されたエンパワメントが「エンパワメントさせる」という援助の理念に位置づけられたことにみる（稲沢, 2003）。そのため，ワーカーは専門職とクライエントにおける「パワー－依存関係」という関係性を見直し（Hasenfeld, 1987），両者にパートナーシップ（Hartman, 1993）を形成することが求められるが，その際，ワーカーは次の三点に留意する必要がある。第一に，ワーカーはクライエントのパワーを喪失させる側に位置すること（松岡，2005；Rappaport, 1985），自身のもつ権力性が援助関係に負の関係をもたらすことを自省的に意識しなければならない（北野，1995）。第二は，専門職の視点を病理欠陥視点からストレングス視点にパラダイム転換すること（Saleebey, 1997, pp.50-52）。病いによって覆い隠されてきた，その人がもつ持ち味，病いの経験から得た生活知恵といった「ストレングス」に価値を置き（Cowger, 1994），それを援助に活用すること。第三は，ワーカーがもつパワーを共有することである。たとえば，ワーカーが所属する機関や組織が提供する資源，専門職としての知識や地位，共感・信頼・ラポールなどの対人関係上の技能，社会から付与された正当性などがあげられる（Hartman, 1993；Hasenfeld, 1987）。また，ワーカーは，クライエントが「クライエント」となることによって経験した生活の知恵に敬意を示し，その知恵を援助や支援に活用する。ワーカーとクライエントの相互関係性に着目した北野は，エンパワメントをクライエントとワーカーが「共に生きる価値と力を強めること」とし，「共に生きる価値」を権利として社会に認知させ，「力（パワー）を高めることで」その権利を実現する重要性を指摘している（北野，2015, p.100）。

このように，ワーカーとクライエントが互いのパワーやストレングスを共有する相互補完的・相互支援的な関係性のなかで，クライエントのパワーが増強し（Gutiérrez, 1990），両者にパートナーシップが育まれ，一人の人間同士の対等性が生まれることが期待される。

このことは，クライエントの権利に関わる社会的・法的な諸問題の解消に関して，ワーカーはクライエントと共に／側面的に一定の方法や手続きに基づく活動が求められると言える（北野，2015, p.2）。

③ 精神保健福祉領域におけるエンパワメントを志向する実践の介入方法

第1節では，精神疾患そのものとその人を取り巻く抑圧的な社会環境が複合化・複層化しながら，精神の病気を患った人々がパワーを喪失していく過程をみてきた。ここでは，前節のエンパワメント実践の先行研究をふまえて，「精神障害者」がエンパワメントを獲得していく実践について検討していく。

その前提として，ワーカーがもつべき「精神障害者」観として，精神の病いをもちながらも，一人の市民としての権利を取り戻し，自分らしい人生を再構築できる人であるという人間観がある。そして，ワーカーはクライエントとパートナーシップを形成しながら，クライエントがもつコンピテンスやストレングスに対する信頼を寄せ，クライエント自身が自己変容や社会変革に責任をもち，地域の一員としてリカバリーすることを目指す。以下，ワーカーが介入する四つの次元（個人的次元，対人関係的次元，組織的次元，政治的次元）における具体的な活動とそのエンパワメント効果について整理する（表1-2）。

1. 個人的次元：カウンセリング次元

個人的次元では，精神疾患そのものと「精神障害者」に対する抑圧的な社会環境のなかでパワーを喪失したクライエントに対して，ワーカーは信頼関係を形成しながら，セルフ・イメージを高め，当面のニーズの充足を目指す。

まず，クライエントの当面のニーズの充足に関して，ワーカーは人と環境の相互作用の観点から「人と環境との間に良好な適応状態が存在する場合，人の潜在

能力が開花する」(Germain, 1979) という信念に基づき，クライエントの苦悩や生活のしづらさを受容と共感的な態度で傾聴する。ワーカーはクライエントの生活のしづらさの当面の解消に向けて，クライエント自身による問題の定義づけの支援を行い，クライエントのストレングスや地域にある社会資源のアクセス方法を提供する。また，「精神障害者」は思春期・青年期に発病することが多いことから社会経験が少ない場合や，本人の周囲にいる人々のパターナリズムから社会経験の機会を奪われた人が少なくない。そこで，ワーカーは「精神障害者」という属性ではなく，一人の生活者としての生活経験を拡大する機会を提供する。その際の失敗経験が貴重な学習の機会になることや失敗体験を成功体験に変える経験を重ねることで，本人自身のなかに新しい経験に挑戦しようという未来志向が生まれることが期待される。ワーカーはクライエントが生来的に秘めている才能や能力，及び生活経験から得られた知恵などをクライエントともに確認し，それらを「ストレングス」と肯定的に意味づける支援や，それらの活用による成功体験を重ねる機会を提供する (Rapp, 1998, pp.1-23)。

　また，肯定的なセルフ・イメージの獲得に関して，精神障害者の場合，精神疾患によって認知機能の低下や，人権に関する教育や啓発がなされてこなかったことによる二次的な障害として権利主張する機会が奪われ続けてきたため（岩崎，2010, p.203），本人自身に否定的なセルフ・イメージが生じることが多い。そこで，ワーカーはクライエントとの信頼関係を築きながら，セルフ・アドボカシーの促進を目指す支援を行う。北野によると，セルフ・アドボカシーとは「自分（たち）のために主張し，行動することによって，他者の支援を引き出し，自分（たち）の権利を強めること」（北野，2000, p.150）と定義される。セルフ・アドボカシーは，社会のレッテルを貼られた知的障害者のセルフ・イメージの変革が起源にあり，クライエントがサービスの受給者である「障害者」「病者」から「一人の生活者」へ，クライエントが自身のもつ「消費者としての権利」を行使することを目指す。1963年のケネディ教書の『Action for Mental Health』では，精神障害者を「精神医療のコンシューマー（Consumer）」と呼称し，消費者の権利として「安全・知る・選ぶ・意見を反映する」を掲げている。従来の精神科医療では，クライエントは自身の治療に対する自己選択や自己決定が病状的に困難であるという理由から，専門職主導の治療が施されることが多かった。それは，クライエントに「従順な患者」役割を強いることになったのである。そこで，ワーカーはクライエントが主体的に自らの治療を選択できるように，治療に対する安全性や服薬等の効用と副作用，その治療以外の選択肢，治療に対する意見といった権利を共

有する。それは，クライエントがワーカーを資源の一つとして活用する能力を示すワーカービリティの向上も期待される。

　さらに，ワーカーはクライエントが否定的なセルフ・イメージをもつことになった抑圧的な社会環境に対する批判的意識を覚醒する支援を行う。

　以上のようなアプローチによって，個人的次元のエンパワメントとして，クライエントの肯定的なセルフ・イメージの獲得，自尊感情や自己信頼の獲得，ニーズの充足，自己肯定感の向上，クライエントの権利主体の自己認識の向上，抑圧的な社会環境に対する批判的な意識の醸成，権利行使の実現に必要な情報のアクセス方法の習得などが期待される。

2．対人関係的次元

　「対人関係的次元」では，社会の偏見がある「精神障害者」と呼称される人々に仲間意識の醸成や肯定的なセルフ・イメージの獲得とともに，抑圧的な社会環境に対する批判的意識の高揚を目指す。この次元では，グループの体験を活用する。

　パーソンズ（Parsons, R.B.）が「エンパワメントは最初に仲間意識の確認や共通性の認識から生まれてくる結果や過程である」（Parsons, 1991, pp.7-21）と指摘するように，ワーカーの支援として，仲間意識の醸成への支援がある。セルフヘルプ・グループの研究者である岡知史は，そのグループの基本的な活動として感情や情報，そして考え方の「わかちあい」をあげる（岡，1999）。グループのメンバーによる感情のわかちあいは孤独感の低減や我々感情の醸成を促し，情報のわかちあいは生活の知恵の獲得となり，考え方のわかちあいは障害者観や人生観に肯定的な意識変容をもたらす。疾病体験によって得た知恵や抑圧的な社会環境を生き抜いてきたサバイバー・プライドを交換し合うことを通じて，未来や夢が生み出される（岡 1999；Saleebey, 2000）。また，メンバー同士の相互支援はモデルとなるメンバーの獲得や自分自身が他のメンバーのモデルとなりうるという仲間同士の互酬性を体感できる。これは，リースマン（Riessman, F.）が提唱した「ヘルパー・セラピーの原理」（Riessman, 1965）に合致するものであり，支援を受けた者と他者に支援した者の両者に自己効力感や自己肯定感をもたらし，集団への所属意識や仲間意識が醸成される。

　また，社会的に不利な集団に位置づけられた「精神障害者」の肯定的なセルフ・イメージの獲得を目指して，ワーカーはピア・アドボカシーやグループ・アドボカシーの支援を行う。先述の北野によると，ピア・アドボカシーとは「権利侵

害を受けた（受けやすい）仲間・当事者に対する仲間・当事者による権利擁護活動」（北野，2015，pp.6-7）を意味する。ワーカーは，精神疾患を患うことで同様の生活のしづらさをもつ人々からなるグループを結成し，「私」の生活課題が「私たち，精神障害者」の生活課題であると認識できるように課題解決型教育を行う（Freire, 1973 = 1979）。ワーカーは精神障害をもつ人同士が病いの語りを傾聴し，互いの生活課題を深める対話を重ねる機会を提供する。それによって，グループのメンバーに抑圧的な社会環境に対する批判的意識の醸成やその高揚がみられる。そこで，ワーカーは，「精神障害者」のおかれている抑圧的な社会環境による情報を提供したり，抑圧的な社会環境と自身の生活のしづらさとの関連性を解明にしたり，社会改革に必要な知識や技術を教示したりする。

　この次元のエンパワメントとして，肯定的なセルフ・イメージの獲得，自己効力感の向上，仲間意識の醸成やグループの連帯感の強化，社会に対する批判的意識の醸成と高揚，その変革に必要な技能の向上がみられる（Gutiérrez, 1990；Hasenfeld, 2000；岩田，1996）。

3. ミクロ的環境的及び組織的次元（以下，組織的次元）

　「組織的次元」では，クライエントが社会環境と自分の関係を見直し，市民としてあたりまえにもつ権利を擁護したり主張したりするために，地域や組織などの社会環境に働きかける活動を目指す。

　組織的次元に着目した場合，精神障害者にとって抑圧的な社会環境の代表的なものに「偏見」がある。偏見の低減を目指す市民の意識変革の一つとして，精神障害者の病理や障害ではなく，その人個人がもつ得意分野や関心事，病いの経験から得た知恵を示すストレングスを活用して地域社会に貢献することがある。本論文のテーマであるが，近年では精神障害をもつ人が病いの経験から得た知恵を一般市民に語ることによって，その聞き手の精神障害者に対する偏見を低減するだけでなく，自身のメンタルヘルスに関心を抱くという効果が報告されている（栄編，2011）。精神障害をもつ人々の病いの語りをストレングスと捉え，その活用によって，精神障害者に対する偏見を低減すること，精神障害者に理解を示す人々や機関のネットワークを形成することが求められる。

　しかし，精神障害者が地域社会を構成する一員であるという意識が未だ根づいていない社会では，精神障害者が地域社会に貢献する機会がほとんどない現状にある（谷口，2000）。その際，「精神障害者」と「一般社会」を「同じ市民」とい

う共通認識を生む活動としてシチズン・アドボカシーがある。この活動には，障害の有無にかかわらず，全ての人々が価値と権利をもつという理念があり，「一般市民のボランティアによる，支援を必要とする市民に対するアドボカシー」をいう（北野，2000）。代表的な活動として「精神保健福祉ボランティア」があり，「精神障害者が抱える生活上の問題を自分と関わりのある地域の課題として捉え，その解決や支援において相互に協同する諸活動を通じて，共に生活できるコミュニティづくりに参画できる人々」（栄，1998）と定義される。このように，精神障害者が一人の市民として社会貢献することや地域社会を変革することは，精神障害者の偏見の低減とともに，「精神障害者」が地域社会の構成員としてあたりまえに暮らせる社会の創造の可能性につながる（栄，2011；2016a）。

　この次元では，ワーカーはクライエントが自らの課題を解消できるよう，クライエントに地域にある資源や組織に関する知識およびその利用方法，組織や機関とのコミュニケーションの取り方を学ぶ機会や場を提供する。それらの社会変革に必要な知識や技法をもって，クライエント自らが同様の課題をもつ人々を組織化し，意思決定機関に新たなサービスの開発を交渉したり，精神障害者に対する偏見がある市民社会にある意識を変容したりする支援を行う。

　この次元のエンパワメントとして，クライエントが他者を含む社会環境に影響を与える能力をどの程度獲得したか，その社会貢献感や自己統制感の体得がある。それには，クライエントの「病者」や「障害者」という保護的なイメージを，他者に役立つ「市民」というイメージへの転換を図る可能性（Gutiérrez, 1990, p.22）も含まれる。つまり，クライエントの市民権の獲得，地域にある資源のコントロール，抑圧的な社会環境への批判的意識に基づく行動化とそれによる社会変革がある。

4．マクロ的環境及び政治的次元（以下，政治的次元）

　「マクロ的環境及び政治的次元」では，クライエントのパワーの喪失をもたらす社会変革や制度・政策の開発などに向けてソーシャル・アクションを起こす次元である。その対象として州・連邦・国際レベルの政治的変革をも含む。

　抑圧的な社会環境を変革するには，組織的次元の活動を拡大し，精神障害者に理解を示す人々や機関を増やすとともに，そのネットワークの形成を強化していく。また，精神障害をもつ人々の病いの経験を活用し，ピアサポーターが活躍できる場や機会を提供する。さらに，ワーカーは精神障害をもつ人々がスティグマにより社会の周縁化に追いやられている仲間の代弁をしたり，市民の意識改革に

寄与したりするなど社会改革を目指した活動を行う。

　コックスとパーソンズが，政治的次元の実践とは「クライエントが自分たちの問題がもつ政治的側面にかかわっていくことであり，それに焦点をあて，個々人の問題の誘因になっている抑圧的な社会環境に影響を与えるソーシャル・アクションやその他の集団的な努力が含まれる」（Cox & Persons, 1994 ＝ 1997, p.63）と指摘している。このように，ワーカーには，精神障害者個々人やそのグループが「一人の市民」としてもつ権利行使の主体者としての意識を喚起し，よりマクロな観点から抑圧的な社会環境に対する批判的意識を高め，ソーシャル・アクションなどの行動化に必要な知識や技術を習得する場や機会の提供を行う。具体的には，ワーカーはクライエントに政治経済的システムや国家的問題に関する知識や，その変革に関する技能を習得できる機会や場を提供する。また，精神障害者個々人やそのグループがもつ生活課題を政治的・国家的な課題として位置づけ，全国的な組織や政策決定機関の会議への参加を支援する（Rapp et al., 1998；Whitmore, 1991）。このように，政治的次元の活動が現存する制度や施策を改善したり開発するという点で，精神障害をもつ個々人のパーソナル・アドボカシーよりも「精神障害者」というクラス・アドボカシーの色彩が濃いものとなる。

　この次元におけるエンパワメントとして，精神障害をもつ人々のシチズンシップの向上や，抑圧的な社会環境に対する批判的意識による行動化並びにそれによる社会変革による自己効力感や自己統制などがある。

5. 精神障害者のエンパワメントとリカバリーの関連性

　本節では，精神障害者のエンパワメントを考えるうえで，精神科リハビリテーションの重要な概念である「リカバリー」とエンパワメントとの関連性を整理しておく。当事者主導の地域生活支援が進展するなかで，近年「リカバリー」という言葉が当事者から聞かれることが多くなってきた。

　精神疾患の多くは慢性疾患であり，「治癒」を目指す医学モデルではなく，病いをかかえながら，自分らしい生活を再構築していく生活モデルが推奨されている。1980年代の米国では，すでに障害者に対する地域サービスが整備されることに伴い，精神障害者が病いをかかえながら社会参加することや地域貢献することが可能となってきた（Kaplan et al., 2012）。そのような経験を得た人々による手記をもとに，「リカバリー」という概念が生成された（Ridgway, 2001）。精神科リハビリテーションの原則を提唱したアンソニー（Anthony, W.A.）によると，

「リカバリーとは，個人の態度や大切にしていること，感情，目標，技術や役割が変化していく過程のことで，個々人によって異なる過程である。精神の病いによって活動が制限されたとしても，何かに貢献し，希望にあふれ，満足できる生活を送る生き方である」(Anthony, 1993) と定義される。また，日本精神障害者リハビリテーション学会の前会長である野中猛は，リカバリーを「病気や健康状態の如何にかかわらず，希望を抱き，自分の能力を発揮して，自ら選択ができるという主観的な構えや指向性を意味する」(野中，2006, p.164) と定義している。いずれも，リカバリーはその疾患や障害の程度にかかわらず，当の本人の主観的な生き方や希望を重視した概念である (Rapp, 2006 = 2008, pp.45-53)。このように，「治癒」は専門職による目標概念であるのに対して，「リカバリー」は当事者の病いの経験から生成された概念であり，各々の概念の出自が異なる。

　「エンパワメント」と「リカバリー」の関係性をみると，「エンパワメント」はリカバリーに辿る過程の一つであり (Leamy et al., 2011 ; Nelson et al., 2001)，かつ，リカバリーの構成要素として位置づけられている (野中，2011)。前者に関して，リーミー (Leamy, M.) らは 97 の先行研究を対象としたシステマティックレビューを行い，リカバリーの過程として，他者とのつながり (Connectedness)，希望 (Hope)，自分らしさ (Identity)，人生の意味 (Meaning)，エンパワメント (Empowerment) をあげる (Leamy et al., 2011)。後者に関して，全米におけるユーザーの代表を集めて結成された「リカバリー勧告団」は，リカバリーの 10 の構成要素として，①希望，②自己決定，③責任，④ストレングス，⑤非直線的，⑥全体的，⑦尊厳，⑧仲間の支え，⑨個人的・個人中心，⑩エンパワメントを掲げている (野中，2011, pp.46-47)。さらに，千葉理恵らは自らが開発したリカバリー尺度と心理的エンパワメントの関連性を測定し，心理的エンパワメントが高いほどリカバリーの状態も高くなることを指摘している (Chiba et al., 2010)。

　以上のように，エンパワメントはリカバリーに辿る過程の一つの段階であるとともに，リカバリーの構成要素の一つであり，リカバリーの状態を表すものである。エンパメント実践では，「クライエントが自らをエンパワメントするように援助する」ことを目指すことから，クライエントの主観的評価となる「リカバリー」は一つの指標となりうる。

④ エンパワメントを志向する実践上の課題

　本章では，精神障害者がパワーを喪失していく過程をふまえ，エンパメントを志向する実践のアプローチに対して，「エンパワメント」の定義，実践に不可欠な要素，そのアプローチの方法について先行研究を整理してきた。しかし，エンパメントを志向する実践には，未だ明確に整理されていない三つの課題がある。
　第一は，専門職の介入の焦点を示す次元間の関係性である。
　本章で示したリーやグティエーレスらのエンパワメント理論によると，個人的，対人関係的，組織的，政治的次元は諸要因の連続体に対する介入の焦点のあて方であり，四つの次元におけるクライエントの課題に応じて，各次元が同時に進行することがある（Gutiérrez et al., 1998=2000 ; Lee, 2001）と説明している。一方，我が国に早くからエンパワメント実践を紹介した久木田純は，発達の概念枠組みを用いて，エンパワメントを五つの段階から説明している。第一段階は基本的ニーズの充足，第二段階は資源へのアクセス，第三段階は問題に対する意識化，第四段階は意思決定への参加，第五段階はパワーのコントロールによる価値達成へと，順次各々の段階へと上昇していくなかで質の高いパワーを獲得するという（久木田，1998）。また，榎本悠孝はエンパワメントの達成過程を段階的なものとして図式化している（榎本，2017, p.10）。

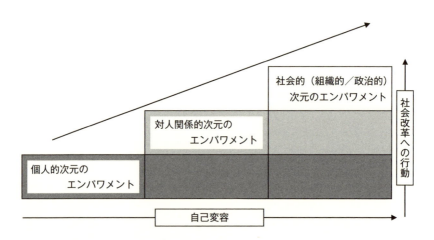

図 1-2　想定される社会的次元のエンパワメントの獲得過程

このような先行研究をふまえると，想定される社会的次元のエンパワメントの獲得過程は前頁のように図式化できる（図1-2）。
　このように，エンパワメント理論やその実践の先行研究では，専門職が介入する次元の連続性や相互関連性が指摘されながらも（Barker, 1995, p.120），その特性を明確にしたものはあまりなく，事例研究では個人的次元から対人関係的次元，社会的次元へと段階的に同時／順次に展開していくことが紹介されることが多い。従来のソーシャルワークの援助技術では，ケースワーク，グループワーク，コミュニティワークが分断して説明されることが多く，クライエントの観点に立ったケアマネジメントの技法が必要視されてきた経緯がある（白澤，1992）。この点では，エンパワメント実践における個人的次元，対人関係的次元，社会的次元（組織的次元・政治的次元）の関連性に関して，エンパワメントの社会的次元に着目した実践的研究から，個人的次元や対人関係的次元の実践的つながりや促進方法について明確にしていく必要がある（大谷，2012）。
　第二は，エンパワメントを志向する実践の実施にあたり，伝統的なソーシャルワーク実践は個人的次元や対人関係的次元に焦点をあてた実践が多く，社会的次元（組織的・政治的次元）に着目した実践的研究があまりみられない点である（Gutiérrez et al., 1998=2000, p.296；久保，2000, pp.131-133；栄・岡田，2004）。栄らが精神科ソーシャルワーカーのエンパワメント実践の度合いを明らかにするために818名（有効回収票485票）のワーカーを対象とした自記式質問紙調査を行ったところ，クライエントの個別支援活動は市民の意識変革の促進や環境整備等の地域支援活動よりも圧倒的に実践度合いが高いことが報告されている（栄・岡田，2004）。その要因に関して，精神障害者の場合，ソーシャルワーカーは医療機関で勤務することが多く，政治的次元の活動に視点をおいた実践が少ないこと（大谷，2012）や，精神保健福祉領域におけるリーガル・アドボカシーが機能するシステムがなかったこともその要因の一つと言える（岩崎，2010）。また，先述したコックスらは社会的次元の介入として「ミクロ的環境及び組織的次元」と「マクロ的環境及び

注15）北野は，「アドボカシー」の担い手を基軸として，セルフ・アドボカシー，ピア・アドボカシー，グループ・アドボカシー，シチズン・アドボカシー，専門職によるアドボカシーに分類している。セルフ・アドボカシーとは，クライエント自身による権利の擁護や強化を目指し，自分の生活に対する権利を主張し行動する活動である。ピア・アドボカシーやグループ・アドボカシーの担い手は，同様の関心や課題をもつ仲間（ピア）であり，グループを示す。シチズン・アドボカシーも同じ市民という立場に立ち，市民同士によるアドボカシー活動を示す。専門職によるアドボカシーには法律家やソーシャルワーカーによる活動がある。詳しくは，北野（2000, pp.142-159）を参照のこと。

政治的次元」(Cox & Parsons, 1994=1997) を提示しているが，それらは「政治的次元」(Lee, 2001) や「社会政治的次元」(Miley et al., 2012) のように一括して説明されることが多く，「ミクロ的環境及び組織的次元」に着目した実践的研究はあまりみられない。

　第三は，精神疾患を患うことでパワーを喪失した人々がパワーを取り戻し，社会的次元におけるエンパワメントを獲得する実践の設計図がないという課題がある。エンパメント研究の論者は多いものの，この理論的枠組みをふまえた実践的研究はあまりみられず（三毛，1997），社会的次元に焦点をあてた実践を俯瞰的に捉えることが必要とされる。

　私の臨床経験では，「精神障害者」と呼称される人々がパワーを喪失していく過程は，その人が本来もっていた希望や夢をあきらめていく過程でもあった。そのようななかで，「精神障害者」と呼称される本人が自身の生活課題に自己定義を行ったり，同様の病いの経験をもつ仲間同士の語り合いによるモデル・ストーリーの相互獲得は，本人に自己肯定感や自己効力感をもたらし，病いに対する肯定観がみられていた。さらに，公共の場において病いの経験を語るというスピークアウトの活動を始めた人々は，公共の場で「精神障害者」と呼称される人々の生活のしづらさを語り，その語りが福祉サービスの制度化や精神医療の変革を促す可能性があることからも，エンパワメントの重要な構成要素に位置づけられると言える（John & Peggy, 1993）。

　以上のように，「語り」には多様な形式があり，語りの生成や語る行為そのものがエンパワメントの重要な構成要素となりうる。そこで，次章では「語り」とエンパワメントの関連性について整理する。

第1章 ● エンパワメントを志向するソーシャルワーク実践の理論的枠組み

表1-2 エンパワメントを志向する実践過程における構成要素

エンパワメントの次元	個人的次元	対人関係的次元	組織的次元	政治的次元
参加者	個人/ワーカーなどの専門職	個人/グループ	個人/グループ/特定された他者集団・コミュニティ	個人/グループ/特定されない他者集団・コミュニティ・政治
援助関係	パートナーシップ	パートナーシップ	パートナーシップ	パートナーシップ
介入方法	信頼関係の形成/ニーズの明確化	体験のわかちあい/相互教育のグループ支援	資源の確保/システムや環境への働きかけ	ソーシャル・アクション/国レベルの政治的変革
中心となる技法	カウンセリング次元 共感/受容/意味づけ	相互支援次元 グループ支援	アドボカシー次元 権利や要求の主張の支援	ソーシャル・アクション次元 社会的/政治的側面の支援
ストレングス視点のアプローチ	ストレングスの認識とその活用の機会提供 ・人と環境の相互作用の観点 ・ストレングスの意味づけ ・生活経験の拡大の機会	ストレングスの活用とその強化の機会提供 ・経験の肯定的意味づけの支援 ・仲間意識の醸成の支援 ・モデルの相互獲得と役割の提供	ストレングスの強化と開発 ・環境のストレングスの活用と開発 ・ネットワークの形成とその活用 ・ストレングスの活用可能な環境整備	ストレングスの増強と開発 ・社会資源の開発 ・社会へのストレングスの活用 ・ネットワークと連帯の強化
アドボカシー観点のアプローチ	セルフ・アドボカシーの促進 ・自己主張の支援 ・消費者意識の醸成の支援 ・ワーカービリティの活用の支援	グループ/ピア・アドボカシーの促進 ・抑圧的な社会環境に対する学びの機会や支援 ・社会変革に関する知識や技能の習得の機会や支援	シチズン・アドボカシーの促進 ・意思決定機関や支援者の対応改善 ・社会変革に対する支援	リーガル・アドボカシーの促進 ・個人の問題に関連する法制度への働きかけ ・政策決定過程への参画
エンパワメントの効果	・肯定的なセルフイメージの獲得/自尊感情や自己信頼の獲得/自己肯定感の向上 ・抑圧的な社会環境への批判的意識の醸成	・肯定的なセルフイメージの獲得/孤独感の低減/我々感情の醸成/連帯感の強化/モデルの獲得 ・抑圧的な社会環境への批判的意識の醸成と高揚 等	・報酬の獲得/市民権の獲得/社会貢献/資源のコントロール ・抑圧的な社会環境への批判的意識に基づく行動化/社会変革 等	・シチズンシップの向上 ・抑圧的な社会環境に対する批判的意識に基づく行動化/社会変革 等

第2章
エンパワメントと病いの語りの関連性

　前章では,エンパワメントの概念とエンパワメント・アプローチについて概観してきた。エンパワメントを志向するソーシャルワーク実践（以下,エンパワメント実践）は,スティグマを受けた人々が自らの力でエンパワメントを獲得できるように,ソーシャルワーカーが病理に対抗するストレングスの視点と剥奪された権利を取り戻すアドボカシーの観点から,個人的次元,対人関係的次元,組織的次元,政治的次元において支援する点に特徴がある。その実践の展開過程では,クライエントとソーシャルワーカーのパートナーシップの関係が通底している点が強調される。

　第1章では,精神疾患を患い,その疾患そのものと精神障害者を取り巻く抑圧的な社会環境が複合化・複層化されるなかで生じる生活のしづらさが相互に影響しあいながら,「精神障害者」という社会的に不利な集団に属することによりパワーを喪失していく過程があることを示してきた。その過程は,自らの「希望」や「訴え」の表出をあきらめてしまう過程でもあった。このような「精神障害者」と呼称される人々が再びパワーを取り戻すには,どのような方策が考えられるだろうか。エンパワメントの考えを援用すると,自らが直面している生活課題を環境との相互関連性のなかで自己定義すること,自らのストレングスを活用しながら奪われたパワーを取り戻すこと,そしてパワーを喪失する抑圧的な社会環境の変革に関与することが求められる。

　そのアプローチとして,本研究では「病いの語り」から接近する方法を試みたい。近年,語ることを奪われてきた人々の「語りがもつ力」が見直され,治療や援助

において病いの語りが重視されるようになってきた。語りに関する先行研究をみると，専門職によるナラティヴ・セラピー（McNamee & Gergen, 1992=1997；野口，2002；2009；White & Denborugh, 1998=2000）やセルフヘルプ・グループにおける語り合い（平野，1995；葛西，2007；Katz, 1993=1997；岡，1999）がクライエントのエンパワメントに寄与するという研究の蓄積はあるものの（伊藤，2009a；岩田，2010；川浦，2004；三島，2001；野口，2009），その着眼点は主として語りの様式や構造に集中している。また，ソーシャルワーク領域におけるナラティヴ・アプローチは，物語への言語的介入と支援関係の見直しという点において，ソーシャルワークの支援に貢献するものの（荒井，2014），エンパワメントに必要な社会的視点が十分に検討されていない。

精神保健福祉領域の実践に着目すると，埼玉県にあるやどかりの里の「当事者講師派遣事業」（やどかりブックレット編集委員会編，2005）や，北海道浦河町にあるべてるの家の「当事者研究」（向谷地，2009；浦河べてるの家，2005）の実践のように，公共の場における語りの実践例も定位されている。だが，これらの実践は個人的な場や対人関係的な場と比較した「語りの場」の特性から，そのエンパワメント効果を分析したものではない。また，公共の場における語りの実践では，援助専門職がその聞き手に直接位置づけられることはほとんどなく，当事者の語りを支援する裏舞台を担うことが多いものの，その援助専門職の役割に関する実践的な研究は管見の限りみられない。つまり，エンパワメント実践における社会的次元（組織的次元／政治的次元）に位置づけられる，公共の場における語りの特性と援助専門職の支援内容，語りによるエンパワメント効果等に着目した研究はあまりみられないのが現状である。

以上のことから，当事者の病いの語りに基づくエンパワメント研究において，面接の語り（個人的次元の支援）やグループの語り（対人関係的次元の支援）に加えて，公共の場における語り（組織的次元／政治的次元の支援）に着目した実践的研究の必要性は高いと言える。

そこで，本章の構成は次の通りである。第一に，「語り」がもつエンパワメントの要素を整理する。第二に，「病いの語りの場」とエンパワメントの関連性に関する議論の整理を行う。第三に，治療や援助の場（以下，面接の語り）やセルフヘルプ・グループ等のグループの場の語り（以下，グループの語り）と比較し，公共の場における語りの独自性を聞き手の属性や語りの内容，エンパワメントの効果の観点から整理する。第四に，エンパワメントの観点から公共の場における語りの実践の課題をあげる。

1 病いの語りがもつエンパワメントの要素

　近年における慢性疾患を患う人々の増加，全人的ケアの重視（Conrad, 1987），クライエント主体の援助の必要性（狭間，2001），当事者主権の思潮の普及（中西・上野，2003），当事者による病いの語りの活動（浦河べてるの家，2002）等を背景として，治療や援助の臨床の場において「病いの語り（illness narrative）」が重要視されるようになってきた。

　結論を先んじれば，病いの語りには，今まで治療や援助の対象でしかなかった本人が「自分こそが自分自身の専門家である」という認識を生み，治療や援助に自らの病いの経験から得た生活の知恵の活用，語りの承認者の拡大による社会変革というエンパワメントの要素がある。そこで，ここでは「病いの語り」の特質やエンパワメントの関連性をみていく。

　まず，「病いの語り」の特質についてみていく。1988年に『病いの語り―慢性の病いをめぐる臨床人類学』を著した，精神科医であり医療人類学者でもあるクラインマン（Kleinman, A.）は，「病い（illness）」とは「病者やその家族，あるいは，より広い社会的ネットワークの人びとがどのように症状や能力低下を認識し，それとともに生活し，それらに反応するのかを示すものである」（Kleinman 1988 = 1996, p.4）と説明しているように，「病い」はその人自身の疾病による心理社会的な状況に対する意味づけを重視する概念である。クラインマンは「病い」の対極に「疾病（disease）」を置き，「"疾病"とは生物医学的プロセスと心理的プロセスの両方あるいは一方の機能不全であるのに対し，"病い"とは知覚された疾病の心理社会的な体験のされ方や意味づけをさす」（Kleinman 1988=1996, p.76）と述べている。つまり，「疾病」は医師／医療専門職が「外側」から分類しカテゴリー化する診断・治療の普遍的な概念であるのに対して，「病い」はクライエント自身が「内側」から定義づける経験的文化的な概念であるため，同じ病気でも両者の捉え方に差異が生じるのである（Eisenberg, 1977）。

　この枠組みをふまえて，精神の病気を説明し，「病いの語り」の特質をみていく。医学的観点に立つと，精神疾患は脳内の神経伝達物質のバランスが崩れ，精神症状を引き起こす疾患である。精神疾患を患った人は自らの苦悩をコトバにするが，医療専門職によって診断名が下された段階で「患者」という役割を引き受けることになり，神経伝達物質のバランスを取り戻す薬物療法等が施されることが

多い。「疾患」という枠組みでは，精神の病気を患った人の語りは「疾患」の判断材料として使用され，当の本人は唯一無二の存在ではなく，治療の客体である「患者」という属性に位置づけられる。このような専門職主導の治療は，本人をパワーレスな状態に追いやってしまう危険性が生じる。

　これに対して，精神の病いに着目すると，当の本人は疾患による症状や精神機能の低下による活動が制限され，社会参加の制約により社会関係が縮小したり，人間関係が希薄になっていくことを体験する。また，「精神障害者」というレッテルを付与されることで社会にある偏見も体感する。このように，本人の立場に立てば，「疾患」だけでは説明できない，心理的・社会的・文化的脈略から生じる「生活のしづらさ」を抱えることになるため，それを解消するには「疾患」の治療だけでは限界があり，本人が意味づけした「病い」の語りに基づくケアや支援が必要となる。病いの語りには，その人の生活世界や病いの経験から得た生活の知恵も含まれるため，その人固有のリカバリーの糸口がみつかる可能性がある。援助専門職は当事者による病いの語りを正当に評価し，当事者がもつ病いの経験から得た知恵（経験知）と専門職がもつ科学的根拠に基づいた専門的知識（専門知）を援助に活用することで，本人主体の支援が可能になると言える（栄，2014a）。

　次に，この「病いの語り」の特質とエンパワメントとの関連性についてみていく。「語り」に関して，ナラティヴ研究の論者によると，「ナラティヴ」は「語り」と「物語」に区別され，前者は語る行為を，後者は語られたものの様式や構造を重視する（野口，2002；やまだ，2000, pp.1-38）。「病いの語り」にも，病いの体験を意味づける行為と病いの体験を他者に伝える行為があり（桜井，2012），双方ともエンパワメントに深く関連する行為である。以下，それらについて説明する。

　まず，病いの経験を意味づける行為では，個々人によって語られた物語の様式や構造が重視される。その背景の一つとして，論理実証主義に対置する社会構成主義の影響がある。科学的知識を重視する論理実証主義は，研究の対象を観察し客観的化し一般法則を産出することに特徴がある。この論理実証主義に疑義を抱くガーゲン（Gergen, K.J.）は，当事者の主観的な生活世界を重視する社会構成主義を提唱した。そして，人間の理解には当の本人の言説に着目し，相互主観性に基づく関係性を重視する（Gergen, 1994=1998, pp.272-279）。また，個々人の語りによる意味の生成（Bruner, 1990=1999, p.17）を示したブルーナー（Bruner, J.S.）は，思考様式を論理－科学的様式と経験的知恵－物語的様式に分類し，自己の一貫性の観点から物語様式に価値を置く重要性を主張している（Bruner, 1990=1999）。物語的様式は出来事の体験に意味を与えることを目的とし，その

物語思考は出来事と出来事のあいだをつなぎ，ストーリーにすることによって説明の真実性・信憑性に価値を置く。さらに，ストレングス視点のソーシャルワークを提唱したサリビー（Saleeby, D.）は「個人の語りやその伝承はストレングスの宝庫であり，クライエントが生き抜いてきた知恵がふんだんに盛り込まれている」(Saleebey, 1997, pp.50-52) という。ここでいう「ストレングス」とは，本人が病いも含めた生活体験のなかで体得してきた生活の知恵を示し，クライエントの日常生活用語を用いて意味づけされたものを指す。狭間香代子は，ストレングス視点には出来事に対する意味の転換を当事者にもたらす可能性を指摘しており，ストレングスを「意味生成の力」(狭間，2001, pp.158-162) と称している。

このような個々人が「病いの体験」に意味づけを行いながら生成した「自己物語」がエンパワメントと関連する特質として，以下の四点に要約することができる。第一は，「自己物語」がその人独自の主観的な生活世界で織りなされ，自己の存在を確認できる（浅野，2001）。第二は，「自己物語」はその人の過去の体験が出来事として時系列に配列されることから，自己の一貫性をもたらす可能性を生む（野口，2002；桜井，2006；やまだ，2000）。第三は，言葉にならなかった心のわだかまりや語られなかった自己物語を「語る」ことで，一種の浄化作用を体験できる（森岡，2008）。第四は，「経験知」と称する病いの体験に対処するなかで得た生活の知恵は他者の生き方の教訓となりうるため，当事者にとって病いの体験を肯定的に捉えることが可能になる。このように，当事者が病いの経験を意味づける行為は，その意味づけを行った本人の自己変容をもたらす点でエンパワメントに寄与することが期待される。

次に，病いの経験を他者に伝える行為に着目すると，語り手と聞き手の対話的関係性が重視され，語りは両者の共同行為として位置づけられる（能知，2006）。病いの経験者がその経験を他者に伝える行為には，少なくとも，次の二点においてエンパワメントに寄与する可能性がある。第一に，病いの体験が他者の承認を得やすい物語モードで語られる点にある。日々の生活において「私たちは物語モードで生きている」と指摘する，やまだようこは，物語モードの特質として，人を感動させ，人の気持ちを揺り動かす感性的知のあり方に適することや，「個別の具体性」「日常の細部の本質的顕現」自体を複雑なまま，まるごと一般化しようとし，それをモデルとして代表にさせる方向性をもつことをあげる（やまだ，2000, pp.21-23）。物語モードで語られる病いの語りは聞き手にとってイメージしやすく，自身の生き方のモデルとして参考になることから承認を得やすいという利点がある。第二に，語り手は聞き手との対話によって，自身の置かれている状

況を客観視できる点にある。たとえば，被抑圧者である語り手は聞き手との対話を通して，自身をパワーレスな状態に追いやった抑圧的な社会環境を客観視することが可能となり，その社会環境に対する批判的な意識の醸成が容易になる。その批判的な意識は思考や他者に語る行為へと発展し，そのことが他者の感情や思考に影響を与え，抑圧的な社会環境に対する批判的な語りの承認者を得る可能性を生む。その承認者が増えれば増えるほど，当事者の語りの内容が確実性を帯び，次世代に語り繋がれていく可能性へとつながる。このような対話による意識覚醒はフェミニズムの「個人的なことは政治的なこと」に象徴されるように，抑圧的な社会環境の変革をもたらす点でエンパワメントに寄与することが期待される。

　以上のように，「病いの語り」の特質として，病いの体験を意味づける行為は自己変容の可能性があり，病いの体験を他者に伝える行為は社会変革の可能性がある。その実現を目標としたエンパワメント実践に援用すると，前者は病いによる経験知の活用というストレングス視点によるアプローチに，後者は病いの語りの承認というアドボカシーの観点に立つアプローチに活用することにより，クライエントがエンパワメントを獲得することが期待される。

② 病いの語りの場とエンパワメントの関連性

　ここでは，病いの語りの場とエンパワメントの関連性について整理する。
　先述のクラインマンは，「病いの語り」が，①文化的表像（特定の時代，特定の場所において人々が病い，治療とケアの経験についてもつイメージ），②集合的経験（特定のローカルな世界で共有される，苦難を耐え忍ぶ行動スタイルやパターン），③個人的経験，の三つの枠組みで分析できるという（Kleinman, 1996, v）。そして，「病いの意味」がクライエントを取り巻く文化に影響されるという特性から，その意味が生成される場を四つに区分した（Kleinman, 1996, pp.12-54）。個人の経験に基づく意味は「個人の内部」で生成され，病いを説明するための意味は「個人を取り巻く共同的人間関係」のなかで生成され共有される。文化的な特権をもつ意味は「特定の時代の特定の社会」であり，症状自体の表面的な意味は「特定の時代や文化を越えた人間社会」で生成されると説明している。この分類に基づき，『物語としてのケア』を著した野口は，ナラティヴ・セラピーやナラティヴ・アプローチ等の個別面接が，主として「個人の内部」や「個人を取

り巻く共同的人間関係」の場で病いの意味づけを行うと指摘する（野口，2002, pp.129-132）。また，セルフヘルプ・グループも「自由な語り」や「いまだ語られなかった語り」の生成を目標としているため，個々人の語りによって維持される「語りの共同体」と称される（Rappaport, 1993；野口，2002）。その共同体は，個々人の語りのなかに「回復」「社会復帰と社会参加」といった緩やかな共同性をもち，かつ，グループの創設から現在に至るまでの歴史が語り継がれ，それが一つの物語としてメンバーに共有される特性があることから，野口は「物語の共同体」と呼んでいる（野口，2002, pp.178-179）。

しかし，これらのナラティヴ研究やセルフヘルプ・グループ研究における語りの研究は，局所的で対面的な語りに限定され，社会に影響を与える語りについては十分な検討がなされてこなかったと言える（表2-1）。

面接やグループの語りを超えて，病いの語りを用いて社会に働きかける方法の一つとして「カミングアウト」がある。近年の同性愛者の語りを分析した社会学者であるプラマー（Plummer, K.）は，ライフストーリーの語りの社会的行為やその構造に注目して，ライフストーリーは個人の語りではなく，生産者（語り手）と消費者（聞き手）との対話という循環的な共同行為のなかで生成され，変容し，そして消費されていくものであると指摘している（Plummer, 1995=1998）。加えて，権力（パワー）とは「単純な属性や力量ではなく，交渉と結果の変化する流れ」（Plummer, 1995=1998, p.52）であり，語り手は重要な他者との交渉を通して，自身の現実を定義し，新たな自己形成が可能になるという（Plummer, 1995=1998, pp.39-47）。そして，プラマーは抑圧的な社会環境のなかでパワーを奪われた人々の個人的なストーリーが政治的ストーリーへと構築されるカミングアウトの過程を個人的，状況的，組織的，文化的／歴史的の四つの次元から説明している（Plummer, 1995=1998, pp.65-73）。そして，語りのもつ公共性がより広域にわたって聞き手の承認を得ることは，クライエントの語りがスティグマから脱する語りとなり，社会変革の可能性を生む手段となりうると言う。この指摘は，個人の語りが社会的文脈に影響を与える可能性を示す点でエンパワメントに重要な示唆となる。つまり，個人の語りが局所的な場から広域的な場へと拡大するほど，その語りの消費者である聞き手も文化的／歴史的な影響を受けた人々へと拡大し，その語りの内容も政治的次元の語りへと展開していくことが想定されるからである。このようなプラマーが示したストーリーが生産され消費されながら循環的に拡大してく過程に対して，狭間はエンパワメントを志向する実践の展開過程との合致を見出している（狭間，2001, pp.183-187）。この点に関しては，後述する。

表 2-1 クラインマンの「病いの四つの意味」とナラティヴ・アプローチが着目する場所

病いの意味が発生される場所	個人の内部	個人を取り巻く共同的人間関係	特定の時代の特定の社会	特定の時代や文化を越えた人間社会
病いの意味	個人的経験に基づく意味	病いを説明しようとして生じる意味	文化的な特徴をもつ意味	症状自体の表面的な意味
	与えられる意味	与えられる意味	創り出す意味	創り出す意味
外在化		○	○	
無知の姿勢	○			
リフレクティング		○		

出所：野口（2002）『物語のケア』p.131 に著者が加筆した。

以上をふまえて、クライエントの病いの語りに着目すると、クライエントが病いの語りによってエンパワメントを獲得していくには、クラインマンの「特定の時代の特定の社会」「特定の時代や文化を越えた人間社会」の場、プラマーの「組織的次元」「文化的／歴史的次元」の場、エンパワメントの実践における社会的次元（組織的次元／政治的次元）の場といった公共の場において、クライエント自身が病いの語りを生成し、その語りを他者に伝え消費されることが求められる。そこで、次節では、クライエントの語りの場として、公共の場における語りとその他の面接やグループの語りとの相違点を整理し、公共の場における語りの実践枠組みを設計するうえでの課題を析出したい。

3 公共の場における語りの独自性
——面接・グループの語りの比較を通して

1. 四つの場における語りの特徴

エンパワメント実践における四つの次元に対応する語りの場に着目し、各々の語りの特徴と並びにエンパワメントの効果について比較する（表 2-2）。

1）治療や援助における面接の語り（個人的次元の支援）

個人的次元の支援における語りの代表的な場として、治療や援助における「面接」がある。面接の語りでは、語り手は生活のしづらさに悩むクライエント（患

者・障害者等）が，その聞き手に援助者や専門職（セラピスト・ソーシャルワーカー・医師等）が位置づけられることが多い。「面接」は，クライエントが専門職との信頼関係を活用して，次のような効果を期待して行われる。

　第一に，抑圧していた自己の解放がある。援助専門職がクライエントの語りを受容と共感的態度で傾聴することによって，クライエントは抑圧していた感情を吐露するようになり，一種の浄化作用（カタルシス）を体験（森岡，2008）することが可能になる。

　第二に，クライエントを主人公とした物語の作成がある。援助専門職はクライエントの主観的な生活世界を教えてもらうという無知の姿勢（Anderson & Goolishian, 1992=1997）や問題の外在化（White & Epston, 1990=1992），リフレクション（Andersen, 1992）等のナラティヴ・アプローチの技法を駆使した面接を行う。それによって，クライエントは自身を主人公とする自己物語を生成できるようになり，出来事の意味づけることができる（やまだ，2008）自己の一貫性を図るようになること（桜井，2012），問題を解決せずに解消する（problem-dissolving）こと，いまだ語られなかった物語を生み出すことが可能になる。

　第三に，オルタナティブ・ストーリーの生成がある。クライエントが社会のドミナント・ストーリー（dominant story）をオルタナティブ・ストーリー（alternative story）へと書き換え（re-authoring）が可能となるように（White & Epston, 1990=1992），援助専門職はクライエントとドミナント・ストーリーに新たな意味づけを行う。その書き換えられた物語が聞き手の承認を得れば得るほど，その内容が確実性を帯び，社会的事実として認識することが可能となり自己変容とともに社会変革をもたらすことが期待される。

　以上のように，ナラティヴ・セラピー等の個別面接の語りの着眼点は主に個人の内部にあり，病いの経験に有用な意味づけを目的とし，クライエントの自己変容を企図する場合が多い。しかし，上記のようなクライエントに自己変容をもたらすには，援助専門職に高度な面接技法が必要とされる一方で，面接における「語らせる側―語る側」の関係性における援助専門職の権力性を常に意識する必要がある。桜井厚は，ライフストーリー・インタビューがインタビューする者の語り手に対する〈語らせるワーク〉の実践であり，そこにはインタビューする者と語り手の権力関係が非対称的な関係にあると指摘している（桜井，2012）。つまり，インタビューする者が自身の聞きたいことに焦点化して質問するため，語り手は「回答の容器」（Holstein & Gubrium, 1995=2004）として，語らせる者が聞きたいと思うモデル・ストーリーをあえて語る傾向がある。こうした危険性を回避するに

は，インタビューする者がそのインタビュー調査の過程に対する自己言及的な点検と，語りを生産する相互行為の分析が求められる（桜井，2012, pp.107-109）。

2）グループにおける語り合い（対人関係的次元の支援）

対人関係的次元の支援におけるカミングアウトの場として，セルフヘルプ・グループに代表されるグループの場における「語り合い」がある。「エンパワメント」は元来スティグマを受けた集団（グループ）を対象として生成された概念であり，グループのメンバー同士の語り合いはエンパワメントを志向する実践において重視される語りである。

セルフヘルプ・グループにおける語り合いに着目すると，その場には「言いっぱなし・聞きっぱなし」の原則があり，メンバーの語りに対して，非審判的態度，守秘義務，沈黙の容認等が保障される（Katz, 1993=1997, p.34）。そのような安心して病いの語りができる安全な場の保障は，面接の場面と同様に当事者に自己解放感をもたらすことが期待できる（葛西，2007, pp.121-125）。また，同様の生活のしづらさをもつ人々の語りを聞くことは，「自分だけが辛い思いをしたのではなかったのだ」という孤独感の低減につながり（Katz, 1993=1997, pp.42-52），互いの経験知（Borkman 1976, p.450）の共有は生活のしづらさの解消をもたらす可能性を生む。このようなメンバー同士の語り合いを通して，「コミュニティの感覚（sense of community）」による仲間意識の醸成も期待される（Levine, 1988, p.40 ; Parsons, 1991）。さらに，モデル・ストーリーの学び合いがある。絶望的な状況にある人が，同様の状況にありながらもそれを解消していく経験の語りを見聞することで，「自分もあのような人のようになりたい」という思いが醸成される。このような目指すべきモデル像を獲得することは，本人にとって希望を見出す機会につながる。一方，そのモデルになった本人も，自らの語りが他者／仲間に役立つ経験となることで自己効力感を得ることができる。これはリースマン（Riessman, 1965）が提唱した「ヘルパー・セラピーの原理」に合致するものであり，他者への支援の有効性により支援した者の自己効力感や自己肯定感の獲得，仲間意識の醸成をもたらす。先述のように，野口は語りによるメンバー同士の互酬性がみられるグループを「語りの共同体」（野口，2002, pp.178-181）と呼称し，「自由な語り」「いまだ語られなかった語り」を生み出される可能性があるという。メンバー同士の対話を重ねることで，「私」の語りが「私たち」という我々感情を生み，かつ，「私たち」をパワーレスな状態に追いやった抑圧的な社会環境に対する批判的な意識が醸成され，社会改革に向けた語りの行動化を促

す（Freire, 1973=1979）。このようなグループにはメンバーの共通の「物語」と，グループの存在意義を明示する「物語」があることから，「物語の共同体」が構築される。

　このように，セルフヘルプ・グループを代表とするグループの語り合いの場では，語りの聞き手と語り手の互換性や互酬性がみられる。グループの聞き手はナラティヴ・セラピーや共感的な面接の聞き手のように必ずというわけではないが，グループの語りではメンバーの相互支援や対等な関係を前提にしている（Davis & Jansen, 1998）。この語り合いによって，クライエントには病いの経験に対する肯定的意味づけによる自己変容や，抑圧的な社会環境に対する批判的意識の醸成に基づく社会変革に向けた行動化をもたらす可能性は高い。

　しかし，グループの語りには，少なくとも次の三点において，クライエントのエンパワメントを困難にする場合が考えられる。第一は，グループの成員が集まるだけでは，そのグループのメンバーシップは形成されない場合がある（伊藤，2009a）。第二に，同様の生活のしづらさをもつ人の語りが，いつも聞き手の肯定的な感情を生むとも限らないことである。伊藤智樹は多様なピアサポートの実践事例から，「仲間と会えば肯定的な感情をもてるようになる」と安直には捉えられず，同様の経験のある人の語りを批判したり，他の人との「不幸比べ」のような発言をしたりする事態が生じると指摘する（伊藤，2013, pp.157-161）。第三に，グループの同調傾向があげられる。グループの凝集性が密になるとメンバーの同調傾向が強くなり，自分の意見がグループの多数派になびく危険性が生じる（杉万，2013, pp.215-217）。

　このように，グループはその構成メンバーの個性や凝集性によって，色々な様相がみられる。その意味では，グループにおけるメンバー同士の語り合いが常に効果的にメンバーに還元されるとは限らず，メンバーがグループから孤立したり，自身の意見や感情を抑圧してしまう場合もある。このような場合，援助専門職やグループのファシリテーターには，メンバー個々人のニーズやグループの発展段階に応じて支援の内容を変化させることが求められる。たとえば，グループの結成時期には我々感情が醸成されるように，メンバー同士が共通の生活のしづらさを共有できる機会や場を設定する。また，メンバー同士に否定的感情がみられる場合は，互いの違いを共有しながらも，各々の生活のしづらさをわかちあい，それらの生活のしづらさを解消できる情報提供や支援を行う。さらに，グループの凝集性が密になるなかで，メンバーの意見に同調傾向がみられる場合は多様な価値観や考えが受け入れられる雰囲気づくりや支援を行うことが求められる。

3) 公共の場における語り（ミクロ的環境及び組織的次元の支援）

　エンパワメント実践の組織的次元の場とは，クライエントが直接関与できるミクロ的環境，地域社会等の公共の場を指す（Gutierrz et al., 1998=2000）。近年，その公共の場において，精神障害当事者による病いの語りが聞かれるようになってきた。その背景には，二つの理由が考えられる。一つは，精神障害者にまつわる法制度の理念に「入院治療主義から地域生活支援へ」というスローガンが掲げられ，当事者本位の生活支援が謳われたことにより，当事者の希望や生活上の困難さを本人から学ぶことが推奨されたことがある。他の一つは，自分の人生を「自分史」としてまとめる人々の増加（小林，1995）や，メディアを通して自分の病いの経験を語ったり，研究対象者として自ら進んで研究者に自分のことを語る人々が顕著になってきたことが考えられる（Plummer, 1995=1998；谷中，1993, pp.185-193）

　精神保健福祉領域における当事者の語りの先駆的な実践として，先述のように『やどかりの里』の講師登録者学習会（埼玉県）や『浦河べてるの家』の当事者研究（北海道浦河町）等の実践がある。前者は，精神障害者の隔離収容施策が色濃くあるなかで，1970年に精神障害者の地域生活支援を目指して設立された『やどかりの里』の実践である。その創始者である，精神科ソーシャルワーカーの谷中輝雄は精神障害者が地域で生活することがあたりまえになる社会を目指して，行政や国に交渉してきた社会福祉実践者の先駆者である。そこには，いつも精神障害者と共にある姿があった。援助専門職である私が新人だった頃，谷中から「当事者と共にあること，当事者から学ぶこと」を具体的な実践を通して学んだ経験がある。それは，私の「精神科ソーシャルワーカー」のモデルとなる実践だった。その一つが，同じ地域住民の理解を要する方策として，谷中がエネルギーを注いできたと言う「講師派遣事業」である。この事業は，谷中が全国各地から依頼される講演会にメンバーが同行し，谷中の講演会の時間のなかで病いの経験を語るというものである（やどかりブックレット編集委員会，2005, pp.11-13）。メンバーの語りは聞き手からの評判が高く，メンバー自身も聞き手による共感を得ることに喜びを感じていた。回数を重ねるなかで，メンバーは「講師」の仕事は高収入であり，病いの体験をした者しかできない点で価値の高い仕事であると認識するようになっていた。そして，「語りを磨くためには研修が必要である」という声がメンバーからあがり，1998年から講師登録者学習会が開催されることとなった。その学習会では参加者の相互学習を前提としているが，参加者が安心して意見することができ，互いの良いところを認め合う場として機能している。現在で

は，メンバーと職員の協働に基づく運営委員会方式によって講師登録者学習会を開催しながら，自己の語りを磨き，病いの語りを聞きたいという市民等を対象として活動を継続している。

　一方，後者の『浦河べてるの家』では「3度の飯よりミーティング」をスローガンに，メンバー同士の語りに価値をおき，メンバー本人による病いの名づけ／自己定義を重視している（浦河べてるの家，2002）。1984年に設立された『浦河べてるの家』の創始者である精神科ソーシャルワーカーの向谷地生良は，精神障害をもった人たちが直面する生活上の困難を個人的な問題に矮小化せず，一人の地域住民の切実なニーズとして社会化していく，つまり「自分の苦労をみんなの苦労に」「みんなの苦労を自分の苦労に」というプロセスを大切にした実践を展開している（向谷地，2013, p.8）。『浦河べてるの家』のコミュニティ支援の一つとして，浦河町の社会教育行政に当事者の病いの経験知を生かす活動がある。町役場総務課に勤務する浅野浩嗣によると，『浦河べてるの家』と社会教育行政との係わり方には，次の四つのパターンがあると言う（浅野，2013, pp.183-187）。

- 参加者－教育委員会が主催する講座・講演会等の学習機会への参加や図書館，体育館等の社会教育施設を利用するパターン
- 協力者－教育委員会が主催する事業への講師紹介，講師や運営者として協力するパターン
- 主催者－べてるが主催する事業に教育委員会が後援等の形を取り，会場提供，広報活動等に協力するパターン
- 協働者－べてると教育委員会が一緒に主催したり，ほかの行政機関や団体等が主催する事業に同じ立場で係わるパターン

　この他に，小学校や中学校の総合学習や高校の保健講話において，メンバーが児童生徒を前に講演する等，べてるの当事者の病いの経験知を主体に活用した共同学習の場がある。

　また，2001年から『浦河べてるの家』は，精神障害と向き合いながら，自らが抱える病気等の生活のしづらさに「研究」の視点からアプローチする「当事者研究」というユニークな手法を開発している。当事者研究は，障害の有無にかかわらず，「自分の苦労」を抱えている人々に共感を生み，それをどのように解消すればよいのかを共に考える方法である（浦河べてるの家，2005）。「当事者研究」の意義を，向谷地は次のように語る。

つらい症状や困った事態に遭遇した時，自分の苦労を丸投げするようにして病院に駆け込み，医師やワーカーに相談していた日々とは異なった風景が，そこからは見えてくる。それは浦河流に言うと「自分の苦労の主人公になる」という体験であり，幻覚や妄想等さまざまな不快な症状に隷属し翻弄されていた状況に，自分という人間の生きる足場を築き，生きる主体を取り戻す作業ともいえる。

このように，『やどかりの里』や『浦河べてるの家』に代表される当事者による公共の場における語りの実践は，聞き手の評価も高い。しかし，いずれの実践も谷中や向谷地のような著名な精神科ソーシャルワーカーを主として企図された講演会が多いため，聞き手の人々は精神障害者の語りに理解を示す人々であることが多い。その意味では，公共の場における語りの目的である精神病を知らない／偏見をもつ人々の意識変容を目指す社会変革の実現に疑義が生じることになる。

以上を要約すると，個別面接やグループの語りと異なり，公共の場における語りはその語りに対する承認者の増大を目的とすることが多い。当事者の語りは，その当事者の生活世界が日常生活用語で語られるため，聞き手にとってイメージしやすく，自身の体験にひきつけて理解できるという利点がある。それは，精神障害者に対する偏見の低減だけでなく，精神の病いを体験したことがない人々にも共感を得やすく，障害理解をテーマとした社会教育の意図と合致しやすいものとなる。それは社会のドミナント・ストーリーをオルタナティブ・ストーリーへと書き換える機会になり，語りを支持する「サポート・コミュニティ」（Plummer, 1995=1998, pp.221-224）の形成や，語りを行った当事者の社会貢献感をもたらす可能性を生む。

しかし，このような公共の場における語りに対する期待を得るには，次の二点において課題がある。第一に，公共の場における語りが意図する精神障害者に関心がない人々や偏見をもつ人々の意識変容をもたらす場をいかに設定するのかという課題である。先述のように，『やどかりの里』や『べてるの家』の講演会は著名な精神科ソーシャルワーカーのバックアップの上に成り立ち，そのソーシャルワーカーの活動に関心のある人々が聞き手となることが想定される。その場合は，語り手と聞き手の各々の目的に合致した語りが成立し，双方に互酬性をもたらす可能性が高い。しかし，そもそも精神障害者に関心がない人々や偏見をもつ人々は当事者による講演会に来場しないのである。

第二に，公共の場における語りではテーマが設定されて依頼されることが多く，

語りが聞き手から肯定的な評価を得るには，聞き手のニーズに応じた語りを創り上げる必要がある。裏を返せば，語り手が聞き手のニーズを考慮せず，思うままに病いの語りを行った場合は，その聞き手に肯定的な反応があるとは限らないのである。桜井は，公共の場における語りが可能となるには，それを受け容れるコミュニティがなくてはならないと指摘し，そのコミュニティにあるモデル・ストーリーを参考にしながら，語り手は自分の語りを紡ぎ出すことになるという。しかし，そのモデル・ストーリーと異なる新しいストーリーを生成することは抑圧的で規範的に働くことにも注意しなければならないと警告している（桜井，2012, pp.104-107）。このように，個別面接やグループの語りと異なり，公共の場における語りでは聞き手のニーズに応答する物語を語る傾向があり，「語り」のシナリオは誰が書くのかという主体性の課題が浮上する。

4）公共の場における語り（マクロ的環境及び政治的次元の支援）

エンパワメント実践における政治的次元は組織的次元とあわせて「社会的次元」と一括されることが多い。政治的次元とは，組織的次元よりもよりマクロ的環境，クライエントが直接関与し難い環境を指す。政治的次元のエンパワメントはクライエントが政治経済的システムへ参加することを意味し，援助専門職はクライエントが政治経済システムに関する知識を習得し，国家的問題に取り組むことを目指す（Cox & Parsons, 1994=1997）。

政治的次元における代表的な語りの場として，主に次の二つがある。一つは，クライエントが全国的な組織や政策決定機関の会議に参加し，その場において「意見や要望」を表明するというものである。クライエントは，会議のなかで自身と同様の生活のしづらさをもつ人々の代表者として発言する。もう一つは，同様の生活のしづらさをもつ人々で組織化されたクラス・アドボカシーの方法を用いて，「私」の声を「私たち」の「意見や要望」に創り上げるものである。このように，クライエントの声が法制度の決定に反映されることは，その声を生かした社会変革をもたらす可能性を生む。

2. 公共の場における語りの独自性――面接・グループの語りの比較を通して

第3章で述べるが，本研究では組織的次元のエンパワメント実践として，教育機関における「教育講演会」を設定した実践の事例研究を行う。そこで，「教育講演会」を例に公共の場における語りの特徴を明確にするため，個別面接やグルー

プの語りとの比較を通して、語り手であるクライエント／当事者の位置づけ、その違いによる物語の特殊性、聞き手の属性の違いによる語りの場の特徴について、次の三点から整理する。

　第一に、語り手であるクライエント／当事者の位置づけに着目する。語り手である当事者は、面接の語りでは「患者／クライエント」、グループの語りでは「メンバー」、教育講演会では「外部講師」として位置づけられる。教育講演会は人権教育や障害理解等を目的とした総合学習の一環として実施されることが多く、講演を担う当事者は保護的な支援を要する「患者／障害者」というよりも、病いの経験に基づく経験知を教訓として教授する「外部講師」として子どもたちに紹介される。つまり、個別面接やグループの語りの場では、当事者は「支援される者：患者／クライエント／障害者」であるが、教育講演会の場合は「教授する者：教育者／外部講師」であることが最大の違いといえる。このことは、抑圧的な社会環境のなかで、精神の病いを患い、社会の周縁化におかれてきた当事者にとって、「外部講師」という社会的地位や社会的役割の取得は「教員」と同等の社会的地位の獲得を意味する。

　第二に、語り手の位置づけの相違による当事者が語る物語の特殊性がある。「患者／クライエント」による病いの意味づけを目的とする個別面接の場面では、当事者は「私」の苦悩や生活のしづらさを語る。また、病いの体験や経験知のわかちあいを目的とするグループの語り合いの場面では、当事者が語る「私」の苦悩や生活のしづらさが他のメンバーと共有され、「私たち」の苦悩や生活のしづらさとなる。しかし、教育講演会は、講演依頼がある時点で、既に「障害理解」「共生社会」等のテーマが設定されている場合が多く、当事者はそのテーマに合致した語りを行うことが期待される。

　個別面接とグループの語りは当事者のエンパワメントを目的としているため、当事者は赤裸々な病的体験や生活のしづらさをありのままに語ることを勧められる。しかし、教育講演会では子どもたちの教育的効果が第一義の目的であるため、自己の病いの経験に基づきながらも物語を創り上げる点に違いがある。教育講演会は、「当事者の語り」による講演会形式が採用され、その語りは偏見を助長しない言葉を選びながら、その帰結は社会的規範に則した教訓となることが多い。つまり、教育講演会の語りは、病いの経験に基づいた個性豊かな語りというよりも、「精神障害者」の定型化された語りに収斂されることが多くなる傾向がある。

　第三に、聞き手の属性の違いによる語りの場の特殊性に着目する。面接の場では、聞き手は当事者の語りを受容と共感的な態度で傾聴する「援助専門職」であ

ることが多く，援助専門職には高度な面接技術が求められる。その形式は一対一の対面式で，聞き手と語り手の対話には相互性があり，語り手の希望に応じて実施される。また，グループの聞き手はそのグループの「メンバー」が多く，語り手と聞き手の対話には同質性・対等性・互換性がみられ，グループ形式で実施される。セルフヘルプ・グループでの語り合いの場には「言いっぱなし・聞きっぱなし」の原則が共有され，メンバーの語りに対して，非審判的態度，守秘義務，沈黙の容認が保障される（Katz, 1993=1997）。

一方，教育講演会では，当事者は「外部講師」として，不特定多数の子どもたちに対して講演会形式で「語り」という教授法が採用される。面接やグループの語りの場では，聞き手は当事者の語りの理解者であり，当事者は安心して病いの経験を語ることができるが，教育講演会の聞き手は精神障害者の語りの共感的な理解者であるとは限らず，教育講演会の場は当事者にとって安心して病いの経験を語る安全な場であるとは断定できない。語り手は自分の語りの評価を語りに対する聞き手の承認によって判断することになる。

以上を整理すると，個別面接とグループの語りは援助専門職やメンバーの理解を回路として，当事者が直接エンパワメントを獲得するのに対して，「教育講演会」を代表とする公共の場における語りは社会からの承認を回路として，当事者がエンパワメントを獲得することになる。

各々の語りに期待される当事者のエンパワメント効果に着目すると，援助専門職による面接は，「クライエント」にとって，過去の経験の組織化による自己の一貫性や抑圧していた感情の自己解放，一種の浄化作用，そして自己理解が実感できる。また，自身の経験に対する肯定的な意味づけや「今・ここで」の生活のしづらさの解消法を得ることができる。

また，メンバー同士のグループの語り合いでは，病いを抱えた人の自己変容に対する期待として，コミュニティ感覚の体得による孤独感の低減や仲間意識の醸成，語り合いによるモデル・ストーリーの相互獲得や経験知の共有，ヘルパー・セラピーの原理による自己肯定感や自己効力感の獲得，語りの共同体の構築等がある。さらに，抑圧的な社会環境の変革に対する意識醸成がある。

さらに，公共の場における語りの場合は，教育講演会を例にすると，語りを行った本人のエンパワメント効果は，子どもの語りに対する肯定的反応や語りの対価の獲得，語りの承認者の獲得（Gutiérrez et al., 1998=2000, p.27）を回路として，本人の達成感や自己効力感，社会貢献を実感できる。このことは，当事者の語りに対する聞き手が語りに対して否定的あるいは無関心な反応の場合は，上記のよ

うなエンパワメント効果が得られないことが想定される。この観点から，精神障害者がエンパワメントを獲得できる公共の場における語りの設計に際して，援助専門職には当事者の語りが聞き手の承認を得るための戦略を当事者と共に考えることが求められる。

❹ エンパワメントを志向する病いの語りの実践上の課題

　本章では，エンパワメントと病いの語りの関係についてみてきた。要約すると，次の四点になる。第一は，「病いの語り」の特性にはエンパワメントに不可欠な二つの要素がある。一つは病いの経験を意味づける行為であり，他の一つは病いの体験を他者に伝える行為である。この特性を活用して，病いの語りに基づくエンパワメント実践を設計する意義がある。第二は，語りの先行研究はナラティヴ研究やセルフヘルプ・グループ研究が多いものの，これらの研究は「個別面接の語り」や「グループの語り」にみられるように局所的で対面的な語りに限定されており，「語り」の有効性が個人やグループ成員の自己変容を超えて論究されていない点に課題がある。第三は，「個別面接の語り」や「グループの語り」の先行研究では聞き手のありのままを受け容れる態度が前提としてあり，たとえば「個別面接の語り」における援助専門職による受容と共感的態度，「グループの語り」の「言いっぱなし・聞きっぱなし」の態度が紹介されることが多い。しかし，個別面接とグループを連動させながら，クライエントの変容やグループのダイナミックスの度合いに応じて，援助専門職の支援内容を変容していく方途に関する報告はあまりみられない。第四は，エンパワメント実践における社会的次元（組織的次元／政治的次元）にあたる「公共の場における語り」には社会変革への志向性を生む特徴がある。しかし，公共の場における語りに関する先行研究は，語りの聞き手の効果に着目したものが多く（久保，2004），語り手に着目した研究はほとんどない。かつ，援助専門職に求められる語り手と聞き手とのマッチング機能をはじめとする裏舞台で展開されている支援内容の報告は管見の限りみられない。

　これらの先行研究から，公共の場における語りを媒介としたエンパワメントを志向する実践的研究が求められるが，公共の場における語りの実践では役割を異にする複数のステークホルダーが関与することに伴う課題が生じる。語りの実践

を俯瞰的しながら，複数のステークホルダーが各々の役割を遂行できるように調整や交渉，全体の活動を管理する役割を担う「語りの第二の生産者」の存在が重要な機能を果たすという点である。

　「語り」を語り手と聞き手の共同行為であると捉えるプラマーは，語り手を「生産者」，その語りの「誘導者，コーチ，強制者」である「第二の生産者」，生産されたストーリーの「消費者，読者，聴衆」が存在するという（Plummer, 1995＝1998, pp.41-42）。個別面接やグループの語りの構造は，語りの「生産者」と「消費者」の二者間で成立することが多く，先述のように「消費者」である聞き手は語りに対して受容と共感的態度で臨むことが前提となる。しかし，公共の場における語りの場として，精神障害をもつ当事者の教育講演会を例に，そのステークホルダーに着目すると，語りの「生産者」は精神障害をもつ当事者，語りの「消費者」は児童や生徒といった子どもたち，「誘導者，コーチ，強制者」の役割をもつ「第二の生産者」として，当事者の所属機関の職員，教育機関の教職員，教育講演会の企画者が存在する。しかし，教育機関の教職員が精神の病いやその語りに関心をもたなければ，子どもたちに当事者の語りを届けることができない。このことを考慮すると，個別面接やグループの語りに比べて，教育講演会をはじめ公共の場における語りの場合は，援助専門職には当事者に対する直接的援助と，語りの場の開拓や教育機関との交渉等の間接的援助が求められる。公共の場における語りの活動では，語りの「第二の生産者」の役割や機能，特に語りの活動における間接的援助は重要な論点であることから，その語りの裏舞台を支える援助専門職の機能や役割を明らかにする実践的研究の必要性は高い。

表 2-2 エンパワメント実践における次元の観点から捉えた病いの語りの比較

エンパワメントの次元	個人的次元	対人関係的次元	組織的次元	政治的次元
語りの様相	個人の語り	私的な場の語り／カミングアウト	公的な場のカミングアウト	社会変革に向けた要望
代表的な語りの場	治療や援助における面接	グループにおける語り合い	市民講座／教育講演会	政策策定に関する会議
語り手の位置づけ	患者・クライエント・障害者	グループの構成員の一人／メンバー	外部講師／演者	政策決定会議の当事者委員
物語の特殊性	■当事者による病いの意味づけ 私の病いの苦悩・生活のしづらさ	■病いの経験のわかちあい 私／私たちの苦悩・生活の知恵	■病いの経験知の伝授 聞き手のニーズに適う内容	■病いの経験知に基づく要望 障害をもつ市民としての主張
聞き手の属性	援助者／専門職	グループの構成メンバー	病いの経験がない人々	政策決定に関する委員
・語りの場の形式	一対一の対面式（面接）	グループ形式	講演会形式	会議形式
対話の特性	相互性	同質性・対等性／互換性	語り手の一方向性	異質性／交互性
・聞き手の態度	受容・共感／傾聴／無知の姿勢／問題の外在化／リフレクション	言いっぱなし・聞きっぱなしの原則／病いの経験知の共有／社会学習	語り手の理解者に限定されない	障害者の代表者と認識
エンパワメントの効果	・自己の解放 ・自己の一貫性（自己理解） ・浄化作用（カタルシス） ・経験による意味づけ ・オルタナティブストーリーの生成 ・未だ語られなかった物語の生成	・自己の解放 ・浄化作用（カタルシス） ・モデルストーリーや経験知の相互獲得（ヘルパーセラピーの原理） ・コミュニティ感覚（孤独感の低減／仲間意識や所属意識の醸成） ・語りの共同体の構築	・社会貢献とその認識 ・自己統制とその認識 ・社会的地位の獲得 ・報酬（精神的・金銭的報酬） ・語りの承認者の拡大と、それに伴う自己肯定感・自己効力感の向上	・市民権の獲得 ・語りの承認者の拡大
エンパワメントの阻害要因	・聞き手を優位とする権力構造	・同様の経験をもつ者による不寛容 ・成員のメンバーシップの欠如 ・グループにおける同調傾向	・聞き手が語りに関心を示さない ・語り手と聞き手の接点がない	・語りを社会の周縁化におく ・語りを社会から排除する

第2部

病いの「語り」とエンパワメントの実践

第3章

語り部グループ「ぴあの」の教育講演会活動の実践的枠組み

　本章では，エンパワメントを志向するソーシャルワーク実践（以下，エンパワメント実践）における「ミクロ的環境及び組織的次元（以下，組織的次元）」の事例として，語り部グループ「ぴあの」の教育講演会活動の枠組みを示す。

　第1章で述べたように，「組織的次元」におけるソーシャルワーカーの支援は，クライエントが対峙している当面の社会環境の変革もしくは調停に焦点がおかれ（Cox & Parsons, 1994=1997, p.59），クライエントが抑圧的な社会環境と自身のパワーの喪失との関連性を見直し，市民としてもつあたりまえの権利を守るために地域や組織等の社会環境に働きかける支援を行う。

　第1章のエンパワメント実践に関する先行研究をふまえ，精神障害をもつ当事者（以下，当事者）による病いの語りを活用した組織的次元におけるエンパワメント実践の構成要素を，次の五点にまとめた（Gutiérrez et al., 1998=2000；Lee, 1994；Miley et al., 2012）。第一に，実践の価値はパワーレスな状態にある当事者の自己変容と抑圧的な社会環境の変革にある。実践の目標は，精神障害者が「外部講師」という社会的役割を得て，その役割遂行に向けて自己統制でき，語りに対する聞き手の承認（精神的報酬）や語りの対価（金銭的報酬）を獲得することで社会貢献を実感することにある。第二に，語りの活動はスティグマを受けた「精神障害者」によるグループを単位として行う。第三に，グループ活動の中核は相互学習である。メンバー同士の語り合いを基盤として，相互学習では抑圧的な社会環境と自身のパワーの喪失との関連性の解明，精神の病いによる生活のしづら

さの自己定義，社会変革に関する知識や技術の習得を目指す。第四に，語りの実践は当事者と援助専門職のパートナーシップに基づき，専門職はストレングスの視点とアドボカシーの観点からアプローチする。第五に，組織的次元の実践の場として，クライエントの生活圏にある公共の場を設定する。

以上のようなエンパワメント実践の構成要素をふまえて，本章の構成は，第一に，語り部グループ「ぴあの」(以下，「ぴあの」)の設立経緯を説明する。第二に，「ぴあの」の活動の実践枠組みを紹介する。第三に「ぴあの」の活動の展開過程を提示し，第四に「ぴあの」の六カ年間にわたる実績を紹介する。

1 語り部グループ「ぴあの」の設立経緯

序章で述べたように，精神障害者の地域生活支援を理念に掲げた法人Zには，語り部グループ「ぴあの」の教育講演会活動に取り組む三つの背景があった。

第一に，法人内の施設建設にあたって，地域住民から反対表明を受けた体験がある。この経験から，未だ精神障害者に対する偏見が形成されていない子どもたちが，精神障害者との交流を通して精神障害者を体験的に理解する必要性を感じていた。第二に，法人内に教育講演会をした経験がある当事者おり，その語りが精神障害者に対する偏見の低減に寄与できる手ごたえを感じていたことである。第三は，精神障害者の障害特性に配慮した就労支援のあり方を模索していたことがある。精神障害者の場合，その障害特性による易疲労性や環境の変化に対する順応性の低さ等から，長時間労働や効率性を重視した作業が難しいと言われている。このような背景から，法人Zの職員から「教育機関において，精神障害者の語りを就労の一環とした活動をしたい」と当時，法人Zの役員をしていた私に協同実践の依頼があった。そして，ある自治体から多様な就労を目指す事業として委託されたことを機に，2006年度に「教育現場における精神障害者の語りを就労の一環とする活動」と称する教育講演会活動に取り組むことになった。しかし，当時はモデルとなる当事者による教育講演会活動がほとんどなく，精神障害者に対する社会の偏見の低減に有効な介入教育等の先行研究を参考にしながら，教育講演会活動の枠組みづくりから始めた。この活動を就労形態の一つと位置づけたことから，当事者には就労準備訓練として「語り部養成研修」とスキルアップを目指した「現任者研修」を義務づけた。活動の事務局は法人Zに置き，

法人職員2名と私を含めた研究者2名が教育講演会の企画・運営を担当した。私は援助専門職として教育講演会活動に入り込み，メンバーシップを得ることを通して，共生社会の実現という目標達成を目指す戦略をグループの内側から提示する役割を担った。このように，手探り状態のなかで，「ぴあの」の教育講演会活動を開始した。

　二カ年間にわたる語りの事業により，当事者による教育講演会に参加した子どもたちに精神障害者に対する社会の偏見の低減や援助希求行動への意識向上という肯定的な反応がみられたこと（山口・栄他，2010）や，教育講演会活動の継続を希望するメンバーがいたことから，2008年に語り部グループ「ぴあの」を正式に結成することにした。しかし，語りの実践を重ねるなかで，①「ぴあの」の活動が目指す教育方針とそれに伴う内容，②語りの聞き手の設定，③語りの場の開拓，という三つの課題に直面することになったのである。

　まず，「ぴあの」の教育講演会活動は何を目指すのかという課題である。「ぴあの」の活動は，精神疾患の予防を目指したメンタルヘルス教育なのか，精神疾患の理解を目指した疾病教育なのか，共生社会を目指した福祉教育なのか，その位置づけが明確に定まっていなかった。活動開始当初はメンバーが語りたいという内容を重視していたため，「障害理解」を強調するメンバーもいれば，「予防」を主張するメンバーもいた。しかし，教育講演会の場で出会った子どもたちのなかには，既に精神的不調を経験している子どもや保護者が精神の病気を患っている子どもがいたため，メンバーから精神疾患に関する知識の習得や予防を強調する語りには抵抗があるという声があがった。そこで，改めて，子どもたちへの語りとその省察を繰り返しながら，「ぴあの」の活動が目指す教育とは何かについて議論を重ねた。その際，私たち援助専門職は，メンタルヘルスリテラシーを目指す教育内容（学校メンタルヘルスリテラシー教育研究会編2010）や，「こころの健康政策構想会議」が厚生労働省に提出した『精神保健医療改革に関する提言書』に記載された学校教育における精神疾患教育の導入に関する情報提供を行ってきた。その時，「ぴあの」活動の方向性を決定づける二つの出来事があった。

　一つは，現任者研修の一環として，あるフリースクールの研修会に参加した時のことだった。ディスカッションの場で，次のように参加者の一人が発言した。

　　私は，学校に行っていません。私を「不登校児」という人もいます。世間では不登校の数が減った方がよいという風潮ですが，私の存在は社会で受け容れられないのでしょうか？

この問いを受けたメンバーは自身の講演会を振り返り、精神障害者数の増加を子どもたちに教示することが、暗黙のうちに精神疾患の「予防」を子どもたちに強いていたのではないかと省察していた。そして、次の「ぴあの」の研修で、「不登校で悩む子どもも、生きづらさを抱える子どもも含めて、自分らしく生きる共生社会が実現できる語りがしたい」と発言した。それは、その場に居合わせたメンバーの気持ちを代弁する言葉となった。これを機に、精神疾患の知識習得を重視した疾病教育や精神疾患の予防に重きを置くメンタルヘルス教育の必要性を認めながらも、「ぴあの」というグループでは「病いになっても、自分らしく暮らす共生社会の創造」を目標に掲げた福祉教育を目指すことを確認したのである。

　もう一つの出来事は、精神保健福祉領域における福祉教育研究の第一人者である、東京国際大学の松本すみ子先生との出会いがある（松本、2012）。松本先生の研究テーマである『メンタルヘルスを学習教材とした福祉教育』が日本福祉教育・ボランティア学習学会の課題別研修に採択されたことを機に、私に共同研究者としての誘いをいただいたのである（松本、2013）。三カ年間にわたる研究のなかで、子どもたちの精神障害者に対する偏見の低減やその知識習得に加え、子どもたち自身の「生きる力の育成」を目指した福祉教育の必要性を学ぶことができた。それは、先述のような生きづらさを抱える子どもたちに必要な力となりうるものに感じた。また、この学会に招聘された「ぴあの」のメンバーは、自らの語りの活動を次のように紹介していた。

　精神病になりやすい年代の子どもたちに対して、私は自分と同じような辛い体験をしてほしくないという思いで「ぴあの」の活動を始めました。自分の辛かった体験として、病気そのものの辛さと周囲から理解されにくい辛さの体験を語ったあとで、子どもたちに「からだの健康と同じようにこころの健康も大切にしてほしい。もし精神の病気になったとしても、誰一人として排除されることのない社会、精神病に対する偏見のない社会を一緒に創ってください」というメッセージを伝えています。

　その内容は福祉教育に携わる研究者や実践者からも賛同が得られた。後日、このことを「ぴあの」の研修でメンバーと共有すると、そのメッセージは語り部グループ「ぴあの」の重要なメッセージとなり、「一人の語り」が「グループの語り」として共有されることとなった。

　このように、「ぴあの」のメンバーは不登校経験の語り、福祉教育の研究者の語りなど、多様な語りに出会うことで、新たな語りを生み出していた（野口、

2002, pp.180-181)。その後も，「ぴあの」が目指す語りとは何か，ストレス過多にある子どもたちに精神疾患の正しい知識の習得や援助希求行動の必要性をどう伝えるのかという議論が重ねられた。そして，当事者の病いの経験に基づく語りに加えて，子どもたちが自らのこころの健康に関心を高めるワークも導入し，「ぴあの」を紹介するリーフレットも作成した（栄編，2009）。

　次に，当事者の語りの聞き手として，どの年代層に照準をあてるのかという課題である。活動当初，早期精神保健教育を目指して，精神疾患の好発時期前にある小学生に照準をあてていた。しかし，実際に活動を始めてみると，小学生は発達の個人差が大きく，当事者の語りという言語的教育のみで「疾病や障害理解」を図る難しさがあった。その一方で，人権教育に熱心な中学校や看護・社会福祉領域の専門職教育を目指す高校から「ぴあの」の活動に賛同した教員を通じて教育講演会の依頼があった。中学生や高校生は精神疾患の好発時期にあたり，自分のこととして精神疾患や精神障害について学ぶ必要がある年代層である。実際に，当事者の語りを聞いた中学生や高校生から，「疾病・障害理解」「職業意識の向上」に加えて「メンタルヘルスの関心の向上」や「援助希求行動の必要性」に関する感想が得られたことをふまえて（栄編，2007），当事者の語りの聞き手として中学生や高校生に照準をあてることにした。

　そして三つ目の課題は，語りの場をいかに開拓するのかという課題である。「ぴあの」の活動の目指すべき方向性が固まりながらも，「ぴあの」に対する講演依頼はほとんどなく，こちらが教育機関に当事者の語りによる講演会の有効性を提示しても，「教員が多忙のため，授業が組めない」，というハード面の理由というよりは，「既に身体障害者による講演会をしている」「"精神障害者"というと，保護者の同意が得られない」等の「精神障害者」であるがゆえの理由で断られることが大半だった。そのことは，メンバーにとって精神障害者に対する偏見を実感する契機となり，「ぴあの」の語りの生成過程にも影響を与えることになったのである。

　これらの課題を抱えながら語り部グループ「ぴあの」の活動が開始された。

② 語り部グループ「ぴあの」の教育講演会活動の設計

1. 語り部グループ「ぴあの」の教育講演会活動の設計

　語り部グループの名称である「ぴあの」は，当事者の語りがピアノの弾き語りのように聞き手と共鳴することと，語り部の活動とともに「ぴあ（仲間：peer）の」輪が広がることという願いを込めて命名された。

　語り部グループ「ぴあの」の活動は，精神障害者による病いの語りを活用した組織的次元のエンパワメントを志向する活動であり，「学校」という公共の場における当事者による福祉教育（以下，教育講演会）活動である。その枠組みを紹介する（図3-1）。

　語り部グループ「ぴあの」の目的は，精神障害者が教育機関に出向き，病いの経験に基づく語りを子どもたちに行うことで，子どもたちの精神障害者に対する理解の促進や偏見の低減，自身のこころの健康への関心の向上，共生社会の創造への意識醸成といった教育的効果をもたらすこと，それによって，その語りを行った当事者がエンパワメントを獲得することにある。組織的次元のエンパワメント効果として示されている「自己統制」「報酬」「社会貢献」を援用すると（Gutiérrez et al., 1998=2000, p.22），「ぴあの」のモデルとなる人々は，「外部講師という社会的役割を得て，その役割遂行に向けて自己統制でき，語りに対する聞き手の承認（精神的報酬）や語りの対価（金銭的報酬）を獲得することで社会貢献を実感できた人々」と操作的に定義できる。

　また，「ぴあの」の教育講演会活動には少なくとも四種類のステークホルダーが関与する。
　①病いの経験を語る当事者
　②その聞き手である，精神疾患の好発時期にある思春期・青年期の子どもたち
　③「ぴあの」の事務局担当者であり，語りの「第二の生産者」（Plummer, 1995=1998, pp.41-42）である法人Zの職員
　④教育機関の「教育講演会」の担当者（教員）であり，語りの「第二の生産者」と「第二の消費者」の機能をもつ。以上の「ぴあの」の活動枠組みを組織的次元のエンパワメント実践と比較した（表3-1）。

第3章 ● 語り部グループ「ぴあの」の教育講演会活動の実践的枠組み

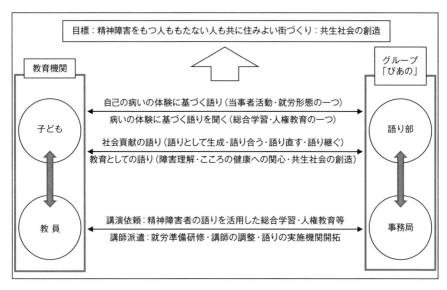

図3-1　語り部グループ「ぴあの」の教育講演会活動の全体図

表3-1　語り部グループ「ぴあの」の活動枠組み
　　　——エンパワメント志向の実践との比較——

枠組み	組織的次元のエンパワメント実践	語り部グループ「ぴあの」の教育講演会活動
目　標	抑圧的な社会環境の変革に影響を与えることによる自己統制／報酬／社会貢献の獲得	外部講師という社会的役割を得て，その役割遂行に向けて自己統制でき，語りに対する聞き手の承認（精神的報酬）や語りの対価（金銭的報酬）を獲得することで社会貢献を実感すること
語りの場	クライエントが直接影響を与えることができるミクロ的環境／生活圏／地域社会	学校の教育講演会
語り手	パワーレスな状態ある人々／その集団	語り部グループ「ぴあの」のメンバー：精神の病いの経験から得た知恵を次世代を担う子どもたちに伝授できる人々
聞き手	クライエントの生活圏域の人々	精神疾患の好発時期にある子どもたち
活動単位	グループ	グループ
専門職	地域の社会資源を確保する／抑圧的な社会環境や抑圧構造をもつ社会システムの変革を目指す援助を行う	当事者が子どもたちと良好な接触体験をもつことが可能となる場と機会の提供を行う

2. 語り手：病いの語りを行う精神障害をもつ当事者

　語り部グループ「ぴあの」の活動における「語り手」とは，ストレスフルな日常生活や社会生活の地続きのなかで，精神的不調を感じるものの，その苦しみや辛さを自分でも理解できず，誰にも相談できないなかで精神疾患を患った経験者であり，その経験から得た生活の知恵を子どもたちに伝授したいと望む当事者である。そのなかには，医師から診断された精神疾患名により将来に対する絶望感を抱いた経験や，「精神障害者」という社会的に不利な集団に属することで社会の偏見を体感した経験，自身の主訴や希望が誰にも相手にされない無力感の学習経験等から，病いにまつわる経験を言葉にしなくなった人々がいる。

　そのような当事者に対して，「ぴあの」の活動はグループ形式を採用することにした。その理由は，第1章のエンパワメントに関する先行研究でみてきたように，スティグマは個々人よりも「精神障害者」という社会的に不利な集団（グループ）に属することに向けられる点にある。また，第2章の語りの先行研究においても，「精神障害者」をはじめスティグマを受けた当事者同士による語り合いが，メンバーのグループに対する所属意識の醸成（Cain, 1991, pp.228-233）や，経験知の相互獲得（Borkman, 1976），社会学習の機会の獲得（Katz, 1993=1997, pp.45-52），ヘルパー・セラピーの原理に基づく互酬性の獲得（Riessman, 1965）等，エンパワメントに関連する項目がみられた点である。さらに，私の精神科ソーシャルワーカーの臨床経験から，グループのダイナミクスは個々人の総和以上の力を生むという実践知がある（栄，2011）。当事者同士の病いにまつわる経験やその経験から得られた生活の知恵のわかちあいは，援助専門職の助言よりも個々のメンバーにとって実用的であり，他者のモデル・ストーリーを聞くことで，個々のメンバーの孤独感が低減し，未来志向の考えを抱くことをみてきた。そこで，「ぴあの」の活動でも「研修」と称するグループ活動を中核に置き，メンバー個々人が病いの語りを生成し，互いの自己物語を語り合うなかで，「教育講演会」の成功を目指す可能性を期待したのである。

　「ぴあの」のメンバーに対する倫理的配慮として，「ぴあの」の活動の参加時に，本研究の趣旨，個人情報の保護，調査研究成果の公表等を口頭と文書で説明し，「ぴあの」の活動希望者本人の署名をもって同意を得た。「ぴあの」の活動希望者には，意思に反して活動に参加しなくてもよいこと，活動への不参加によって不利益が生じないことを繰り返し伝えた。尚，本語りの活動並びに活動に関する調査は大

阪市立大学生活科学部・生活科学研究科倫理委員会の承認を得て実施している。

3. 聞き手：精神疾患の好発時期にある思春期・青年期の子どもたち

　2006年からの二カ年間にわたる試行的な「ぴあの」の教育講演会活動を経て，語りの「聞き手」には精神疾患の好発時期にある中学生や高校生に照準をあわせながら，教育機関のニーズも考慮して，小学生高学年から大学生（以下，子どもたち）までを射程にいれることにした。その「子どもたち」に照準にあてた二つの理由として，一つは「子どもたち」は次世代の担い手であり，当事者の語りを受け継ぎ，「ぴあの」の活動目標である共生社会の創造を可能にする存在であること。もう一つは，メンタルヘルスの課題を抱える子どもたちが急増している現状がある。子どもたちのメンタルヘルスの課題として，次の四つの特徴がある。第一に，精神疾患の初発エピソードの時期にあたること。第二に，子ども自身があまり援助を求めないこと。第三に，周囲の大人が精神的不調に関する知識をもち得ていないこと。第四に，精神的不調や精神障害に関する知識を習得する教育的制度がないこと，があげられる。以下，それについて簡単にふれておく。第一の特徴は，精神疾患の初発エピソードの時期が10代から20代前半に集中し，統合失調症患者の多くは既に10代早期から精神病理的問題を抱えている現状がある（西田・石倉・谷井他，2009）。しかし，この初発エピソードは思春期精神病様症状体験（Psychotic-Like Experiences）と思春期・青年期にみられるアイデンティティの揺れとの区別が難しく（岡崎，2007），本人も発病当時の心身的不調が「精神疾患」の前駆症状とわからず，初診は小児科や耳鼻科であることが少なくない（栄・清水，2012）。第二の特徴は，子ども自身があまり援助を求めないことである。その要因として，子ども自身が精神的不調を病気の予兆と認識できないことや，その不調や違和感を客観的に言語化できないため，援助を求めることが難しいと考えられる。また，子どもたちが一方的な精神障害者に関する事件報道によって内なる偏見をもつ場合（坂本・丹野，1996），自ら誰かに相談しようという意向が低下することが考えられる。第三の特徴は，子どもの身近にいる家族や教員でさえも精神的不調に関する正しい知識をもちえていないため（全国精神保健福祉会連合会 平成21年度家族支援に関する調査研究プロジェクト検討委員会編，2010, pp.40-42；栄，2010），子どもたちが援助を求めても適切な対応ができないことが想定される。第四の特徴は，子どもたちが精神的不調や精神障害に関する知識や対処方法を習得できる教育的制度がないことがある。我が国

の学習指導要領において，1981年以降，「精神病や精神障害」等に関する項目が削除されており（全家連30年史編集委員会編，1997），子ども自身が「精神病や精神障害」に関する正しい知識を学ぶ機会がない現状にある。

このようななかで，子どもは精神的不調を抱いたとしても，子ども自身も周囲の大人も適切な対処ができず，精神病性の症状の発現から初回治療までの未治療期間（Duration of Untreated Psychosis：DUP）の長期化を招いてしまう傾向がある（Larsen et al., 1996）。DUPが1年以上になれば予後が不良になることから（McGlashan 1986），DUPの短縮が期待されるものの，子どもが医療機関を受診するか否かは本人の苦痛の度合いや情報の普及，両親をはじめとする生活環境等によって変動するため（Birchwood et al., 1998），精神疾患の好発時期にある子どもたちが精神保健福祉教育を受講する必要性は高いと言える。

4. 語りの場：教育機関における教育講演会

公共の語りにおける場として，「ぴあの」では学校の「教育講演会」を設定した。「教育講演会」という場の特性を，その位置づけ，教授法，「場」の統制から説明する。

まず，「教育講演会」の位置づけに関して，当事者の語りはエンパワメント実践の組織的次元の活動にあたり，広い意味でプラマーが指摘する「公的なカミングアウト」と合致する（Plummer, 1995=1998）。その場では，当事者の語りは「外部講師」による「講演」に位置づけられ，子どもたちの生きる力の育成や障害理解等に貢献する公的知識や公的財産として機能することが求められる。

次に，「教育講演会」の教授法は，専門職による知識の教授ではなく，本人自身による病いの経験から得られた生活の知恵の伝授という方法が採用される点に独自性がある。「精神障害に関する専門家は精神障害をもつ本人自身である」という当事者主権のフレーズにみられるように（中西・上野，2003），病いの経験者から学ぶ意義は大きい。当事者による「病いの語り」では，可視化が難しい精神障害者の生活世界が日常生活用語で語られるため，聞き手の子どもたちにとってイメージしやすく，自身の生活に引きつけて理解できるという利点がある（やまだ，2000）。また，教育講演会は「精神障害者」と「子どもたち」の接触体験の場でもあり，その体験が良好であれば，子どもたちの精神障害者に対する偏見が低減される点でも期待される（大島編，1992）。

そして，教育講演会という「場」は，教員が「教授」という公権力を活用できるため，その「場」の統制が比較的容易という利点がある。「ぴあの」の活動当

初,「学校」という異文化において,「精神障害者」の語りが子どもたちに受け容れられるのかという不安の声がメンバーから聞かれた。そのため,援助専門職として,語りの場がメンバーにとって安心して語りができる安全な場になるよう整備したいという思いがあった。実際は,私たちが招かれた教育講演会の多くは,教員が子どもたちの教育的効果を狙い,講師の語りを真摯に聴くよう,その学習態度を統制する姿がみられた。つまり,「学校」という場は,メンバーにとって病いの語りを行う際に安心できる安全な場となりうることが想定された。加えて,当事者に講師謝金や子どもたちの感想文という報酬を得ることも期待されたのである。

5. 援助専門職の役割

「ぴあの」の活動枠組みは,事務局を担う法人Ｚの職員と私を含めた援助専門職であり研究者で設計してきた。私たちは,メンバーへの個別支援(不安や戸惑いへの対応,家族や主治医との連絡・調整,語りの実演時の同行等),グループへの集団支援(研修の企画・実施・省察等),教育機関との調整(語りの要請と当事者とのマッチング,語りの実施事前・事後の調整等),語りの実施機関の開発,「ぴあの」の教育講演活動の成果報告,財源確保等を行ってきた。このような多岐にわたる支援において,法人Ｚの職員は主にメンバーの個別支援,教育機関との調整と教育機関の開発を,研究者は主に「ぴあの」のエンパワメント実践の評価や成果報告,財源確保を担った。私のミッションは,語り部グループ「ぴあの」の活動に入り込み,活動目標である「精神障害をもつ人ももたない人も共に住みよい街づくり(＝共生社会の創造)」をメンバーとともに目指す活動を担うことである。

第1章ではエンパワメントには援助専門職とクライエントの位相において,第2章では語りには語らせる者と語る者の位相において,権力関係があることをみてきた。このような権力関係が孕む語り部グループ「ぴあの」の活動に私が関与しているため,「ぴあの」の活動に影響を与える人間として,私自身も参与観察や分析の対象となっている。つまり,「ぴあの」の活動に参画する「援助専門職の私」を「研究者の私」が省察するという二重構造で実践的研究を展開してきた。

③ 語り部グループ「ぴあの」の教育講演会活動の展開過程

　語り部グループ「ぴあの」の教育講演会活動には，「教育講演会」を成功に導くための語り部養成研修と現任者研修の実施，「教育講演会」の実施，語りの省察，語りの活動の啓発活動がある。「ぴあの」では，「研修」を中核の活動と位置づけ，教育講演会をはさんで，①講演会の実施前と，②実施後の省察に大別される。以下，教育講演会活動の展開過程を紹介する。

1.「教育講演会」に向けた研修：語りの生成

　「ぴあの」の教育講演会活動では，「語り」を就労形態の一つに位置づけており，「外部講師／語り部」になるメンバーに対して，就労準備訓練として「語り部養成研修」と，語りのスキルアップを目指す「現任者研修」を義務づけた。

　語り部養成研修は，第一回目（2006年）は8名，第二回目（2007年）は6名の語り部を養成した。正式に語り部グループ「ぴあの」が結成された翌年の2009年度には4名を対象として養成研修を実施した（表3-2）。

　「語り部養成研修」の内容は，以下の通りである（表3-3）。第1回：「教育講演会」の語りのモデルとなる実践者（法人Zのピアスタッフで，当事者活動の一環として公共の場における語りの経験者）の語りを聞く。第2回：語りの生成方法や語りの技法を学ぶ。第3回：自身の病いの経験の振り返り，その経験を意味づけながら自己物語の生成に着手する。第4回：自己物語をふまえて，聞き手へのメッセージを創る。第5回：各々の「私」の物語をグループで共有し，メンバー同士で物語の精度を高める作業を行う。

　「現任者研修」には，語りの内容や語り方のスキルアップを目指す学習会，同様の活動をしている他のグループとの交流会，精神保健福祉領域の学会への参加等がある。学習会は，語りの生成や語り直しの他，外部講師による講義も行った。たとえば，小学校の教諭による「語り部事業に寄せる期待と小学校の現状」（2006年9月）や早期支援の研究者による「英国におけるRethinkの活動」，スティグマ研究者による「効果的語りを考える！─「ぴあの」の原点とエビデンス─」（2011年1月）等がある。

　また，学習会では介入教育研究のレビューをもとに，「ぴあの」のメンバーと

第3章 ● 語り部グループ「ぴあの」の教育講演会活動の実践的枠組み

表3-2 語りグループ「ぴあの」の参加メンバー

	年齢	病名	研修	所属施設・グループ／当事者活動等
A	60代	統合失調症	1期生	地域活動支援センター／ピアサポート活動
B	50代	統合失調症	1期生	地域活動支援センター
C	40代	境界例障害	1期生	地域活動支援センター
D	40代	統合失調症	1期生	セルフヘルプ・グループ／ピアサポート活動
E	30代	統合失調症	1期生	地域活動支援センター
F	40代	統合失調症	1期生	地域活動支援センター／セルフヘルプ・グループ
G	40代	うつ病	1期生	地域活動支援センター／ピアサポート活動
H	50代	統合失調症	1期生	地域活動支援センター／ピアサポート活動
I	40代	統合失調症	2期生	地域活動支援センター／セルフヘルプ・グループ
J	40代	非定型性精神病	2期生	就労継続支援B型／ピアサポート活動
K	40代	統合失調症	2期生	セルフヘルプ・グループ／ピアサポート活動
L	60代	うつ病	2期生	地域活動支援センター／セルフヘルプ・グループ
M	30代	統合失調症	2期生	地域活動支援センター
N	30代	統合失調症	2期生	地域活動支援センター
O	50代	統合失調症	3期生	セルフヘルプ・グループ／ピアサポート活動
P	30代	統合失調症	3期生	セルフヘルプ・グループ／ピアサポート活動
Q	30代	統合失調症	3期生	セルフヘルプ・グループ／ピアサポート活動
R	40代	統合失調症	3期生	地域活動支援センター

表3-3 語り部養成研修の内容

	内　容
第1回	「教育講演会」の語りのモデルとなる実践者の語りを聞く
第2回	語りの生成方法や語りの技法を学ぶ
第3回	病いの経験を振り返り，その経験を意味づけながら自己物語の生成に着手する
第4回	自己の物語をふまえて，聞き手へのメッセージを創る
第5回	各々の「私」の物語をグループで共有し，互いの物語の精度を高める作業を行う

ともに教育講演会の在り方を検討してきた。効果的な語りの活動に向けて，参考にした知見は次の三点である。

① 精神障害者との社会的距離の縮小には，その当事者との良好な接触体験が有効となる。接触体験の一つの方法として，当事者の語りがあげられる。
当事者による語りは聞き手の態度変容や精神障害者等の集団に対する受け入れ意識を示す社会的距離の縮小に一定の効果があり（Corrigan, et al., 2001；Wood & Wasi, 2006），専門職の講義よりも障害者に対する好意的な意識変容を促すことが可能である（Rusch, et al., 2008）。

② 聞き手にとって良好な接触体験となる語りとはリカバリーの物語である。
社会的距離と接触体験の質との関連性から（大島，1992），当事者の語りが社会的距離の縮小に寄与するには，病理や障害に着目した語りではなく，病いの経験に基づくリカバリーの物語が有効的である（Pittman et al., 2010）。

③ 当事者の語りと専門的知識の教授をあわせた教育プログラムが障害理解に有効である。精神障害（者）の知識の習得や障害（者）の理解には，当事者の語りに加えて，専門的知識の教授が効果的である（Ritterfeld & Jin, 2006）。

このような先行研究の知見から，「ぴあの」では，当事者の語りに加えて，援助専門職によるワークショップ形式の講義を補足的に行うことにした（図3-2）。それに伴い，教材も作成した（2006年度／2009年度改訂）。この教材は「まなびのガイド『こころとくらしを考えよう』」と称し，①日々の暮らしと精神的不調の関係，精神障害（者）の正しい知識の習得，②精神的不調とその対処方法の意識化，③援助希求行動としての相談の重要性と相談機関に関する情報の獲得で構成される（栄編，2009）。

以上のような「学習会」を教育講演会の実施と省察とともに研修に取り入れてきた。援助専門職は，研修がスムーズに緩やかに進行するよう，暗黙のうちにファシリテーターを担ったり，メンバーが語りやすい雰囲気づくりを行ってきた。その結果，野口が指摘する「自由な語り」「いまだ語られなかった語り」（野口，2002, pp.178-179）がメンバー同士で聞かれるようになった。

2.「教育講演会」の実施：語り継ぎ

1）教育講演会の概要とその打ち合わせ

「教育講演会」の実演までの流れに関して，まず，教育機関の教職員から語り部グループ「ぴあの」の事務局に教育講演会の依頼がある。事務局の職員は教職

員の希望をもとに「教育講演会」の打ち合わせを行い，子どもたちに教育的効果を企図した語りの内容を検討する。そして，決定事項を「ぴあの」の研修で報告し，その講演会を担当するメンバーを募る。「教育講演会」を担当するメンバーは，自ら語りの原稿を作成する。

2)「教育講演会」の当日

当日，語りを行うメンバーと法人Ｚの担当職員，援助専門職の「私」で教育機関に向かう。教育講演会の語りが初回の場合や語りに対する不安が高いメンバーの場合は，当日キャンセルが可能なように，語りの活動の熟練者も同行する。

「教育講演会」の構造は，①担任による授業の説明，②語り部グループ「ぴあの」の説明と当事者による病いの語り，③援助専門職によるワークショップ形式の講義，④担任による授業のまとめ，という枠組みである（図3-2）。

3．啓発活動：語りの省察

教育講演会終了後，講演会当日とその後の「研修」において省察を行う。講演会当日の振り返りは，講師を務めたメンバーの高揚した感情をクールダウンする目的で行われる。また，その後の「研修」では，講師を務めたメンバーが講演会の語りの内容や子どもたちの反応の報告を行い，「教育講演会」を聞いた子どもたちの感想文やアンケート結果等も共有する。この場は，語りを行ったメンバーだけでなく，その報告を聞いたメンバーにとっても，自身の語りや「ぴあの」の

「教育講演会」の枠組み（50分の場合）

担任による授業の説明（5分）
＋
「ぴあの」の説明と当事者による病いの語り（30分）
＋
援助専門職：語りの振り返りとワークショップ形式の講義（10分）
＋
担任による授業のまとめ（5分）

図3-2　「教育講演会」の枠組み

語りを見直す機会になる。また，他の地域で同様の活動をしている当事者団体との情報共有や交流を図ったり，活動の成果報告として学会等にも参加したりした。

4 語り部グループ「ぴあの」の教育講演会活動の実績

　2006年度から2011年度までの六カ年間にわたって「ぴあの」が実施してきた「教育講演会」は，少なくとも小学校2校（2回）と中学校10校（11回），高校7校（19回），大学6校（6回）だった。その他，対象者別では，教職員7回，ホームヘルパーやボランティア等の支援者23回である（当事者に直接依頼があった場合は除く）。

　以上のような「ぴあの」の活動のなかで，当事者による教育講演会を聞いた子どもたちの効果を測定してきた。ここでは，中学生を対象として，実施した二種類のアンケート調査について紹介する。一つは中学生の精神障害者に対するスティグマに着目した調査（山口・栄他，2010）であり，もう一つは中学生の「生きる力」に着目した調査（栄 2013）である。これらの結果は，教育機関では「精神障害者による教育講演会」がもたらす子どもたちへの有効性の指標として，「ぴあの」にとっては語りの評価やブラッシュ・アップの指標として用いられることが多かった。

　いずれの調査も「教育講演会」の前後で同一質問紙票を用いて測定した。中学生の精神障害者に対するスティグマの低減に着目した調査は，英国で中学生を対象とした精神保健教育における介入教育の効果測定に用いられた調査項目を援用し，①精神的不調時の相談意向の有無，②精神病や精神障害者に関する知識の習得度，③社会的距離の程度を質問した。もう一つは中学生の「生きる力」の育成に着目した調査である。ここでは「生きる力」の構成要素として「確かな学力」「健康・体力」「豊かな人間性」を掲げ，「変化の激しいストレス社会において，自身の精神的健康の保持・増進に努めると同時に，精神障害（者）について体験的な理解を図り，精神障害の有無にかかわらず誰もが共生できる社会に向けて取り組むことができる力」（栄，2013，p.35）と操作的に定義した。そして，調査項目として，①精神的不調時の相談意向の有無，②精神的健康への関心度，③精神病や精神障害者に関する知識の習得度，④共生社会の創造に向けた知識の習得度と意識の変容度を設定した。

子どもたちへの倫理的配慮として，いずれの調査も教育講演会を実施する教育機関の教職員と「ぴあの」の援助専門職から，研究の趣旨，匿名性の確保，調査の参加と中断の自由並びにそれらが授業評価と無関係なことを説明した。
　まず，精神障害者に対するスティグマの低減に着目した調査結果を示す。
　子どもたちの精神的不調時の相談意向度と，精神障害者に対する知識の習得度（下位項目：障害の特性，疾病の要因，精神的不調等に関する知識）は，教育講演会の受講後に双方のポイントは高まっていた。また，精神障害者の受け容れ意識を示す社会的距離に関して，「話すのが怖い」「クラスメイトなら動揺する」「友人になれる」の項目は教育講演会受講後に縮小していた。
　次に，「生きる力」の育成に着目した調査結果を示す。
　精神的不調時の相談意向度と精神障害者に対する知識の習得度（下位項目：障害の特性，疾病の要因，精神的不調等に関する知識）は，教育講演会の受講後に双方のポイントは高まった。さらに，精神的健康への関心度に関して（下位項目：ストレスの認知度，その対処方法の有無等），教育講演会の受講後に精神的健康の関心度が高まり，その対処方法も増えていた。そして，共生社会の創造に向けた知識の習得度と意識の変容度に関しても（下位項目：個々人の人権尊重や人権意識，援助を必要とする人を助けたい態度），教育講演会後にポイントが高まり好ましい意識変容がみられた。
　上記の二つの調査をまとめると，当事者による教育講演会の受講後の子どもたちの変容として，①精神的不調時における相談意向が向上し，②精神病や精神障害者に対する知識の習得度（障害の特性，疾病の要因，精神的不調等）が高まった。③子どもたちの精神的健康への関心度（ストレスの認知度，その対処方法の有無）が高まり，その対処方法の選択肢も増えた。④共生社会の創造に向けた知識の習得度や好ましい意識の変容度（個々人の人権尊重や人権意識，援助を必要とする人を助けたい態度）のポイントも高まった。⑤精神障害者の受け容れ意識を示す社会的距離が縮小された。
　以上の結果に関して，子どもたちの回答が教職員の期待する回答になりやすいことや，好ましい回答が得られたとしても，それは一時的であることが予測されるものの，当事者による教育講演会に対して子どもたちに一定の肯定的な反応がみられたと示唆できる。このような子どもたちの変容は，調査設計当時に「援助専門職である私」が狙っていた効果であり，これらの結果をメンバーと共有することで，メンバーに自己効力感や自尊感情が高まることも合わせて期待するものだった。

I 当事者の語りに基づく教育に関する調査 1 の概要

1. 調査目的

当事者の語りに基づく教育講演会がもたらす中学生の精神障害者に対するスティグマに関する意識変容を検証する。

2. 調査方法

方法は，語り部グループ「ぴあの」の活動の趣旨に賛同し，「ぴあの」の教育講演会の実施に協力を得られた4校の中学生718名を対象として集団実施法を用い，教育講演会の前後に同一の自記式質問紙票を配布し回収した。期間は2006年9月から2008年2月である。調査項目は，2002年に英国・ケント州にてPinfoldらが中学生の精神障害者に対する偏見・スティグマ是正プログラムの構築の際に作成された調査票の項目を参考にした（調査項目は，①『精神的不調時の相談意向の有無』（2項目），②『精神病や精神障害者に関する知識の習得度』（10項目），③こころの病をもった人に対する受け容れ意識を測定する『社会的距離の程度』（4項目）である。有効回収率は事前98.6％（670名），事後98.2％（667名）であり，667名を分析対象とした。

倫理的配慮として，事前に本調査の趣旨を校長並びに担当教諭に文書と口頭で説明した。中学生には，研究の趣旨，匿名性の確保，調査の参加と中断の自由並びにそれらが授業評価と無関係なことを教諭と筆者から口頭で説明した。

3. 結果

1) 精神的不調時の相談意向の向上

自身がこころの病をもったら，「誰かに相談する」「相談機関を利用する」の項目に「有」と回答した者は，教育講演会の受講前は前者が61.7％，後者は27.4％だったが，受講後は前者が74.7％，後者は38.4％と相談意向は高くなった（$p < .001$）。

2) 精神病や精神障害者に関する知識の習得度

『精神病や精神障害者に関する知識の習得度』に関する質問項目に対して，「そう思う」「どちらともいえない」「そう思わない」の3件法で回答を得た。教育講演会の受講前において，『精神病や精神障害者に関する知識習得度』の項目のうち，「ⅱ）こころの病をもった人は危ないことをするように思う」32.1％，「ⅴ）こころの病のもった人は分裂した人格を持つように思う」31.8％でいずれも「そう思わない」と回答した。一方，「ⅲ）こころの病をもった人はこころの細やかなやさしい人である」の24.0％，「ⅸ）一生のうちに1/4の人がこころの病にかかる」の16.6％が「そう思う」と回答していた。このように，7割前後の中学生は精神障害者に対して否定的な認識をもっていたが，受講後，『精神病や精神障害者に関する知識習得度』の項目に対してχ^2検定を行った結果，すべての項目において1％水準で有意差がみられ，「ⅹ）こころの病をもった人への偏った考えがある」の項目以外は好ましい回答が増加していた（$p < .001$）。

3) 社会的距離の程度

『社会的距離の程度』の項目において，「あまり思わない」「そう思わない」の回答を合計した結果をみると，教育講演会の受講前では「こころの病をもった人がクラスにいたら，あなたは混乱したり動揺したりする」が60.3％と高かった。一方，「こころの病をもった人と友達になれる」では「そう思う」「まあ思う」を合わせると37.7％だった。受講前・後の意識変容をみるためχ^2検定を行った結果，「もし家族にこころの病をもつ人がいたら，それを友人に知られると困る」を除いて，全ての項目で有意差がみられた。次に，『社会的距離の程度』の回答に対して，「そう思う（0点）」から「そう思わない（3点）」の点数を付与し，受講前・後で対応のあるt検定を行った結果，全ての項目において有意差があり好ましい意識変容度がみられた。

II 当事者の語りに基づく教育に関する調査 2 の概要

1. 調査目的

当事者による教育講演会を聞いた中学生の「生きる力」に関する知識や意識の変容を検証する。

2. 調査方法

Y中学校は，子どもたちの『生きる力』の育成を目指し，参加型体験学習を重視している学校である。

2006年度より「ぴあの」の教育講演会を継続的に実施してきた。そこで，1年次全生徒146名を対象として集団実施法を用い，教育講演会前後に同一の自記式質問紙票を配票し回収した。回収率は教育講演会受講前・後とも100.0％だったが，全項目が無記入だった1名を除いた145名を分析対象とした。調査日は2012年11月13日である。調査項目は『生きる力』として，①『精神的不調時の相談意向の有無』(5項目)(箆 2002)，②『精神的健康への関心度』(4項目)，③『精神病や精神障害者の知識の習得度』(4項目)，④『共生社会の創造に向けた知識の習得度と意識の変容度』(6項目) を設定した。倫理的配慮は上記の調査1と同様である。

3. 結果

1) 精神的不調時の相談意向の有無

『精神的不調時の相談意向』の「有」に1点,「無」に0点を付与し,対応のあるt検定を行った。その結果，「『人』に相談する」は『一人で解決できない悩みがある時』(t=－.58，p＝.23)，『精神的不調・身体的不調がある時』(t=－1.82, p＝.45) は共に有意差がみられず,『精神的不調・身体的不調がある時』に「『機関』に相談する」では (t=－2.55, p＜.05) 有意差がみられた。

2) 精神的健康への関心度

『精神的健康への関心度』の4項目について，「とてもある」から「全くない」の4件法で回答を求めて(「とてもある」の4点から「全くない」の1点の4段階評価で得点化した)，対応のあるt検定を行った。その結果，「日々の生活のなかで，ストレスを感じることがある」(t=－6.46, p＜.001)，「ストレスによる心身の不調等に気づくことができる」(t=－3.22, p＜.001)で有意差がみられた。また，下位項目で(心身の不調等に気づくことが)「できる」とした回答者の「ストレス解消方法の数」は受講後に増加していた (t=－4.65, p＜.001)。「ストレスとこころの健康との関係について知りたい」にも有意差があった (t=－3.80, p＜.001)。

3) 精神病や精神障害者に関する知識の習得度

『精神病や精神障害者に関する知識の習得度』の4項目について，「とても思う」から「全く思わない」の4件法で回答を求めて(「とても思う」に4点から「全く思わない」に1点の4段階評価で得点化した)，対応のあるt検定を行った。その結果,「4人に一人がこころの不調を感じる」(t=－12.12, p＜.001)，「こころの不調は誰にでもなる可能性がある」(t=－4.51, p＜.001)，「精神の病気はいくつかの要因が重なっておこる」(t=－6.20, p＜.001)，「周囲の理解や手助けがあれば，障害が軽くなることがある」(t=－5.85, p＜.001) の全ての項目に有意差がみられ，精神病や精神障害者に関する知識の習得度が高まった。

4) 共生社会の創造に向けた知識の習得度と意識の変容度

『共生社会の創造に向けた知識の習得度と意識の変容度』の6項目に対して，「とても思う」から「全く思わない」の4件法で回答を求めて(「とても思う」に4点から「全く思わない」に1点の4段階評価で得点化した)，対応のあるt検定を行った。その結果，「『障害』はその人の一部で多くの健康的な部分がある」(t=－6.90, p＜.001)，「病気を患うことで新たな気づきをえることがある」(t=－4.83, p＜.001)，「精神の病を患っても，『幸福になる権利』がある」(t=－4.83, p＜.01)，「障害等への周囲の無理解が社会参加の妨げになる」(t=－3.99, p＜.001)，の項目で有意差がみられ，知識の習得度が高まった。また，「友人等がこころの不調で悩んでいたら手助けしたい」(t=－2.78, p＜.001)，「精神障害で生活に困っていたら手助けしたい」(t=－5.00, p＜.001) の項目でも有意差がみられ，中学生の他者を助けたいという意識が高まった。

以上の二つの調査の限界は，次の四点である。第一に，本調査に協力の得られた中学生は，「ぴあの」の語りの活動の趣旨に賛同が得られた教育機関の生徒であり，無作為に選定したものではない。また，比較対照群を設定することができなかったため，本結果を中学生に一般化することは難しい。第二に，介入教育の効果測定はその介入教育前後に回答を求めたため，教職員の中学生に介入教育に期待する効果の意図をよんで好ましい回答をした可能性が高い。第三に，精神障害に関する知識の質問項目には，肯定的態度や認識か否かを判断するのに一部あいまいなものがあったため,さらなる質問項目の精査が必要である。第四に，本調査結果は，精神障害当事者の語りを主とした福祉教育が中学生に一定の教育的効果をもたらしたことを実証したものの，その語りとはどのような内容なのかを明らかにする必要がある。

以上の「ぴあの」の実践が子どもたちにもたらす効果をふまえて，本研究では三つの問いを立てた。①当事者が子どもたちに語った語りとはどのような内容なのか（第4章），②当事者の語りの生成過程と，それに関与する援助専門職はどのような支援をしたのか（第5章），③そして，「ぴあの」の語りの活動に参画した当事者はエンパワメントを獲得することができたのか（第6章）である。

第4章

当事者が物語る病いの語り

1 問題の所在：当事者は公共の場で何を語るのか

　前章では，組織的次元におけるエンパワメント実践の事例として，語り部グループ「ぴあの」の語りの活動の枠組みと，その結果として精神障害者が語る病いの語りが，聞き手の子どもたちに一定の肯定的な反応がみられたことを紹介してきた。
　そこで，本章の目的は，子どもたちから肯定的な反応を得られた当事者の語りとはどのような内容なのか，その物語の特性はいかなるものなのかを語りの分析を通して明らかにすることである。

2 調査方法：当事者が物語る病いの語りの構造

　本調査は，語り部グループ「ぴあの」に属するメンバーの語りの構造とその特性を明らかにするためにKJ法を参考にして，次の順序で帰納的コーディングを行った。まず，メンバー個々人の教育講演会の語りの原稿（2009年4月）から鍵となる語録をカードに書きとめコード化した。次に，これらを同質性の高いも

のにまとめ，カテゴリーを産出した。そして，個々のカテゴリーの関係性を「当事者の語りの構造」として図解した。この分析作業は法人Ｚの職員2名と私を含む研究者2名が担い，図解の妥当性を高めるためメンバーチェッキングを行った。情報提供者は「ぴあの」のメンバー10名である（表4-1）。

倫理的配慮として，情報提供者には本研究の趣旨，研修中の録音と逐語録の作成，個人情報の保護，研究成果の公表等を口頭と文書で説明し，同意書にて契約を交わした。

3 発症から快復，未来への提言に向かう語り

語り部グループ「ぴあの」のメンバーが教育講演会で語る原稿を分析した結果，2つのカテゴリー，5つのサブカテゴリーとその下位項目として21のコード，274の重要アイテムが抽出された。つまり，「ぴあの」のメンバーである当事者が教育講演会で語る内容は，『病いの物語』と『共生社会の実現に向けた協働への期待』で構成されていた。『病いの物語』とは，『精神疾患の受療前の対応に混乱した時期』『病いになって絶望に向かう時期』『再び自分の人生を歩み出す時期』『意味ある人生を再構築する時期』で構成された物語であり，それをふまえて『共生社会の実現に向けた協働への期待』という子どもたちへのメッセージが加えら

表4-1 情報提供者の基本属性

	年齢	初発年齢 （未治療期間）	研修	所属施設（グループ）／当事者活動等
A	60代	20代後半（約1年）	1期生	地域活動支援センター／ピアサポート活動
B	50代	20代前半（約1年）	1期生	地域活動支援センター
C	40代	20代後半（約1年）	1期生	地域活動支援センター
D	40代	20代後半（約4年）	1期生	セルフヘルプ・グループ／ピアサポート活動
I	40代	10代後半（約1年）	2期生	地域活動支援センター／セルフヘルプ・グループ
J	40代	20代前半（約3年）	2期生	就労継続支援B型／ピアサポート活動
K	40代	10代後半（約2年）	2期生	セルフヘルプ・グループ／ピアサポート活動
O	50代	30代前半（約1年）	3期生	セルフヘルプ・グループ／ピアサポート活動
P	30代	10代後半（約1年）	3期生	セルフヘルプ・グループ／ピアサポート活動
Q	30代	10代後半（約3年）	3期生	セルフヘルプ・グループ／ピアサポート活動

れていた。

以下，その語り内容に対して，サブカテゴリーは『　』，コードは【　】，重要アイテムは「　」で示し，各々の関連性を図解した（図4-1）。

1. 病いの物語

1）『精神疾患の受療前の対応に混乱した時期』

『精神疾患の受療前の対応に混乱した時期』は，5つのコード，132の重要アイテムで構成されていた。

メンバーの病いの物語は，思春期・青年期における【社会生活・日常生活におけるストレスフルな出来事】から始まり，ライフイベントと合わせて語られることが多かった。ストレスフルな出来事として，10代では受験・進学や友だち関係等の内容が多く，「高校受験に失敗して，希望の高校に行けず，全人格が否定されたような気がした（K）」「中学生の頃は情緒不安定で，留学先でも馴染めなかった（Q）」「中学も高校も一人ぼっちで，同級生からいじめられた（I）」等がある。20代では仕事や出産・育児に関する内容が多くみられた。仕事に関しては，「仕事内容が難しくなって，上司が変わり，その嫌がらせもあった（J）」「順調だったはずの仕事が，徐々に業務量が増えていった（A）」「管理職になったのに部下を指導する手段がわからず，残業も多くなった（C）」「仕事場が閉鎖されて，次の職場ではパワハラにあった（P）」等があった。また，出産・育児では「初めての子育てに悩みが多く，どうしてよいのかわからなくなった（B）」「子どもを産んで，育児が大変な時期に近所づきあいの悩みがあった（O）」等である。

このようなストレスフルな状況のなかで，「自分が取り残されるという感じ（K）」「（上司の嫌がらせに）同僚も見ないふりをしていた（J）」「職場の理解がなく（A）」「夫や実家の協力もなく（B）」「夫も忙しく，苛々している感じ（O）」という周囲の理解が得られず「一人ぼっち（I）」で【助けを求めることができない孤独な状況】を経験していた。

メンバーを取り巻く状況が改善せず，「自分自身に違和感（I）」を感じ「好きな音楽を聞くのが億劫（C）」になり，【身体的にも精神的にもSOSを発信している状態】がみられるようになる。たとえば，「疲れているのに眠れない（A）」「眠っても眠り足りない（C）」「眠れないとお酒の力を借りてしまう（I）」「頭が冴えて眠れない（O）」等の睡眠障害や，「頭が痛くて割れそうだった。不感症にもなった（K）」「体重が減り，食欲もなくなった（J）」「心臓発作が起きた（P）」

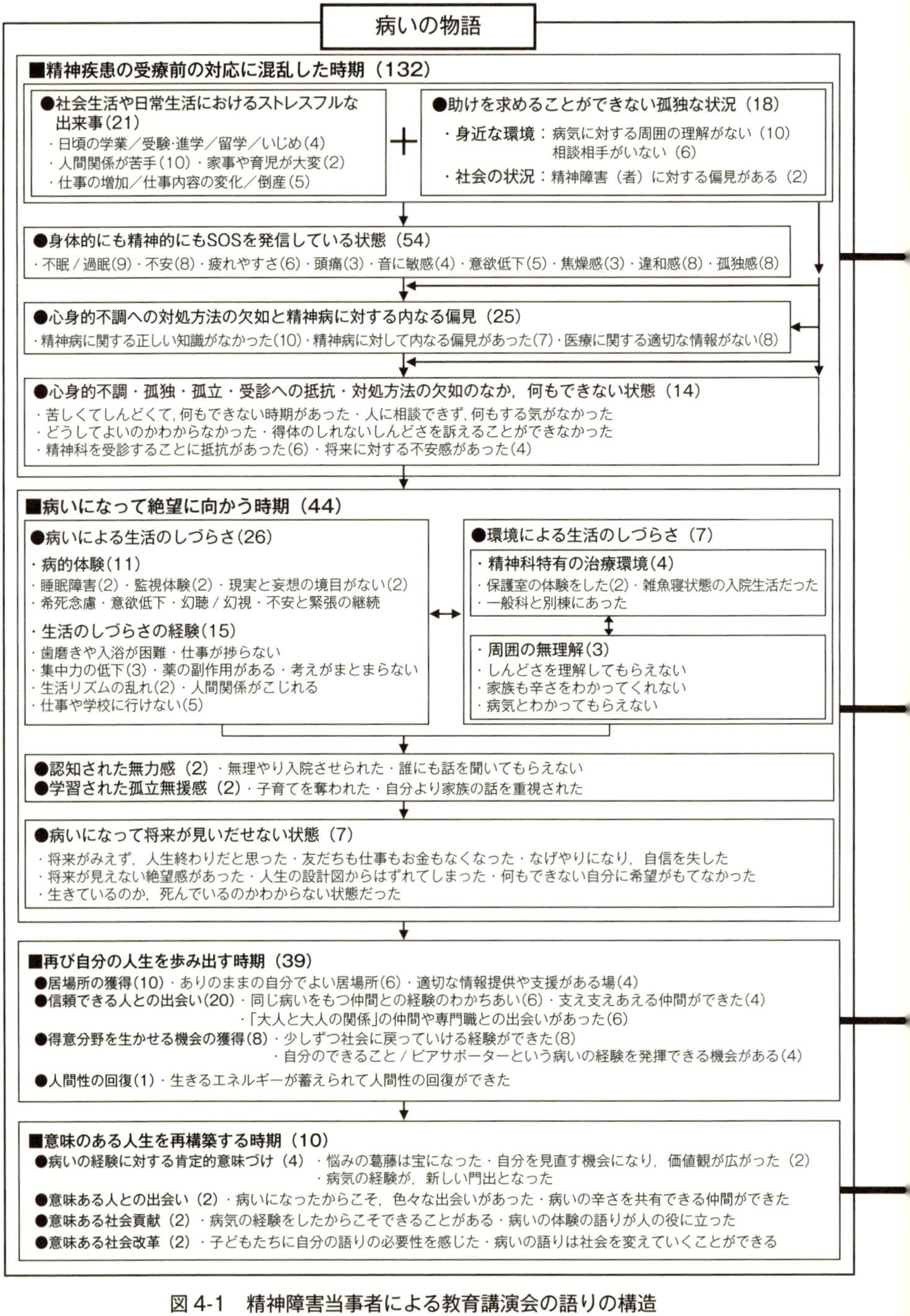

第2部 ● 病いの「語り」とエンパワメントの実践

```
┌─────────────────────────── 病いの物語 ───────────────────────────┐
│                                                                          │
│ ■精神疾患の受療前の対応に混乱した時期（132）                              │
│  ●社会生活や日常生活におけるストレスフルな    ●助けを求めることができない孤独な状況（18）│
│   出来事（21）                              ・身近な環境：病気に対する周囲の理解がない（10）│
│   ・日頃の学業／受験・進学／留学／いじめ（4）       相談相手がいない（6）                │
│   ・人間関係が苦手（10）・家事や育児が大変（2）  ・社会の状況：精神障害（者）に対する偏見がある（2）│
│   ・仕事の増加／仕事内容の変化／倒産（5）                                     │
│                                                                          │
│  ●身体的にも精神的にもSOSを発信している状態（54）                           │
│   ・不眠／過眠（9）・不安（8）・疲れやすさ（6）・頭痛（3）・音に敏感（4）・意欲低下（5）・焦燥感（3）・違和感（8）・孤独感（8）│
│                                                                          │
│  ●心身的不調への対処方法の欠如と精神病に対する内なる偏見（25）               │
│   ・精神病に関する正しい知識がなかった（10）・精神病に対して内なる偏見があった（7）・医療に関する適切な情報がない（8）│
│                                                                          │
│  ●心身的不調・孤独・孤立・受診への抵抗・対処方法の欠如のなか，何もできない状態（14）│
│   ・苦しくてしんどくて，何もできない時期があった・人に相談できず，何もする気がなかった│
│   ・どうしてよいのかわからなかった・得体のしれないしんどさを訴えることができなかった│
│   ・精神科を受診することに抵抗があった（6）・将来に対する不安感があった（4）    │
│                                                                          │
│ ■病いになって絶望に向かう時期（44）                                       │
│  ●病いによる生活のしづらさ（26）          ●環境による生活のしづらさ（7）    │
│   ・病的体験（11）                         ・精神科特有の治療環境（4）        │
│    ・睡眠障害（2）・監視体験（2）・現実と妄想の境目がない（2）  ・保護室の体験をした（2）・雑魚寝状態の入院生活だった│
│    ・希死念慮・意欲低下・幻聴／幻視・不安と緊張の継続  ・一般科と別棟にあった           │
│   ・生活のしづらさの経験（15）                                              │
│    ・歯磨きや入浴が困難・仕事が捗らない    ●周囲の無理解（3）              │
│    ・集中力の低下（3）・薬の副作用がある・考えがまとまらない  ・しんどさを理解してもらえない│
│    ・生活リズムの乱れ（2）・人間関係がこじれる  ・家族も辛さをわかってくれない │
│    ・仕事や学校に行けない（5）             ・病気とわかってもらえない        │
│                                                                          │
│  ●認知された無力感（2）・無理やり入院させられた・誰にも話を聞いてもらえない  │
│  ●学習された孤立無援感（2）・子育てを奪われた・自分より家族の話を重視された │
│                                                                          │
│  ●病いになって将来が見いだせない状態（7）                                 │
│   ・将来がみえず，人生終わりだと思った・友だちも仕事もお金もなくなった・なげやりになり，自信を失った│
│   ・将来が見えない絶望感があった・人生の設計図からはずれてしまった・何もできない自分に希望がもてなかった│
│   ・生きているのか，死んでいるのかわからない状態だった                       │
│                                                                          │
│ ■再び自分の人生を歩み出す時期（39）                                       │
│  ●居場所の獲得（10）・ありのままの自分でよい居場所（6）・適切な情報提供や支援がある場（4）│
│  ●信頼できる人との出会い（20）・同じ病いをもつ仲間との経験のわかちあい（6）・支え支えあえる仲間ができた（4）│
│                          ・「大人と大人の関係」の仲間や専門職との出会いがあった（6）│
│  ●得意分野を生かせる機会の獲得（8）・少しずつ社会に戻っていける経験ができた（8）│
│                          ・自分のできること／ピアサポーターという病いの経験を発揮できる機会がある（4）│
│  ●人間性の回復（1）・生きるエネルギーが蓄えられて人間性の回復ができた        │
│                                                                          │
│ ■意味のある人生を再構築する時期（10）                                     │
│  ●病いの経験に対する肯定的意味づけ（4）・悩みの葛藤は宝になった・自分を見直す機会になり，価値観が広がった（2）│
│                          ・病気の経験が，新しい門出となった                 │
│  ●意味ある人との出会い（2）・病いになったからこそ，色々な出会いがあった・病いの辛さを共有できる仲間ができた│
│  ●意味ある社会貢献（2）・病気の経験をしたからこそできることがある・病いの体験の語りが人の役に立った│
│  ●意味ある社会改革（2）・子どもたちに自分の語りの必要性を感じた・病いの語りは社会を変えていくことができる│
└──────────────────────────────────────────────────────────────────────────┘
```

図4-1　精神障害当事者による教育講演会の語りの構造

第 4 章 ● 当事者が物語る病いの語り

共生社会の実現に向けた協働への期待

■ 精神病は誰でもかかる可能性があるので,自分のこととして考え,正しい知識を学んでほしい（15）

● 精神病に対する正しい知識をもってほしい（8）
・誰でもかかる可能性がある（4）　・どの年代でもなる可能性がある
・精神病は身近な病気である・特別な病気ではない（2）

● 自身の精神病に対する偏見に気づいてほしい（4）
・差別されて辛い思いをしている・心ない言葉は人間として恥ずかしいことなのでやめてほしい
・精神病の偏見に気づき,正してほしい・精神障害や精神障害者に対する理解を深めてほしい

● 自身のメンタルヘルスの状態に関心をもち,適切な対処をしてほしい（3）
・病状が悪くなる前に,早く相談にいってほしい・今はサポートがある時代なので,早めに対処してほしい
・子どもの頃から精神病に対する正しい知識をもち,早めに対処してほしい

■ 精神病をもちながら自分らしく生きている私の語りから,何かを体感的に学んでほしい（17）

● 精神病を経験した「私」の語りから何かを感じてほしい（9）
・話を聞いて何かを感じることが相手の気持ちの理解につながる・語りをきいて,自分が感じたことから学んでほしい
・話をきいて,感じ取ってもらうことが大切である・自分の語りが何か聞き手に響いたらよいと思う
・（病いをもちながら）生き抜いた人の話を感じることが相手の気持ちの理解につながると思う
・こういう人間がいることを知り何か感じ取ってほしい・痛々しい思いをした話から何か感じてほしい
・何かを伝えたいと言うよりも,何かを感じてほしい・感じとることが何よりも重要だと思う

● 精神病になっても,ありのままに生きることができるので安心してほしい（8）
・病気になってもなんとかなる（2）・病気になっても絶望感をもたないで生きていける
・（病いをもちながらも）こうやって生活している（2）・病気になっても大丈夫,おしまいじゃない
・病気をもちながらも,生きている・病気をもっていても,はいつくばって生きている

■ 精神病をもつもたないにかかわらず,支えあう社会の大切さを学んでほしい（17）

● 互いの違いを認め,尊重しあう関係性を大切にしてほしい（8）
・病気があってもなくても,人として尊重しあうことを大切にしてほしい（2）・皆,それぞれの違いを大切にしてほしい
・地域にいろんな人が住んでいる。人として尊重しあっていきましょう・いろいろな価値観があることを知ってほしい
・周りの人々を尊重する……,相手を思いやるという気持ちを育んでほしい・その人なりに生きていければOKと思う
・見えにくい精神障害を学ぶことで,他者との違いを考え,人の辛さに寄り添える機会になってほしい

● 互いに支えあう関係性を大切にしてほしい（9）
・隣の人の苦しみをわかちあえる人間関係をつくってほしい・（自分の）原稿が聞き手との共有財産と思ってほしい
・（生き抜いてきた）語りの内容をわかちあってほしい・絆やつながりを大切にしてほしい
・人と人とのつながりを大切にしてほしい・人間同士がネットワークでつながっていてほしい
・一人きりでは生きられない・一人で頑張っているようで,一人で生きることはできない
・誰にでもなる病気なので,その時は助けてあげてほしい

■サブカテゴリー　●コード　（　）内は重要アイテム数

図 4-1　精神障害当事者による教育講演会の語りの構造（つづき）

等の身体的不調の症状,「歯磨きする意欲がなくなった(C)」「何もする気がなく,好きな歌も歌えない(K)」「落ち着かない日々が続いた(D)」「何かに焦り(O)」「不安で落ち込んだ(J)」といった意欲低下や焦燥感及び不安感等の精神的不調,「得体のしれない身体のだるさ(J)」「神経的な疲労がたまる生活が続いた(A)」等の疲労感の蓄積がみられた。

しかし,このような心身的不調を体験しても,メンバーの多くは「精神病の知識がなかった(K)」ことから,「自分でも精神病と思わなかった(B)」「違和感が病気とわからなかった(I)」「声は聞こえているが,精神病とは思いも寄らなかった(K)」と自らの不調を精神病に引きつけて考えることはしなかった。また,それらの違和感や不調が精神症状の前兆と思えても,「精神科に行くのが嫌だった(I)」「精神病院は怖いというイメージで,精神科の治療に懐疑的だった(C)」という【心身的不調への対処方法の欠如と精神病に対する内なる偏見】から「人に相談できず何もする気がなかった(I)」のである。このような【心身的不調・孤独・孤立・受診への抵抗・対処方法の欠如のなか,何もできない状態】が続き,ようやく精神科の医療機関を受診しようとしても,「クリニックを探しているうちに時間が経ってしまった(O)」「納得いく先生に出会うまでに1年かかった(C)」と未受診の期間が長期化したことに対して,あるメンバーは「(精神病に対する)知識がなく,無駄な時間を過ごした(I)」と振り返っていた。

2)『病いになって絶望に向かう時期』
『病いになって絶望に向かう時期』は,5つのコード,44の重要アイテムから構成されていた。

『精神疾患の受療前の対応に混乱した時期』を経て,家族や友人の勧めで精神科を受療するが,既にメンバーは「友だちの視線が気になり,音にも敏感になって,死にたいという気持ちになった(J)」「幻聴や妄想が病気なのか,現実なのか区別がつかなくなった(A)」「幽霊が見えても,病気とわからなかった(O)」「行動すべてが人に監視されている感じがした(J)」「誰もいないのに,死んでしまえと聞こえてきた(B)」等の病的体験に加え,「仕事が手につかなくなった(J)」「漢字が書けなくなった(K)」「お風呂に入れない,トイレにもいけない(C)」等の【病いによる生活のしづらさ】を体験していた。

そして,精神科特有の治療環境の体験,「抑制され,保護室にもいれられた(B)」「(病棟は)雑魚寝状態の入院生活(A)」「一般科とは別に鉄格子の建物があった(C)」という治療環境や,「誰にもしんどさを理解してもらえない状態で孤独だっ

た（I）」「家族も辛さをわかってくれない状況だった（J）」「無理やり入院させられた（A）」等の周囲の無理解による【環境による生活のしづらさ】が相互に影響しあうなかで，「話をしても誰からも相手にしてもらえないので話さなくなった（J）」といった【学習された孤立無援感】や「病気なので子育てができないと奪われた（B）」「自分より家族の話が重視された（K）」という【認知された無力感】が加わり，「自分の描いていた人生設計図から外れてしまった（A）」「将来がみえない，なんでこんな病気になってしまったのか（K）」「何もできない自分に希望がもてない（J）」という【病いになって将来が見いだせない状態】に陥っていた。

3）『再び自分の人生を歩み出す時期』
　『再び自分の人生を歩み出す時期』は，4つのコード，39の重要アイテムから構成されていた。
　メンバーは精神症状をコントロールできず，自分の希望や社会的役割が奪われ，将来が見えないという絶望的な状態を経験するなかで，医療機関における加療により精神症状が少しずつ安定していくことを体験する。そこで，専門職から医療機関のデイケアや地域にある障害福祉サービスを紹介され，「作業所には優しいスタッフや利用者が多く，親切にしてくれた（K）」「しんどいことを一緒に『しんどい』といえる仲間に出会えた（C）」「何でも語り合える仲間に出会えたC）」等の【信頼できる人との出会い】があり，「作業所の喫茶でウェイターとして働いてみた（A）」「作業所の電気工事をしたり，日曜大工をまかされたりした（P）」「ピアカンの仕事をするようになった(K)」等の【得意分野を生かせる機会の獲得】や「ありのままの私を受け容れてくれる場所があった（A）」「凍てついた心が溶けていく場（A）」という【居場所の獲得】により自己信頼感や自己肯定感が高まる経験をする。そのような経験を日々の生活で繰り返すなかで，あるメンバーは「仲間とお茶を飲んだり，職員や仲間に相談にのってもらったり，自分の思いを書いた歌詞を認めてもらって，人生が動き出した感じがあった（K）」と語っていた。また，同様の病いの経験をもつ人々のなかで，｢人権を守る意識が高い仲間に出会い，経験をわかちあう（J）」体験や，「仲間と悩みを共有したり情報を交換したりすることが大切だった。出来ることをすると『ありがとう』と言われる場ができた（I）」体験により自己効力感や仲間意識が高まっていく。当時の状況を振り返り，そのような経験をAさんは，【人間性の回復】と表現していた。

　日常的に人と接することで，病気の痛みが癒され，生きるエネルギーが蓄えられて

人間性の回復ができた。自分がそれまでの人生で培ってきたものが改めて呼び覚まされて，自分の個性を大切にして，再び自分の人生を歩むことができるんです。

4）『意味のある人生を再構築する時期』
　『意味のある人生を再構築する時期』は，4つのコード，10の重要アイテムから構成されていた。
　『再び自分の人生を歩み出す時期』を経験したメンバーの多くは，仲間との相互支援の活動から病いの経験から得た生活の知恵をより多くの人々にも活かしたいという思いが高まっていく。そのような時に，語り部グループ「ぴあの」の活動との出会いがあり，教育機関に出向いて子どもたちに病いの経験を語る活動に関心をもつようになる。思春期・青年期に初発を迎えたメンバーは精神の病いに関する正しい知識がなかったことや病気に対する理解者がいなかったという辛い体験を振り返り，同様の体験を子どもたちにしてほしくないという思いから，「ぴあの」の活動に参加する。そして，子どもたちに配慮した病いの物語をメンバーと試行錯誤のなかで創り上げていた。絶望の淵を経験したメンバーにとって，病いの語りの生成過程は出来事と出来事を結びつけ，その病いの体験に意味を与える過程であり，「辛い時にがんばっていた自分に気づいた」「自分がどのように生きてきたのかを理解することができた」といった自己理解が図られていた。その一方で，メンバーのなかには，病状の悪化時の辛い精神症状を追体験したり，今も病状が不安定な場合はそれを客観的に捉えることができずにいた。それでも，メンバーたちは「ぴあの」の活動目標にあった物語，精神の病いを抱える可能性の高い子どもたちに配慮した物語を創り上げていた。
　このように，子どもたちに配慮した病いの物語は，予想通り，子どもたちから一定の肯定的な反応を得ることができた。子どもたちから感謝の言葉をもらったKさんは病いの経験に対して，次のように語っていた。

　　病いの経験を語ることによって（病いの経験が）意味をもつようになって，負の経験でしかなかった（精神の）病気が人の役に立つという180度の転換があったんです。

　また，Jさんは次のように病いの経験を表現していた。

　　なぜ，こんな病気になってしまったのかとずっと自分を責めてきましたが，貴重な意味があると思えるようになりました。無駄に病気になっている人はこの世にいな

いと思えるのです。

　このように，子どもたちの肯定的反応を得たメンバーは，他にも「（病いの経験による）葛藤が宝物になった（I）」「病いの経験が無駄ではなかった（H）」と**【病いの経験に対する肯定的意味づけ】**を行っていた。また，自らの病いの経験を振り返り，「病いになったからこそ，色々な出会いがあった（A）」「病いの辛さを共有できる仲間ができた（K）」「子どもの立場で病気のことを考えることができた（A）」と**【意味ある人との出会い】**や「自分の病いの体験が人の役に立つことができた（I）」と**【意味ある社会貢献】**を実感することで，「人間にとって何が一番大切なのかを考えるようになり（A）」，「病気の経験をしたからこそできることがある。病気をしたことは大きな意味があり，人生の新しい出発になった（D）」と語っていた。そして，語りの承認者が増えれば増えるほど，「病いの語りは社会を変えていくことができる（J）」と**【意味ある社会変革】**を体感したメンバーたちは，「（子どもたちに）病いの語りの必要性を感じ（K）」，より子どもたちに役立つ語りに書き換えたり，病いの語りを仲間に生かす「ピアサポーターの仕事もしてみたい（K）」という希望がみられた。

2．子どもたちへのメッセージ：『共生社会の実現に向けた協働への期待』

　『共生社会の実現に向けた協働への期待』は病いの物語をふまえて，メンバーが子どもたちに伝えたいメッセージであり，3つのサブカテゴリー，7つのコード，49の重要アイテムから構成されていた。

　教育講演会の語りに対して，子どもたちから肯定的な反応を得たメンバーたちは，病いの経験から自分たちは何を子どもたちに伝えたいのか，伝えるべきなのかをより一層真剣に考えるようになり，「病いの経験をふまえて子どもたちに伝えたいことは何か」をテーマとした現任者研修が重ねられた。そして，メンバーが編み出した病いの経験から伝えたいことは，次の三つのメッセージだった。

1）『精神病は誰でもかかる可能性があるので，自分のこととして考え，正しい知識を学んでほしい』

　このカテゴリーは，3つのコード，15の重要アイテムで構成されていた。このメッセージは，メンバーたちが精神の病いを患った当時の体験を語り合った時に生成された。たとえば，Aさんは仕事量が増え，睡眠がとれない状態が続き，

精神的疲労を抱えていた。しかし，Aさんはその状態が精神病の前兆とわからず，適切な対処ができなかったため，かなり病状が悪化してしまい，家族の勧めで精神科を受診したという体験がある。このような体験をしたAさんは，「精神的疲労を抱えた時の知識や適切な対処方法を知ってほしい（A）」というメッセージを生成していた。

また，Jさんは職場環境の変化とともに人間関係になじめず，不眠状態や抑うつ状態が続いていた。しかし，Jさん自身に「精神病」に対する偏見があったため，症状が悪化し，自殺企図が続くという辛い体験をしていた。その体験があるJさんは，「精神病に対する自分の偏見のために辛い体験をしたので，自分の偏見に気づいてほしい（J）」というメッセージを生成した。

Oさんは，自身もOさんの家族も「精神病」に対する知識がなかったため，精神病による奇行が精神症状とわからず，霊媒師を利用した体験がある。そのOさんは「霊媒師を利用しないくらいの精神病の知識をもってほしい（O）」とメッセージを綴っていた。

このように，メンバーの多くは，発病当時に「精神病」に関する正しい知識がなかったために，症状が悪化したり，周囲から奇異な眼差しで見られたり，誰にも相談できない孤独な状態を余儀なくされた体験をしていたことから，精神病の好発時期にある子どもたちに【精神病に対する正しい知識をもってほしい】【自身の精神病に対する偏見に気づいてほしい】【自身のメンタルヘルスの状態に関心をもち，適切な対処をしてほしい】という思いを込めて，『精神病は誰でもかかる可能性があるので，自分のこととして考え，正しい知識を学んでほしい』というメッセージを生成していた。

2）『精神病をもちながら自分らしく生きている私の語りから，何かを体験的に学んでほしい』

このカテゴリーは，2つのコード，17の重要アイテムで構成されていた。このカテゴリーは，精神の病いになった子どもたちに向かって，何を伝えるかと言う議論から生成されたメッセージである。「精神病」に対する偏見が高かったAさんやKさんは，いざ自身が「精神病」の診断を受けたときに，人生の絶望しかなかったという。しかし，AさんもKさんも「信頼できる人との出会い」「得意分野を生かせる機会」「居場所」を得るなかで，「人間性の回復」を果たし，『意味のある人生を再構築する時期』を体験するという過程があった。このような体験をした「僕らの生きざまを見てね，病気になっても何とかなるよ，（病気に）なっ

たら終わりじゃない。語りから何かを学んでほしい（A）」「僕の話を聞いて，絶望感をもたないで，何とかやっていけることをわかってもらい，それなりに生きてもらえたらいい（K）」という思いを伝えていた。また，精神の病いを体験することで，人間観や人生観が変わったメンバーもいる。AさんやOさんがそれにあてはまる。Aさんは，可視化が困難な精神障害を理解することで，その辛さに共感できる力が習得される体験をしてきた。そのAさんは「外から見えにくい障害である精神障害について学ぶことは，他者の違いを考えたり，人の辛さに寄り添えたりする機会になると思う（A）」というメッセージを生成していた。また，将来の夢を描いていたOさんは会社の倒産を機に精神病を患い，人生に絶望感を抱いていた。その後，同様の病いの経験をもつ仲間との出会いがあり，そのなかには，病いの経験知を仲間の生活支援に活用している人々がいた。それをみたOさんは，精神病になっても人生を成功させると思えることがあると実感したという。そのOさんは，「人生のコースは人間の成功だけで決まるものではなく，いろいろ生き方があることを知ってほしい（O）」というメッセージを生成していた。このような体験から，【精神病を経験した「私」の語りから何かを感じてほしい】【精神病になっても，ありのままに生きることができるので安心してほしい】という思いが募り，『精神病をもちながら自分らしく生きている私の語りから，何かを体感的に学んでほしい』というメッセージが生成された。

3）『精神病をもつもたないにかかわらず，支えあう社会の大切さを学んでほしい』
　このカテゴリーは，2つのコード，17の重要アイテムで構成されていた。このカテゴリーは，次世代を担う子どもたちに向かって，何を伝えるかと言う議論から生成されたメッセージである。Jさんは精神病を患った時，誰にも相談できず，孤独な状態のなかで死ぬことしか考えなかった時期があった。職場の人々の理解もなく，病状が悪化していった体験があり，「隣の人の苦しみをわかちあえる人間関係をつくってほしい（J）」という思いがあった。また，Aさんは学校で出会う子どもたちのなかには，不登校で悩む子どもや精神的不調を抱えている子どもがおり，そのような子どもが安心できる居場所の必要性を感じていた。そのAさんは，「若者が精神的な問題を抱えている，精神的な困難を抱える人のための施設が将来はそういった若者の居場所になればいいと思う（A）」という提案をしていた。さらに，メンバーは，子どもたちのなかには精神的不調の他に，貧困で悩む子ども，親や兄弟が精神病である子ども，発達障害や自閉症等で人間関係に悩む子どもに出会い，子どもたちが抱える生きづらさが多様であることを知り，

互いの違いを認めること，対等な人間関係をつくることの必要性に対する思いが募っていた。Kさんは「精神障害者と接する機会があれば，語りを聴いた経験を生かして，よい人間関係を築いてほしい（K）」という思いがあり，Aさんは「障害の有無にかかわらず，互いのつながりを大切にしてほしい（A）」という願いが生まれた。このような体験をしたメンバーは【互いの違いを認め，尊重しあう関係性を大切にしてほしい】【互いに支えあう関係性を大切にしてほしい】という願いから『精神病をもつもたないにかかわらず，支えあう社会の大切さを学んでほしい』というメッセージが生成された。

このように，メンバーは病いの経験の物語をふまえて，子どもたちに『共生社会の実現に向けた協働への期待』を伝えたいとしていた。

4 当事者が物語る教育講演会の語りの特徴と子どもたちの反応の相互関連性

「ぴあの」のメンバーが物語る教育講演会の語りは，『精神疾患の受療前の対応に混乱した時期』『病いになって絶望に向かう時期』『再び自分の人生を歩み出す時期』『意味ある人生を再構築する時期』で構成された『病いの物語』をふまえた『共生社会の実現に向けた協働への期待』というメッセージが付与されていた。これは，どのような物語に類するのだろうか。

第3章で述べたように，精神障害者の語りを聞いた子どもたちは，①精神的不調時における相談意向の向上と精神的健康への関心度の向上，②精神病や精神障害者に関する知識の習得度の向上と精神障害者の受け容れ意識を示す社会的距離の縮小，③精神障害者も子どもたちも同じ市民という，共生社会の創造に関する意識の変容度の向上といった肯定的な反応をみせていた（栄編，2007, 2008, 2009, 2010, 2011）。このような肯定的な反応を子どもたちにもたらす，当事者が物語る教育講演会の語りとはどのような特徴があるのだろうか。

1. 定型化されたリカバリーの物語

精神障害者が物語る教育講演会の語りは，どのような物語に類するのだろうか。『傷ついた物語の語り手』を著したフランク（Frank, A.W.）は自らの重篤な病

いの経験に基づき，慢性病を病む者の観方に対して，病気の「犠牲者」から病いの経験を物語る「語り手」として捉え直し（Frank, 1995=2002, pp.3-6），慢性の病いの物語として『回復の語り』『混沌の語り』『探求の語り』の三つの類型を提示している（Frank, 1995=2002, p.11）。『回復の語り』とは「病いから健康な状態へ立ち直る語り」であり，その対立項に位置づけられる『混沌の語り』は，「決して快癒することのない像を描き出す語り」（Frank, 1995=2002, p.139）である。『探求の語り』とは，病いの苦しみを受け容れ，病いの経験に新たな意味の探求の機会を見いだす語りである。語り部グループ「ぴあの」のメンバーが教育講演会の語りは，当事者の病いの物語とその病いの経験から得た生活の知恵を織り込んだメッセージで構成されており，病いの経験に肯定的な意味づけを行っていた。フランクの語りの類型を援用すると，精神疾患という慢性疾患をもつ当事者の語りはまた元の状態に戻るという『回復の語り』ではなく，精神の病いを抱えながらも自分らしい生活を再構築していくという『探求の語り』と言えるだろう。

　また，精神保健福祉領域において，当事者の『探求の語り』の「探求」に類似した概念に「リカバリー」がある。第1章で説明したように，「リカバリー」は精神科リハビリテーションの領域で当事者の語りから生成された概念である（Anthony, 1993, pp.11-22）。ディーガン（Deegan, P.E.）は自らの病いの経験を振り返り，リカバリーを「精神の病いをもつ人がたとえ症状や障害を継続して抱えていたとしても，人生の新しい意味や目的を見出し，充実した人生を生きていく過程である」（Deegan, 1988, pp.11-19）と定義している。リカバリーの過程に関して，アンデルセン（Andresen, R.）はリカバリーに関する先行研究から，次の六つのステージに整理している（Andresen 2006）。それは，『疾病を否認し喪失感を抱くモラトリアムの段階』から，『回復への希望を見出す気づきの段階』『仲間のなかで自分の強みや弱さを体験する準備段階』『リカバリーに向けたスキルの獲得段階』『意味のある人生に向けて自己コントロールする再構築段階』，そして『成長段階』へと移行する段階である。このようなリカバリーの過程に対して，アンデルセンは精神障害をもつ個々人の個別性や独自性が重視され，必ずしも段階的な過程を辿るものではないと強調している。アンデルセンらが示すリカバリーの展開過程は，語り部グループ「ぴあの」のメンバーが語る病いの物語でみられた『精神疾患の受療前の対応に混乱した時期』『病いになって絶望に向かう時期』『再び自分の人生を歩みだす時期』『意味ある人生を再構築していく時期』と合致するものといえるが，メンバーの病いの語りは物語として体裁が整えられており，『意味ある人生を再構築していく時期』を終結とする段階的な物語，つ

まり定型化された物語を語っていたのである。マッティングリー（Mattingly, C.）が，語りは①出来事中心，②経験中心，③過去の経験を示すだけでなく，聞き手のために経験を作り出し，それらを表現する行為である，と指摘しているように（Mattingly 1998），語りは語る人の独自性や個別性の体験が綴られているが，「聞き手」によって語りの内容を書き換えることができる。「ぴあの」のメンバーは，精神疾患の好発時期にある子どもたちに配慮して，赤裸々な精神症状や病的体験に終始しない物語を語り，その語りは定型化されたリカバリーの物語を示した『病いの物語』に加えて『共生社会の実現に向けた協働への期待』というメッセージで構成されていた。

2. 初発当時の具体的な精神的不調の状況を示すトランスクリプトの多用

「ぴあの」のメンバーが教育講演会で語るリカバリーの物語の展開過程は，アンデルセンらが示すリカバリーの物語の展開過程と合致していたが，その力点に違いがみられた。

アンデルセンらのリカバリーのステージでは，既に第二段階から希望を見いだす過程が示されていたが，「ぴあの」のメンバーによるリカバリーの物語はアンデルセンらの『モラトリアム段階』にあたる『精神疾患の受療前の対応に混乱した時期』のトランスクリプトが132 ものアイテムもあり，『病いになって絶望に向かう時期』の44 のアイテムを加えると176 アイテムになった。その数は全ア

表4-2「リカバリーの物語」の語りのステージとトランスクリプト数

アンデルセン（Andresen, R. 2006）による リカバリーのステージ	「ぴあの」のメンバーが語るリカバリー物語に みるステージ（トランスクリプト数：274）
疾病を否認し喪失感を抱くモラトリアムの段階	精神疾患の受療前の対応に混乱した時期（132） 病いになって絶望に向かう時期（44）
回復への希望を見出す気づきの段階	再び自分の人生を歩み出す時期（39）
仲間のなかで自分の強みや弱さを体験する準備段階	
リカバリーに向けたスキルの獲得段階	意味ある人生を再構築する時期（10）
意味のある人生に向けて自己コントロールする再構築段階	
成長段階	共生社会の実現に向けた協働への期待（49）

イテム数の274の半数を越えており，精神疾患の初発当初に関するトランスクリプトが多いところに特徴がある（表4-2）。

　この『精神疾患の受療前の対応に混乱した時期』のカテゴリーは，【社会生活や日常生活におけるストレスフルな出来事】【助けを求めることができない孤独な状況】【身体的にも精神的にもSOSを発信している状態】【心身的不調への対処方法の欠如と精神病に対する内なる偏見】【心身的不調・孤独・孤立・受診への抵抗・対処方法の欠如のなか，何もできない状態】の5つのコードから成り，発病当時におけるストレスフルな生活，心身的不調，精神の違和感を相談できる人がいない，孤独な状況等のトランスクリプトを織り込んだものだった。第3章で示したように，思春期・青年期にある子どもたちのメンタルヘルスの課題として，①精神疾患の初発エピソードの時期にあたる，②子ども自身がメンタルヘルスの援助を求めない，③子どもの周囲にいる大人が正しい知識をもち得ていない，④精神病や精神障害者に関する学ぶ機会がほとんどないことがある。このようななかで，当事者が生活用語で語る精神の病いの初回エピソードの経験を聞いた子どもたちは，自身の「今・ここ」の体験とすり合わせる作業を行う。「今・ここ」とは，「学業」「友だち」「家族」の状況を客観的にみつめ，悩んだ時の「相談相手」の存在を問う姿があった。そして，「ぴあの」のメンバーの『精神病は誰でもかかる可能性があるので，自分のこととして考え正しい知識を学んでほしい』というメッセージを受けるなかで，次のような感想を寄せていた（栄，2011）。

　私も友だちのことで悩んでストレスがたまりました。親や兄弟が話を聞いてくれてホッとします。今日の話を聞いて，人に話すのは大切だし，話すことで気が楽になると思いました。

　また，別の子どもは，自分の体験に引き寄せて感想を書いていた（栄，2011）。

　自分も時々落ち込んだり，不安に思ったりしていたので，（この授業を受けて）もしかして自分も病気になるのではドキッとしました。（中略）私もありのままを出してもよい人，安心できる人を見つけたいです。

　このように，『精神病は誰でもかかる可能性があるので，自分のこととして考え正しい知識を学んでほしい』というメッセージを受けた子どもたちは，自身のメンタルヘルスの有り様や相談相手の存在を客観視する機会となり，精神的不調時に

おける相談意向の向上や精神的健康への関心度の向上がみられたと考えられる。

3. 精神障害者に対する偏見の低減を目指した語り

　精神障害者に対する社会のドミナント・ストーリーには、「精神障害者は何をするのかが理解し難い」「精神病は治りにくい」「精神病になると将来に希望がもちにくい」等がある。これらのナラティヴが助長しないように、メンバーは子どもたちに精神疾患にまつわる赤裸々な病的体験に終始しない物語を語っていた。たとえば、「幻覚・妄想」等の赤裸々な病的体験や、「統合失調症」「うつ病」等の病名が単独で使用されることはなく、当事者の日常生活や社会生活の文脈のなかで語られることが多いのである。そのため、その語りを聞いた子どもたちは意味不明／理解不可能と思っていた精神障害者の言動の背景を知ることができ、精神障害者の言動の意味を理解できるようになる。

　また、「病いの経験」に新たな意味を見出したメンバーは、病いの経験から得た生活の知恵を子どもたちに語ることも多い。先述のように、子どもたち自身が「自分のメンタルヘルスに関心をもつこと」や「困ったときの相談相手を大切にすること」は、子どもたちにとって「生きる力」の教訓となるものである。さらに、当事者の語りにみられるフレーズには、「人間にとって何が一番大切なのかを考えるようになった（A）」「病気の経験をしたからこそできることがある。病気をしたことは大きな意味があり、人生の新しい出発になった（D）」等があり、精神障害者に対する社会のドミナント・ストーリーとは異なる内容である。「うつ病」と診断されたJさんは、責任ある仕事量が増えるなかで精神的不調を来したことを丁寧に説明し、うつの症状を「常にイライラして、家のなかをうろうろ歩き、夜は一睡もできない状態」と示し、精神病に対する内なる偏見への気づきを「まさか自分がなるとは思いもよらなかった」と表現していた。そのあと、病いになったことで多くの出会いがあり、海外の精神障害者との交流も物語っていた。そして、「病いの経験は得るものもあり、どのような経験も無駄なものはないことを学びました。病いにならなければ、皆さんに会うこともなかったですから」と子どもたちにメッセージを投げかけていた。

　この語りを聞いた子どもたちの多くが、次のような感想を寄せていた（栄, 2011）。

　うつ病は外に出られない病気と思っていたけど、全然違う症状があることも知った。うつの病気になって得るものがあるなんて、思ってもみなかった。

また，メンバーたちの語りのフレーズには「病いにならなければ，自分は人の痛みがわからない傲慢な人間だった」「障害は不幸だと思っていた」「本当の友だちを得ることができなかった」等があり，『精神病をもちながら自分らしく生きている私の語りから，何かを体感的に学んでほしい』というメッセージを投げかけていた。そのメッセージを受けた子どもたちは，「精神障害者」に対する内なる偏見を次のように表現していた（栄，2011）。

　私は障害をもっている人は「幸せではない」と思っていました。でも話を聞いて，誰にでも「幸せになる権利」があり，障害をもっていても幸せな人はいると思いました。（中略）お話しを聞かなければ，私は障害をもっている人は皆「不幸」だと決めつけていたかもしれません。

　教育講演会の外部講師として教壇に立つ「精神障害者」が客観的に病いの経験を語る姿を目の当たりにし，『精神病をもちながら自分らしく生きている私の語りから，何かを体感的に学んでほしい』というメッセージを受けた子どもたちは，自分がイメージしていた「怖い／何をするかわからない精神障害者」「支援される／保護される精神障害者」という像が覆される体験をし，ステレオタイプ化された「精神障害者」のイメージを脱却することになる。また，病的体験に終始しない物語，病いの経験に対する肯定的な意味づけをした物語を聞く機会は，子どもたちにとって，精神障害者との良好な接触体験の機会となる。このような機会は，子どもたちにとって内なる偏見に気づきを促し，精神障害者に対する正しい知識を習得することになることから，精神障害者の受け容れ意識を示す社会的距離の縮小（大島・山崎・中村他，1992, pp.204-219）に寄与したことが考えられる。

4．子どもたちに向けた共生社会の創造を目指すメッセージ

　「ぴあの」のメンバーは子どもたちに病いの経験を語るだけでなく，病いの経験から得た生活の知恵をメッセージとして伝えていた。先述の『精神病は誰でもかかる可能性があるので，自分のこととして考え正しい知識を学んでほしい』というメッセージは子どもたちのメンタルヘルスの安寧に向けて，『精神病をもちながら自分らしく生きている私の語りから何かを体感的に学んでほしい』というメッセージは精神障害者に対する偏見の低減を期待したメッセージである。第3

章で示したように,「ぴあの」の活動目標は「精神障害をもつ人ももたない人も共に住みよい街づくり」にある。そこには次世代を担う子どもたちが創る社会には,精神障害者に対する偏見がない社会,病いになったとしても自分たちのような社会の周縁化に追いやられない社会に対する願いが込められている。あるメンバーはいじめの体験をもとに「いじめのない社会を創ってほしい」と願い,「精神障害者」とカミングアウトしたとたん白い目で見られた経験のあるメンバーは,「差別は決してしてはならないもの,恥じるべきもの」と語っていた。また,「精神障害者は支えられるだけの存在ではありません。私たちは病いなった経験を生かすことができます。誰かのために役立つ経験は自分を元気にしてくれます」と語っていたメンバーは,『精神病をもつもたないにかかわらず,支えあう社会の大切さを学んでほしい』というメッセージを子どもたちに投げかけていた。

このメッセージを受けた子どもは,次のような感想を寄せていた(栄編,2011)。

「支え・支えられる関係は自分らしく暮らすうえで,とても大切なこと」という言葉がすごく印象に残りました。私もそんな人間関係を作っていこうと思いました。

また,別の子どもは自身の体験を重ねて,次のような感想を述べていた。

自分も辛い経験をしたことがあったので(当事者の語りは)理解しやすかったです。自分も含めて皆が「幸福」に過ごせる社会がつくれるとよいと思いました。

このように,精神の病いの経験から「人間関係の大切さ」「共生社会の実現の大切さ」を実感したメンバーから『精神病をもつもたないにかかわらず,支えあう社会の大切さを学んでほしい』というメッセージを受けた子どもたちは,共生社会は自分自身も望むことであり,精神障害者も子どもたちも同じ市民であるという共生社会の創造に向けた意識が高まったものと考えられる。

以上のように,「ぴあの」のメンバーは『精神病は誰でもかかる可能性があるので,自分のこととして考え正しい知識を学んでほしい』『精神病をもちながら自分らしく生きている私の語りから何かを体感的に学んでほしい』『精神病をもつもたないにかかわらず,支えあう社会の大切さを学んでほしい』を下位カテゴリーとする『共生社会の実現に向けた協働への期待』をメッセージとして,子ど

もたちに送っていた。

　このように，病いの経験によって得た生活の知恵から生成されたメッセージは，悩み多き子どもたちにとって生きる力の教訓や道標となるものである。このメッセージは，病いを経験した者だからこそがもつ「ローカルな知」と言えるものであり，「暗黙の知」「土着の知」「状況に埋め込まれた知」と親近性を保っている（前平，2008，pp.9-23）。それは，「ストレングス」とも合致する概念である。サリービー（Saleebey, D.）は「文化的，個人的ストーリーや伝承がストレングスの宝庫である」（Saleebey, 1992, pp.50-52）と指摘しており，病いの経験から得た生活の知恵が語りとなって伝承される重要性を指摘する。語りは聞き手の感性に訴えるという特性があり（やまだ，2000，pp.1-38），聞き手の共感を得やすい。子どもたちにとって，当事者による語りは「精神障害者」を思考的レベルによる言語的理解ではなく，感性的レベルによる体験的理解を可能にするため，同じ人間としての共通性を直面化できる体験となりうる。それは病いの経験が「体験されている空間」（平林，1986，pp.112-163）をも生み出す。このように，メンバーの『共生社会の実現に向けた協働への期待』というメッセージは，子どもたちに「メッセージを受け継ぐ」という使命感をもたらせたと考えられる。

5　小括

　語り部グループ「ぴあの」のメンバーによる教育講演会の語りは，子どもたちに一定の肯定的な反応がみられた。このことから，本章の目的は，「教育講演会の語り」の構造とその特性を明らかにすることにある。

　「ぴあの」のメンバーの教育講演会の語りをKJ法を参考に分析した結果，その語りは，『精神疾患の受療前の対応に混乱した時期』『病いになって絶望に向かう時期』『再び自分の人生を歩み出す時期』『意味ある人生を再構築する時期』という過程を示す『病いの物語』と，その物語をふまえて『共生社会の実現に向けた協働への期待』を願うメッセージで構成されていた。

　その語りの特性として，①定型化されたリカバリーの物語，②初発当時の具体的な精神的不調の状況を示すトランスクリプトの多用，③精神障害者に対する偏見の低減を目指した語り，④子どもたちに向けた共生社会の創造を目指すメッセージ，をあげることができる。このように，教育講演会で物語る当事者の語り

は，虚偽の物語ではないものの，メンバーの現実の生活世界全てが語られているわけではなく，精神疾患の好発時期にある子どもたちの反応と教育機関からの期待と要請への応答への配慮に基づく語りだった。メンバーの子どもたちへの配慮と語りの場のもつ臨場感が子どもたちに伝わり，子どもたちの精神障害者に対する偏見が低減し，共生社会の実現に向けた協働への意識が高まったと考えられる。

次章では「ぴあの」のメンバーの「教育講演会の語り」がいかなる展開過程をふまえて生成されたのか，その全体図を俯瞰的にみていくことにする。

コラム 1

　佐々木寿世さん（仮名）は，語り部グループ「ぴあの」の2期生です。語りの活動を始めるまでは希死念慮が強くありましたが，自身の語りに対して，子どもたちから感謝の言葉をもらうと，「一番なりたくなかった精神病だけど，その病気になった意味があると思えるようになった」と，病いの経験に意味づけをしていました。以下は，そのような佐々木さんの高校生に向けた語りです。

　こんにちは。佐々木寿世です。日ごろは，作業所で座布団カバーや枕カバーの袋づめの仕事をしています。それ以外は，地域生活支援センターで非常勤職員として働いています。

　私が初めて病気になったのは23歳の時です。18歳から，OLとして働いていました。5回の異動があり，その都度，仕事も難しくなっていき，人間関係にも悩みました。死にたい気持ちが強くなり，会社を辞めることにしました。その時，知人の紹介で精神科の病院に行きました。

　その頃，常にイライラして，家の一階と二階をくまのように歩き，夜は薬がないと一睡もできない状態で生きているのが地獄のように苦しかったのです。精神科の先生に「非定型精神病」と告げられた時はショックでした。「私の将来はない。人生は終わった」と絶望的になりました。なぜこんな病気になってしまったのかと自分を責めました。というのも，精神病は最もなりたくない病気でした。私は幼い頃から精神病は頭のおかしな人がなる病気だと思っていたからです。

　病気になって3年が経った頃，先生に「作業所に行きなさい」と言われました。職員の人は優しく，私を大事にしてくれましたし，同じ病気をもつ人も親切でした。ある日，職員の方から「ピアサポーターという仕事してみませんか」を勧められました。その仕事は，「退院促進」といって，長期に入院している人が地域に退院するお手伝いをする仕事です。また2級のヘルパーの資格も取りました。同じ精神病をもつ人のご自宅に出向いて，買い物や掃除をしています。ピアヘルパーやピアサポーターの仕事は，同じ病気の人の生活のしづらさに共感したり，自分の病気の体験が相手の人の支えになっているという喜びが，自分の大きな支えになっています。

　今まで，なぜ，こんな病気になってしまったのだろうかと自分を責めてきましたが，今は貴重な意味があると思えるようになりました。私の語りを聞いた子どもたちから「感動しました。社会の偏見はなくしたい」という感想をもらうと，自分自身に自信がついてきました。伝えたいことは，皆さんにはお一人ひとり無限の可能性があること，辛いことがあってもあきらめずに前を向いて下さい，ということです。

第 5 章

「リカバリーの物語」の生成過程における援助専門職の機能と役割

1 問題の所在：
「リカバリーの物語」はいかにして創り上げられたのか

　前章では，子どもたちから肯定的反応を得た語り部グループ「ぴあの」のメンバーによる教育講演会の語りの内容を図解した。その語りは，病いになっても自分らしい生き方ができる「リカバリーの物語」であり，それをふまえた共生社会の実現を願うメッセージで構成されていた。その語りを聞いた子どもたちは精神障害者の生活のしづらさを感性的レベルによる体験的理解をし，「自分も差別に加担してきたのではないか」と自身に問い返していた（森岡，1997）。これは，共生社会の実現を掲げた福祉教育の理念に合致するものだったがゆえに，子どもたちに一定の肯定的な反応がみられたものと想定できる。しかし，こうした定型化されたリカバリーの物語は決して福祉教育の理念に適した所与の教育講演会のモデルとして，活動当初から当事者に共有されていたわけではない。「研修」と称するグループの語り合いや学び合いの場で，その物語は聞き手の子どもたちや，その背後に存在する保護者と教職員の期待や条件を配慮して創成されたのである。
　教育講演会等の公共の場における語りに関する先行研究では，聞き手に対する効果測定の研究が多く（Corrigan et al., 2007；久保，2004；Pinfold et al., 2003；Reinke et al., 2004；Wood & Washi, 2006），当事者の語りの生成過程に着目した

研究やその過程における援助専門職の支援内容に注目した研究はほとんどみられない。公共の場における語りの活動（組織的次元におけるエンパワメント実践）を設計する援助専門職は、その裏舞台でどのような取り組みがなされているのかを理解しておく必要がある。つまり、個人的次元（個別面接の語り）、対人関係的次元（グループの語り）を裏舞台に、組織的次元（公共の場における語り）を表舞台に設定し、そのすべてを俯瞰した活動の展開過程を描くことが求められる。

そこで、本章では、子どもたちに向けて語る物語が生成された「研修：グループの場」という裏舞台に着目し、そこで交されるメンバーの語り合いがいかに「リカバリーの物語」と、それをふまえた共生社会の実現を願うメッセージに応用されたのか、その場の語りの特徴とは何か、その場で立ち現れた課題を援助専門職はいかに解消してきたのかについて説明し、教育講演会を成功に導く全体図を提示することにした。

② 「リカバリーの物語」の生成過程と援助専門職の機能と役割

教育講演会活動の展開過程に即して、援助専門職が教育講演会の語りの活動において個別面接やグループの語りの応用可能性と、そこで生じた課題に対する方途を紹介する。そこで、教育講演会の語りが生成される裏舞台に着目し、「教育講演会の実施前」「教育講演会の当日」「教育講演会のフィードバック」の三段階が循環的に展開していく過程を示す（図5-1）。ここでは、個別面接の語りの場と「現任者研修」と称するグループの語りの場における語りの内容とそれに関与した援助専門職の役割をみていく。

1. 教育講演会の実施前

この段階は、当事者が外部講師として表舞台に出るまでの期間を指し、便宜的に『準備期』『開始期』『作業期』の三つに下位区分して説明する。

『準備期』とは、語り部グループ「ぴあの」の教育講演会活動の趣旨に賛同しながらも、メンバー個々人が語りの活動に対する期待と不安が入り混じっている段階である。

援助専門職は個別面接（予備的面接）の場を設置し、メンバー個々人の公共の

場で語る不安や緊張を受容と共感的態度で傾聴しながら，教育講演会活動に対する期待感を支持し，メンバーの自己信頼や自尊感情の回復を促す。同時に，メンバーに教育講演会活動への試行的な参加の仕方も可能であり，活動を中止や停止しても，メンバーに不利益が生じないことも伝える。教育講演会活動の概要や倫理的配慮の説明を聞き，活動に参加を希望したメンバーは教育講演会活動の実施主体である法人Zと契約を交わす。そのメンバーに対して「語り部養成研修」の受講を設定する。

　教育講演会の活動の主旨に賛同したJさんは「外部講師」に選ばれたことに喜びを感じ，次のように語っていた。

　私は作業所にいくのが精一杯という状況でした。死んでしまいたい，生きていたって仕方がないと思っている時に語り部の話をいただいたんです。それは驚きでした。自分の病いの体験が誰かに役に立つなら，人に役立つ存在になりたいと思っていたからです。自分の病気がいかに苦しかったか，その理解を得ることは自分の宿命を使命に変える機会になりました。

　このように，『準備期』ではメンバーが教育講演会の活動にスムーズに参加できるように，援助専門職は個々人の不安や期待に対応する個別面接を重ねる。

　次の『開始期』は，「語り部養成研修」のプログラムの導入段階である。援助専門職は，教育講演会活動の参加を希望する人々全員に改めて教育講演会活動の趣旨を説明し，個々のメンバーとの波長あわせに努める。
　メンバー個々人の波長合わせとして，教育講演会の語りに対する動機や「今，ここ」の感情が「自己紹介」として表現される。あるメンバーは，次のように自己紹介していた。

　20代で発病し，夢や希望もなく，ただ生きているだけの人生でした。作業所でも病気について語ることはなく，髭ものび放題，身なりにも気を使うことはなかったんです。語りの活動をして，社会を変えたい，この自分が悩んでいる子どもを助けたいと思っているのです。

　このメンバーのように，語りの活動に対する動機として「子どもたちに，自分のような辛い体験はしてほしくない」「自分の病いの経験を生かしたい」という

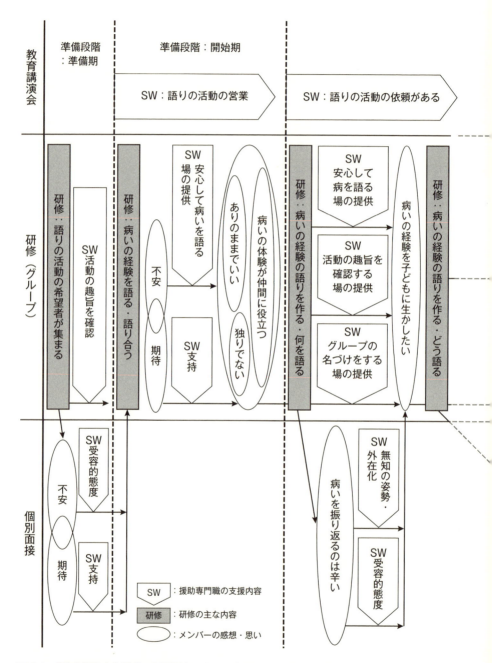

図 5-1 「教育講演会」活動の展開過程において生成された語りの内容とそれに対する支援内容

第5章 ●「リカバリーの物語」の生成過程における援助専門職の機能と役割

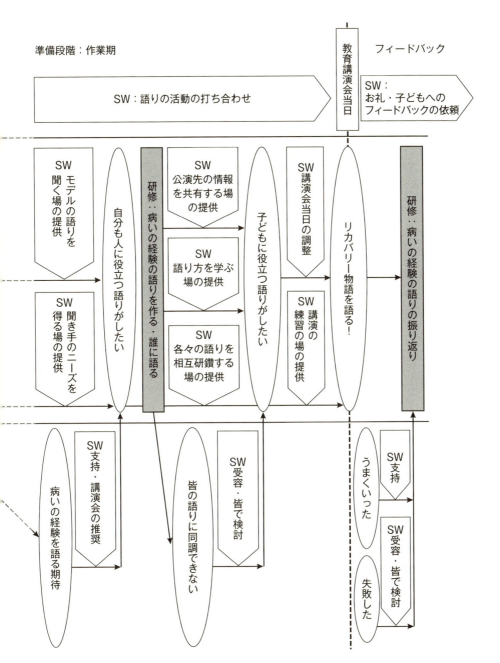

図 5-1 「教育講演会」活動の展開過程において生成された語りの内容とそれに対する支援内容
（つづき）

内容が多くみられた。しかし，いざ，子どもたちに何を語るのかを考えると，発病当時の違和感や相談相手の不在，自身の内なる偏見，孤独感等，発病当時の辛く苦しい感情が「今，ここ」で錯綜してしまう。多くのメンバーは，「辛い体験を思い出すと不安になる」「重い感情が先立ってしまって言葉にならない」といった追体験の不安を言葉にし，メンバー同士でその感情をわかちあう場面が多々見られた。その場は，誰にも語ることがなかった感情や思いが息をふきかえす場でもあった。自己紹介が一通り終わると，援助専門職はメンバーの「今，ここで」の感情が言語化され，その場で共有されたことそのものに価値があることを伝える。その後，語りの活動のモデルとなる外部講師を紹介し，語りの活動を始めた当初の戸惑いや不安，その対処方法について語ってもらう。それにより，メンバーは「辛い思いは自分だけではない，自分もあの人のようになれるんだ」という「外部講師」のモデルを獲得し，語りの活動の意義を再確認できることを期待した。

　以上のように『開始期』では，「自由な語り」「いまだ語られなかった語り」（野口，2002，pp.178-179）と，「ぴあの」の活動の趣旨にあった語りが生成されることを目指す。以下，『開始期』における援助専門職の主となる三つの役割について説明する。

　第一に，メンバー個々の不安や緊張を緩和し，メンバー同士が和やかな雰囲気で語り合えるように，湯茶の用意したり，机の配置や空調，音響等の物理的環境への配慮を行う役割がある。

　第二に，「研修」というグループの場が，メンバーにとって病いの経験を振り返り，それらを安心して言語化できる安全な場となるように，援助専門職は暗黙のうちに，セルフヘルプ・グループの語りの原則である，非審判的態度，守秘義務，沈黙の容認を保障する（Riessman, 1965）ファシリテーターの役割を担う。

　このような場において，メンバーは病いの体験やその体験にまつわる抑圧していた感情を言語化できるようになる（Katz, 1993=1997, p.27）。あるメンバーは今まで何十年も抑圧していた病いの経験を語った後，次のように表現していた。

　　やっと，心が洗われました。吐き出せて，すっとしたというか，ずっと凍てついていたこころが溶けてきたって感じです。精神の病気のことは誰にも言えず，今まで誰にも話せなかったのでね。

　このように，メンバーは抑圧していた感情を吐露することで一種の浄化作用を体験し，病いの経験に向き合えるようになっていた。また，このような感情や

思いが他のメンバーに共感されるなかで，今まで語られなかった病いの経験の語りが生まれ，その病いの経験のわかちあいが促される（Katz, 1993=1997, p.27）。そのわかちあいについて，あるメンバーは孤独感の低減や仲間意識の醸成を，次のように語っていた。

> あの人の物語は私の物語と同じ，自分だけが辛い思いをしてきたんじゃない。そう思えた時，今まで頑張ってきたことは無駄なことではないと思えたんです。

別のメンバーは，今まで誰にも語らなかった病いの経験を語り，それを聞いてくれたメンバーに涙を流しながら感謝の言葉を伝えていた。

> 家族から病いのことは墓場までもっていくように言われました。そのため，（精神の）病気は恥じるべきものと思っていたんです（涙ぐむ。沈黙が続く）。こんな私の話を聞いてくれて，ありがとうございました。

第三に，援助専門職には，メンバーが「公共の場の語り」を具体的にイメージできるように情報提供する役割がある。援助専門職は，公共の場における語りを行った経験がある当事者を外部講師として招き，メンバーにモデル・ストーリーを聞く機会を提供する。それによって，メンバーは自分が経験している辛さや苦しみをモデルとなる人も経験していることを知り，語りの活動に対する不安が軽減し，公共の場における語りに挑戦しようという意欲につながる。病いになった体験を「運が悪い」と嘆いていたメンバーは，次のように語っていた。

> 仲間の人の話を聞いて，「どうして私がこんな病気になったのか」という人生を恨む生き方よりも，病気になったけど，これからどうしていこうかと前向きな気持ちに変わりました。

このように，語りを聞いたメンバーが後向きの生き方に決別できるようになっていく言葉を聞いて，モデル・ストーリーを語った当事者も自身の語りが他のメンバーに役立ったという経験ができ，改めて病いの経験を肯定的に意味づけできるようになっていた。

以上のように，『開始期』はメンバー同士に信頼関係が形成されておらず，語

りの活動にもためらいがみられる時期である。そこで，メンバー同士が病いの経験に関する自己開示やそれによる相互信頼に基づく仲間意識の醸成を目指して，援助専門職は個々のメンバーとの信頼関係を形成しながら，互いのメンバーの共通性を確認し合い，グループの所属意識を高めていくというメンバーの組織化を図る役割がある。そして，「ぴあの」というグループが障害の有無にかかわらず，「共生社会の実現」という共通の活動目標をもつ成員で構成されていることを確認する。

　このような段階を経て，第3章で示した語り部養成研修を開催する（表5-1）。
　『作業期』は，教育講演会の実施に向けて，語り部養成研修を具体的に展開していく段階であり，この時期はさらに三つの下位段階を設定した。
　第一段階は，教育講演会の語りの具体的なイメージづくりとグループの一体感を高める段階である。メンバー同士がありのままの感情や病いの経験を語り合うことで，互いの語りに敬意を示すことがみられるようになる。この段階で，教育講演会の語りの経験者（精神障害の経験をもち，当事者活動の一環として公共の場における語りの経験がある人）からモデルとなる「病いの語り」を聞く（第1回）。それによって，「あのような語りをつくればよいのだ」「あのような語り部になりたい」という声がメンバー間で交わされ，具体的な「外部講師」のイメージができるようになる。加えて，援助専門職はグループ活動の目的を再確認しながら，グループに名前をつける機会を提供する。それにより，メンバーの教育講演会活動に対する参加意欲やグループの所属意識が高まる。この時点で，メンバーから語り部グループ「ぴあの」の活動の趣旨である「病いの経験を子どもに生かしたい」という声が聞かれた。しかし，病いの体験を振り返る作業が辛く苦しい感情の追体験となって，発病当時の思いが蘇るメンバーもいた。そのため，その

表5-1　語り部養成研修の内容

	内　容
第1回	「教育講演会」の語りのモデルとなる実践者の語りを聞く
第2回	語りの生成方法や語りの技法を学ぶ
第3回	病いの経験を振り返り，その経験を意味づけながら自己物語の生成に着手する
第4回	自己の物語をふまえて，聞き手へのメッセージを創る
第5回	各々の「私」の物語をグループで共有し，互いの物語の精度を高める作業を行う

都度，援助専門職は個別面接の場を設定し，本人の思いに共感的な態度で接するとともに，病いの体験に対して無知の姿勢を保持したり，病的体験を外在化しながら，メンバーの語りを促す。

第二段階では，教育講演会の語りを作成するために，援助専門職は教育講演会の語りの経験者から具体的な語りの技法を習得したり，聞き手のニーズに関する情報を得ることができる学びの場を提供する（第2回）。これにより，メンバーは教育講演会のモデル・ストーリーの技法の習得とともに，改めて教育講演会で病いの経験を語る意義を確認できる。そして，公共の場における病いの語りの意義に基づき，メンバー個々人が病いの語りの作成に着手し始める。

第三段階は，各々のメンバーが教育講演会で語る自己物語を作成する段階である。援助専門職は，個別面接の場でメンバー個々人の語りの原稿の作成を支援することもあれば，メンバー同士が語りを相互研鑽できる場や語りの技法を習得できる機会の提供を行う（第3回・第4回）。このような作業を通して，あるメンバーは，病いの経験を振り返ることに意味を見出していた。

　　自分のことを人に伝えるには，頭のなかで一度整理しなければならないでしょ。「整理」する作業そのものに意味があると思うんです。自分の気持ちが整理され，あの時あの気持ちという形で言葉に出す。その過程で，一種の浄化作用が起こっていると思うんですね。

このように，混沌としていた病いの経験を意味づけし，出来事を整列し一貫性のある「自己物語」に創り上げていく過程そのものの重要性を語っていた。

メンバー個々人の語りが作成されると，援助専門職はその語りを研修の場で披露する機会を提供する（第5回）。その際，「ぴあの」の活動として，病いの経験を通して何を子どもたちに伝えたいのか，子どもたちへのメッセージは何か，「ぴあの」の活動の目指すべきものを確認しながら検討し合う機会も設定する。

その一方で，援助専門職はメンバーの「病いの語り」を実演できる教育機関を開拓する。「ぴあの」に講演依頼があった場合は，その教育機関の教職員と打ち合わせ（教育機関，聞き手の特性や人数等）の場をもち，その内容をメンバーと共有する。これにより，メンバーは病いの語りを子どもたちに教育的効果が期待できる語りへとブラッシュ・アップし，教育講演会の具体的なイメージが可能となる。

このように，『作業期』では語り部活動の意義を深め，メンバー同士でグルー

プ「ぴあの」の語りを作成し，病いの経験や抑圧していた感情を「語り」として紡いでいく。「研修」の場で生成される語りは教育講演会に適う内容となり，語り部グループ「ぴあの」の目標に掲げた共生社会の実現を望む『病いの語り：リカバリーの物語』となった。第4章で述べたように，『病いの語り：リカバリーの物語』とは「精神疾患の受療前の対応に混乱した時期」「病いになって絶望に向かう時期」「再び自分の人生を歩み出す時期」「意味のある人生を再構築する時期」で構成される病いの物語であり，これらの病いの経験をもとに，『共生社会の実現に向けた協働への期待』というメッセージが加えられた語りである。『病いの語り：リカバリーの物語』はメンバー個々人の病いの実体験に基づいているものの，いずれの物語にも類似した教訓があり，定型化されている点に特徴がある。そのため，この定型化された語り口に同調できないメンバーもいる。その場合，援助専門職は個別面接の場を設定し，メンバーの思いや葛藤を共感的な態度で受容する。そして，同調できない思いを「ぴあの」のグループ活動の課題としてメンバーと共有し，その解消策を議論するよう勧める。その際，援助専門職は「研修」の場を活用し，メンバーが抱く葛藤を他のメンバーと共有する場や機会を提供する。たとえば，教育講演会に適うリカバリーの物語の生成過程には，次のような出来事があった。

1)「語りの活動に同調できない」というメンバーへの対応

　Qさんは「ぴあの」のリカバリーの物語に対して，「皆の（定型化された教育講演会の）語りの活動に同調できない」という思いがあった。「早期支援」をテーマにした現任者研修において，メンバー個々人の発病当時の精神的不調の体験をもとに，早期支援とは何かを議論していた時だった。「体調を崩すきっかけや違和感」「医療機関に辿り着くまでに必要な支援」をテーマに，各々のメンバーが病いの経験を振り返っていた時のことである。

　後日，Qさんは「早期介入につながる語りの活動は同調できない」と法人Zの職員に伝えた。個別面接において，職員はQさんの思いを受容するとともに，その思いを他のメンバーと共有するよう提案した。以下，Qさんの「皆の語りに同調できない」という発言が，どのようなプロセスをふんで，教育講演会で望まれる「リカバリーの物語」に変容したのかを紹介する。

　次の研修において，職員からQさんの「早期発見・早期治療」に対する意見を，皆で考える機会にしたいという提案があった。その提案にメンバー全員が同

意し，Qさんの思いを共有する場が設定された。Qさんは「早期発見・早期治療」に対する自分の思いを丁寧に文書にしていた。Qさんが読み上げた内容は，「精神」の病いになったことが自己責任とされること，予防を強調することが精神病に対するマイナスのイメージを植えつける危険性があること，社会制度の人材不足や理解不足から生じる偏見という社会病理があることが書かれていた。文書を読み上げたQさんは「病気の犯人探しはやめませんか」とメンバー全員に問いかけた。その時，以下のようなやりとりがメンバー間でみられた。(―：状況説明)

Q：病気の犯人探しはやめませんか，予防の強調は自分の存在の否定にならないですか？
―：メンバー全員の沈黙が続くなか，Oさんが発言した。
O：ある医学書で読んだのですけど，発病して1年以内に医療機関に罹った人は再発率が低いという結果があるんですね。がんも早期発見できたら助かる，精神の病気も早期に介入すれば救える命があって，精神病になった原因探しをしてもしょうがないかもしれないけれど，なった人のQOLをあげるためには「早期発見・早期介入」は啓発の一つとしてやるべきだと思うんですね。予防も大切な啓発活動になると思うんです。
―：数名のメンバーから，その発言に同意するうなづきがみられた。その時，Aさんが発言した。
A：Qさんの問題提起は大切なことです。以前，ある研修で不登校を経験した人が不登校を「社会の問題」として取り上げられるたびに「私はこの世の中に存在したらだめな存在だと思ってしまう」と発言したことを思い出しました。その時，当事者の話を聞くことが大切だと思いました。「精神病は誰にでもなる可能性がある」，予防をしていてもです。「犯人さがし」に関してですが，実際に自殺で毎年3万人の人が亡くなっている。世間では病気や障害にならないにこしたことはないと思っている人が多い。でも「なっても『あり』」だということです。自分が生きたいと思うことを実現する時，病気は夢を阻む部分もあるわけです。ならないにこしたことはない。でも，病気になっても「あり」の人生なんだ。それを受け容れる社会の問題とは何かということを考えさせてくれました。
―：これを受けて，精神障害者に対する社会の偏見をなくすために啓発が必要であるという意見が交わされた。そして，Cさんが発言した。
C：既に病んでいる子どもたちが私たちの語りを聞いてね，独りにならず，誰か

とつながってほしい（涙ぐむ）。
―：Cさんの思いに，メンバーが頷くのをみて，Cさんは発言を続けた。
C：私は弱い人間，病気の自分を肯定できない（涙ぐむ，沈黙が続く）。「病気になっても大丈夫だよ」と子どもにいえない。でも，語り部はそれを伝えるのが義務だと思うんです。今も私のなかでものすごく葛藤している，このことは「ぴあの」のメンバーの前だから言えることなんです。
Q：私も弱い人間。弱さは皆もっているから，それを包摂するくらいの社会になってほしい。そのような社会に変えていきたい。それで，語りの活動に携わらせてもらっているんです。
J：そうですよね。社会の偏見を変えていくのが私たち語り部の使命だと思うんですね。簡単なことでないから皆でやっている。語り部は地道な活動だけど，それが社会を変えていく一歩だと思うんですね。
A：「早期発見・早期支援」というテーマで言えることは，どんな病いもならないにこしたことはないが「なる人生もあり」と，それを包括する社会になったらよいと思う。
―：（一同，頷く）

　このような議論によって，「ぴあの」の語りに「共生社会の実現」というメッセージが織り込まれることになった。その後，Qさんはより多くの人々に「自己物語」を伝えるため，書籍を出版したり，演劇で病いの体験を表現する活動を始めた。

2)「病いをもって生きる」という語りにためらいがあるというメンバーへの対応
　援助専門職との個別面接で，Cさんは教育講演会の語りで「病いをもって生きる」というフレーズにためらいがあると相談した。Cさんは，子どもたちの前では「病いをもって生きる」というリカバリーの物語を語りながらも，実際には精神の病いを受け容れることに躊躇していたのである。個別面接で，援助専門職はCさんに同様の思いを抱くメンバーがいることを伝え，研修の場面でその思いを共有することを勧めた。後日，語りの作成をテーマとした研修で，Cさんは自分の思いを打ち明けた。その時，次のやりとりがメンバー間でみられた。（―：状況説明）

C：私は弱い人間，子どもに自分のライフストーリーは語れない。病気が治って，元気になっていろんなことをしたい，諦めてきたことが多すぎて言葉にでき

ないことも多い。
一：Cさんの発言を聞いて，研修の場が静かになった。各々のメンバーがCさんの言葉を自分に重ねていたようだった。沈黙が続いた。その時，JさんがCさんに語りかけた。
J：（涙ぐむ）私も弱い人間。今も死にたいと思うこともある（沈黙）。でも子どもたちの感想文を読むとね，自分の語りを必要としてくれているって思える。だから，語りの活動は私たちにしかできないことだと思うの。
一：他のメンバーが頷く。その場の緊張した空気が和らいでいく。まだ，その場に静けさが残るまま，Aさんが発言した。
A：ここ（研修の場）は涙が流せる大切な場所。本当はきれいな言葉で（病いの）語りをまとめたくないよね（沈黙）。本当は日常のしんどさを知ってもらいたい。でも，子どもの前ではなかなか言えないこと。
J：みんなに受け容れられて，しんどさをわかちあえてこそ，私たちの語りという草の根活動を続けていけるんです。
一：Aさんの言葉によって，メンバー全員が頷きを共にした。研修の場では子どもたちに語られない物語やリカバリーの物語に織り込めない語り，ありのままの感情や思いを表出してよいことが暗黙の了解となった。

　以上のように，『作業期』における援助専門職はグループのダイナミクスを活用しながら，メンバー個々の不安や葛藤をグループ「ぴあの」の不安や葛藤として認識し，メンバー内で解消できるような機会や場を提供する。その結果，ありのままの語りが受け容れられる経験の積み重ねにより，個々人の教育講演会の語りもメンバー同士の相互研鑽のなかで語り直しが行われた。そして，「教育講演会の語り」の原稿が完成した人から教育講演会の実演の練習を行う場や機会を提供していく。

2．教育講演会当日

　先述のような病いの語りの準備を経て，教育講演会の当日を迎える。「教育講演会」は原則，語りを担うメンバーと私たち援助専門職で教育機関に出向く。初めて教育講演会の外部講師を担当するメンバーの場合は，その緊張感から体調を崩すことも考慮して，直前にキャンセルが可能なように，講演会に熟練したメンバーも同行する。また，メンバーの緊張や不安を緩和するために，援助専門職は

メンバーに声掛けをしながら体調の確認をする。

　学校に到着すると，教育講演会の担当教員と校長や教頭等の管理職に出迎えられ，「校長室」等に招かれる。そこで，互いの自己紹介を含めた挨拶を交わし，当日の「教育講演会」の段取りを確認した後，会場に案内される。援助専門職は，ここまで努力を重ねてきたことを労いながら，「教育講演会」の成功への励ましを行う。定刻の時間とともに，教員による紹介に促されて，メンバーは「教育講演会」の本番を迎える。メンバーは教壇に立ち，何度も練習を重ねた『病いの物語：リカバリーの物語』と『共生社会の実現』というメッセージを子どもたちに「私は」を主語として語り，外部講師の役割を全うする。

　教育講演会の語りが終了すると，その場で，メンバーは教員からお礼の言葉とともに，子どもたちから感謝の意を示す拍手を得る。そして，援助専門職とともに再度「校長室」等に案内され，語りに対するお礼の言葉と謝金を得る。講演会の様子を振り返りながら，教員に子どもたちの語りの感想文を依頼し，お礼を述べて学校を後にする。

　その帰途において，援助専門職は教育講演会を担ったメンバーの高揚した感情をクールダウンするために，メンバーと喫茶店等で「振り返り」を行う。そして，メンバーに労いの言葉をかけながら，「外部講師」の出来ばえや子どもたちの反応を共有し，研修での報告を依頼する。

　このように，教育講演会当日はメンバーの「外部講師」という社会的役割の遂行を目指して，援助専門職はメンバーのマネジャー的役割を担う。

3. 教育講演会実施後のフィードバック

　後日，援助専門職は教育講演会を担ったメンバーに，「ぴあの」でその報告をする機会を設定する。「ぴあの」の活動当初，精神保健福祉領域においてモデルとなる公共の場で語る実践がなかったことや，実際に教育講演会の活動が少ないなかで，語りの振り返りの場は「ぴあのの語り」をブラッシュ・アップする不可欠な場である。学校の対応，子どもたちの語りに対する反応，自身の語りの出来ばえ等が報告される。Jさんは，次のように自身の語りを振り返っていた。

（語りを聞いた）子どもたちの感想に「偏見がなくなった」という言葉が多くみられました。改めて，当事者が病いの経験を語ることは大切だと思いました。語りが草の根的に子どもたちの心に広がっていく。社会が変わる，これからも語りの活動を

続けていきたい，もっと効果的な語りをしたいと思いました．

　このように，メンバーは語りの省察を繰り返しながら，より精巧に「ぴあのの語り」を創り上げる作業を行う．裏舞台で展開される語りが「公共の場における語り」に応用される過程について，次節で述べる．

4.「教育講演会」の実施機関との打ち合わせ

　語り部グループ「ぴあの」の教育講演会活動には相異なる二つの目的がある．一つは「精神障害者」による語りを聞いた子どもたちへの教育的効果であり，もう一つは語りを行うメンバーのエンパワメントがある．双方の目的をすりあわせるために，当事者の所属する法人Zの職員と教育機関の教職員との打ち合わせは不可欠な活動だった．「ぴあの」のメンバーが「社会的役割の遂行」や「社会貢献」を実感できたのは，「外部講師」という社会的地位の獲得に加えて，語りの対価である「金銭的報酬」や子どもたちからの語りの承認という「精神的報酬」が獲得できたときだった．

　「金銭的報酬」に関して，「ぴあの」では教育講演会の活動を就労形態の一つに位置づけたため，教育講演会の謝金はそのまま外部講師を担ったメンバーに還元される．しかし，教育講演の依頼時に謝金に関する報告はほとんどなく，謝金の多くは銀行振り込みが多かった．これに対して，教育講演の外部講師を担ったメンバーから，謝金が可視化されないことは教育機関の期待に応える講演ができたのかという不安が残ると言われたことがあった．それを機に，援助専門職は教育講演会の担当者に可能な限り，謝金の提示と手渡しを依頼することになった．

　「精神的報酬」には，子どもたちの語りを熱心に聞く態度や姿勢，語りに対する肯定的な感想文等がある．このような報酬は，元来，公共の場における語りの場合はあまり期待できないものである．というのも，語りの聞き手に援助専門職が位置づけられることはほとんどなく，当事者の語りに関心を示さない人々が想定されるからである．実際に，メンバーが講演を行っているさなかに，居眠りや携帯電話を見る子どもの姿があった．その語りを振り返り，メンバーは「子どもの関心がないのは自分の語りが良くなかったからだ」と自身の語りに対して，否定的な評価がみられることが多かった．発病当時の追体験をしながらも，メンバーは子どもたちに自分と同様の辛い体験はさせたくないという思いから語りの活動に取り組んでいるため，その反応が否定的であると当事者に不全感が残り，自尊

感情が低下してしまう危険性がみられた。そのため，援助専門職は教育講演会の担当者に子どもたちの語りを聞く準備性を高めるように依頼することがあった。

このように，援助専門職と教職員の打ち合わせでは教育講演会という「場」が語りを行う当事者と語りを聞く子どもたちの各々の目的に適う「場」となることを目的とするため，両者の打ち合わせは教育講演会活動において不可欠な活動である。プラマーの言葉を援用すれば援助専門職にとって語りの「第二の生産者」の重要な役割と言える（Plummer, 1995=1998, pp.41-42）。具体的には教育講演会を成功に導くため，精神障害者（語りの生産者）と教育機関の子どもたち（消費者）のマッチング，語りの場の設定，効果的な語りの生成等の事案がある。

以上のように，「ぴあの」のメンバーは語りの生成，教育講演会の実施，その省察を循環的に繰り返しながら，個別面接（個人的次元），グループの語り（対人関係的次元），公共の場における語り（組織的次元）を重層的に往還的かつ多方面的な過程をたどっていた。援助専門職はそれらの場面におけるメンバーのパワーの程度やグループのダイナミクスの程度に応じて，その機能や役割を変容していくことが求められた。このような援助専門職の支援によって，当事者の語りに対する承認者が増大すればするほど，社会に通底する精神障害者に対するドミナント・ストーリーが当事者によるオルタナティブ・ストーリーに書き換えられ，コミュニティのストーリー（Plummer, 1995=1998, p.268）になる可能性をもたらすことが期待される。

次節では，「ぴあの」のメンバーが語る物語やメッセージが，どのように裏舞台の語りあいのなかで生成されたのかをエピソードを交えて紹介する。

3 裏舞台で交された語りの応用可能性

第4章でみてきたように，「ぴあの」のメンバーの語りの特性には，①発病当時の具体的な精神的不調の状況を示すトランスクリプトの多用，②物語の生成：精神障害者への偏見を助長させない語り，③子どもたちに向けた『共生社会の実現に向けた協働への期待』というメッセージがある。これらの特性は「現任者研修」である，①「ぴあの」のメンバー同士による学習会，②同様の語りの活動を行っている他のグループとの交流会や精神保健福祉領域の学会等への参加によ

り，精度を高めながら生成されることが多い。

1．「ぴあの」のメンバー同士による学習会

　「ぴあの」の活動の目標達成を目指して，学習会は各々の「語りを磨く」という機会になる。メンバーの教育講演会の省察や提案から，援助専門職は先行している「エイズを患った人の語り」や「スピーカーズビューローの取組み」等の情報提供に加え，「ぴあの」の活動を継続する上で浮上してきた課題や語りに対する子どもたちの感想文やアンケート結果をもとに，「子どもたちに伝えたいこと」や「早期支援の在り方」等のテーマを設定して，メンバー同士で議論を交わす場を提供する。このような学びの場や機会を得て，メンバー個々人の語りのブラッシュ・アップが行われる。

1）発病当時の具体的な精神的不調の状況を示すトランスクリプトの多用
　教育講演会を担当する教職員との打ち合わせの段階で，精神的不調に悩む子どもの存在を知らされることがある。このことを，メンバーたちは教育講演会の「場」で実感することも多い。精神的不調以外にも，貧困，学業の遅れ，機能不全の家族等で心のバランスを崩している子どもが少なくなかったのである。このような子どもたちを目の当たりにしたメンバーは，「自分のような辛い精神病の経験を子どもたちにさせたくない」という強い思いがあった。現在の学習指導要領では「精神障害」「精神疾患」に関する知識の習得を目指す記載がないことから，「ぴあの」のメンバーの多くは初発当時に精神疾患に関する知識がなく，適切な対応が遅れてしまったという思いがある。メンバーの多くは初発当時の違和感や不快感を言葉にできず，誰にも相談できないまま孤独な状況を経験していた（栄・清水，2012）。そこで，「ぴあの」のメンバーは子どもたちに発病当時の精神的不調をいかに伝えるべきかを何度も議論してきた。以下，その一場面における内容を示す。

D：病気になった当時のことを思い出すと，子どもたちにどこまで語るか難しい。結構，ひどい状態だった（ためらい）。「自分の心が弱い」と思っている子どももいたので，赤裸々に病状を語るとショックを受けるかもしれない。自分の心が弱いから病気になったと思う子どもには「そうじゃない。自分を責めないでほしい」と伝えたい。
K：確かに。口にピアスをしている子どもが，授業に参加することが辛そうだっ

た。別な子どもは家庭的にしんどそうな感じだった。それで「自分を大切にして，生きて欲しい」って伝えたのです。その時は，子どもたちから何の反応もなかったんですけど，感想文には「しっかり生きていこうと思う」と書いてあってね。ちゃんと語りを聞いてくれていたんですね。
A：人知れず悩んでいる子が僕らの生きざまを見てね，病気になっても何とかなる（病気に）ならないにこしたことないけれど，なったらおしまいとは違うよと伝えたいね。
J：10年そこらの人生をあきらめないでほしい，人生やめないでほしい，独りじゃない，なんとかなるって伝えたい。私もそうだったんだから。

　このように，メンバーたちは各々の発病当時の心身的不調を思い出しながら，そのような不調に悩んでいる子どもが適切な対処や発病当初の早期発見を目指して，語りの内容に【身体的にも精神的にもSOSを発している状態】に関するトランスクリプトを多量に用意することになった。たとえば，「不眠」「疲労感」「頭痛」等の身体的不調は日常生活のなかでは精神病の初期症状との関連がわかりにくく，それらの身体的不調にまつわる社会的文脈や生活状況を語りに織り込むことで，早期の段階でそれらの不調を自己統制できることを願った。また，精神病は突然発病するものではなく，ストレスフルな出来事が複合的に複層化されて生じた体験をふまえて，言葉にできない辛さや誰かに相談できる術がないまま孤独だった状況を丁寧に説明することで，早期のストレスマネジメントの重要性を示すものとなったのである。

2）精神障害者への偏見を助長させない語り
　「精神障害者への偏見を助長させない語り」を特徴とした語りを生成した背景には，メンバーが教育機関で出会う子どもたちが精神疾患の好発時期にあたるにもかかわらず，既に精神障害者に対する偏見をもっていたことや，教育機関から「障害者理解」をテーマとした講演を依頼されることが多い状況にあったことが考えられる。以下，このような語りの生成に関連した場面について紹介する。

(1) 他の障害とは異なる，「精神障害」に対する偏見の存在を実感した場面
　語り部グループ「ぴあの」の結成後，語り部養成研修を実施するとともに，「ぴあの」の教育講演会に関するリーフレットを作成し，関連機関や団体に広報を行ってきた。しかし，実際には「ぴあの」への「教育講演会」の依頼がほとんど

ない状況だった。私自身も教育機関や教育委員会に「ぴあの」の活動の広報を行ってきたが，活動の趣旨には賛同が得られても，「池田小学校事件以降，『精神障害者』というと保護者の同意が得られない」「既に車椅子の利用者による講話を取り入れている」「点字や手話等の授業がある」「新たな外部講師をお願いする時間や費用がない」「精神疾患を受講した生徒から精神的不調を訴えられても，そのフォローが困難である」等の理由で断られることが多かった。また，精神保健福祉領域の行政機関に相談しても，「アルコールや薬物に関する教育は既に学校で実施しているが，当事者の病いの体験談だけで学校に講演依頼をすることは難しい」と言われる始末だった。このような教育機関や関連機関の当事者による語りに対する否定的・拒否的反応もメンバーと共有してきた。それは，他の身体障害や知的障害とは異なる「精神障害」に対する偏見の存在をメンバーが認識することになり，自分たちの語りが社会で受け容れられる困難さを体感するものとなった。教育講演会で身体障害をもつ人と共演する機会があったＰさんやＪさんは，以下のように当時を振り返った。（―：状況説明）

Ｐ：「障害理解」というテーマで学校に行った時のことなんですけど，（精神障害者の）私以外に，身体障害の人も講演会に来ていたんです。でも，窓口対応してくれた教員の眼差しが車椅子の身体障害の人と，こっち（精神障害者）に向けられる眼差しが違うように感じたのですね。まるで犯罪者を見るような感じでした（沈黙）。それは，変なことが言えない雰囲気だったのです。同じ障害者なのにね。
―：Ｐさんの言葉を受けて，Ｊさんが言葉を重ねた。
Ｊ：そうそう，私も学校に行った時，（教員の）自分に突き刺さる視線を感じたことがあったんです。その視線だけで緊張したっていうか。ちゃんと話さないといけない，そうしないと精神障害者の偏見が高まりそうな雰囲気だったのです。

　それを聞いていた他のメンバーも，改めて「精神障害者」に対する偏見が社会に根強くあることを認識し，精神障害者の正しい知識を子どもたちに教えるはずの教員でさえも，自分たちの理解者になりにくいことを危惧していた。そして，「ぴあの」のメンバーは，各々の語りが子どもたちだけではなく教員や保護者にも精神障害者の偏見を助長しないように配慮しなければならないという言葉が交わされた。そして，メンバー間に，病的体験を赤裸々に語るよりも病いの体験により「気

づいたこと，得たこと」を語る方が，当事者が病いの経験を語る意義があるのではないかという提案が共有された。

(2) 精神障害者に対する社会の偏見が未形成の子どもに教育的配慮の必要性を確認した場面

「ぴあの」に教育講演会の依頼がほとんどない状況で，子どもたちにも「精神障害者」に対する偏見があるのではないかという言葉がメンバーで交わされた。以下に，Cさんの子どもに向けた配慮が語りの生成に織り込まれていく場面について紹介する。

「ぴあの」の活動として，初めて教育機関に出向いた時のことだった。Cさんにとっても初めての語りであり，教育講演会に向けてCさんは「ぴあの」のメンバーの期待を背負い，精神障害者に対する偏見が助長されない原稿を作成し，何度も語りの練習を繰り返していた。それでも，当日の緊張感は私にも伝わるほど高いものだった。しかし，担任によるその場のファシリテートによって，Cさんの病いの語りを熱心に聞く子どもたちの姿があった。講演後，担任からも感謝の言葉があった。帰路において，Cさんは，「子どもたちはかわいい，正直だし，私が子どもたちに偏見をもっていたんです」と振り返った。

後日の研修の振り返りで，Cさんは「ぴあの」で初めての語りの活動を次のように報告した。それは，子どもたちにも精神障害者に対する偏見があるのではないかという不安を抱えながら校門をくぐったことから始まった。Cさんは「初めて中学校に行った時，子どもたち（の偏見）から石を投げられたらどうしようと思ってね，びくびくしながら正門をくぐったことを思い出します」と語った。しかし，実際にはCさんの教育講演会に対して，子どもたちは熱心に耳を傾けていたばかりか，Cさんの語りの内容をノートに書き留める姿がみられた。その場に同行した私自身もCさんの語りを真摯に聞く子どもたちの態度が実感できた。加えて，「こころの病いになって失ったものは友だち，でも得たものも友だち，皆さんも友だちを大切にしてね」というCさんのメッセージに対して，多くの子どもたちが賛同の言葉や感謝の意を感想文に書いていた。その感想文をみたCさんは，「自分のなかに，子どもたちが精神障害者に対する偏見をもっているという先入観があったことに気づきました。申し訳ない気持ちです」と涙ぐみながら振り返り，子どもたちの期待に応える語りの活動を続けたいと発言した。そして，Cさんが「（子どもたちに）精神病院のあまりにも辛い話はできない，病名もね。どこまで病気のことを伝えていいのか悩む」と発言すると，他のメンバー

も「子どもたちに『精神障害者は怖い，精神病になりたくない』と思われないように語らなければならない」という言葉が交わされ，各々の語りを見直すことになった。

　このように，「ぴあの」の現任者研修において各々の教育講演会の体験や情報を共有することによって，メンバーたちは教育機関の障害者に対する受け入れ意識が「身体障害」と「精神障害」で異なることを認識し，赤裸々な精神症状や精神医療における人権侵害の経験をどこまで子どもたちに伝えてよいのかを検討する姿がみられた。病的体験や人権侵害の医療体制を赤裸々に語ることが，かえって子どもたちや教職員の「精神病」や「精神科病院」に対する不安や恐れを煽ることになってしまうのではないかという危惧の声が交わされた。各々のメンバーは自身の病いの語りが個々人のユニークな語りであることを認識しながらも，子どもにとっては「精神障害者」を代表した語りとして聞くことになる。そのため，メンバーは子どもたちの精神障害者に対する偏見を助長させないように，グループ「ぴあの」の語りとして，語りの内容や言葉遣いを確認しながら創意工夫を行っていたのである。以下，その工夫について五点を紹介する。

　第一に，語りの内容に関して，病いの体験から得たことや気づいたことを物語に織り込んでいた。第4章でも紹介したように，メンバーの物語には「病いになったことで多くの出会いがあり，海外の精神障害者との交流も経験した」「病いの経験の語りが人の役に立つこともあり，無駄ではなかったことを学んだ」「本当の友だちを得ることができた」「病いになって本当に大切なものは何かを学んだ」等のフレーズが織り込まれていたのである。それは，精神障害者に偏見がある社会のなかで聞かれるマスター・ナラティヴとは異なるものだった。

　第二に，語り口や語り方に関して，「幻聴・妄想」「統合失調症」「鉄格子」「隔離・拘束」等の表現を慎重に選択したり削除したりしながら，専門用語ではなく日常生活用語に置き換える工夫がみられた。また，メンバーは精神疾患や生活障害等に関する専門用語を子どもたちの理解力に応じた言葉に置換する工夫がみられた。たとえば，「幻聴」という医学用語を，Dさんは「会社の上司の声，大きい声，小さい声，上から下から聞こえてくるとか，場所や空間で表現しました」と工夫を言葉にしていた。また，「うつ状態」は「歯磨きもトイレにいくこともできないほどエネルギーがなくなる」，「ピアサポート」は「仲間同士の支援」，「地域活動支援センター」は「居場所」等の言葉を加えて説明していた。Aさんは住所地の人口と精神障害者数を対比することで，「精神の病いは誰もがなる可能

性がある。ありふれた病気であること」を伝えていた。メンバーは語りの講話以外の方法として，歌，ギター等の楽器演奏，詩，絵画・漫画，指人形等を用いた表現方法を産み出していた。また，病いの体験を自己物語として生成できない場合は，職員の質問に応答するという「かけあい方式」という方法を取り入れていた（第6章）。

　第三に，講演時間への配慮がある。教育講演会は個別面接やグループの語りと異なり，時間の制約がある。活動当初は，慣れない語りの原稿を読むだけでも時間が超過してしまうことや，緊張のあまり早口になり時間が余ってしまうことがあった。そのことが研修で共有されると，何度も講演をこなしてきたメンバーから「講演会のコツ」として，「1分間に300字のスピードがいい。原稿の文字の大きさは18ポイントにすると見やすい」等の語りの知恵の提供があった。Aさんは「最低でも三回は（教育講演会の原稿の）読みの練習をしているんです。時計を机の前に置いて，読みをしていくうちに，時間のなかでよい言葉づかいが浮かんで来たりします」と与えられた講演の時間のなかで，子どもたちの理解がすすむ語りになるようにブラッシュ・アップしていた。

　第四に，身なりや服装への配慮があり，メンバー間で何度も議論された内容だった。語りを行う「学校」という場はメンバーにとって非日常な場であり，どのような装いが相応しいのか，イメージできないという言葉が聞かれた。あるメンバーは「この病いになってから，自分の年齢を意識したことがなかった。語りに行く時には，どのような服がよいのか悩む」と発言し，別のメンバーは「病気になって，自分の外見を意識したことがない。学校は規律を重んじる場なのでスーツが必要だと思い，フリーマーケットで購入した」と語り，「年相応の大人」のイメージがないなかで，それを装う困難さを言葉にしていた。このような議論が交わされる機会となった二つのエピソードを紹介する。

　まず，Aさんの教育講演会に援助専門職として私が同行した時のことだった。学校に着くと，既に教頭が校門で待っていた。そして，丁寧に二人を出迎えると，教頭はAさんに深々と挨拶し，私に「しんどくなったら，すぐに言ってくださいね」と優しく声をかけた。自己紹介で，Aさんが当事者であることがわかると，教頭はばつの悪い表情で私に挨拶することがあった。その時のAさんは講演会に向けて体調を整え，きっちりとしたサラリーマン風の姿で登場し，かたや私は寝不足状態で顔色が悪く，髪の毛もぼさぼさだったのである。その後の研修で，このエピソードをAさんは笑いながら報告した。

A：教頭先生が僕のこと，当事者とわからなかったんですよ。学校だから，身なりはスーツとか地味なものを着るようにしているんですけどね。見た目って大事なんですね。
C：そうね，私も「学校」という場所を意識して，「参観日のお母さん」をモデルに服を選ぶようにしています。口紅の色も派手にしない，奇抜な格好で行かないようにとかね。
A：見た目から偏見をもっているっていうか。
F：私もこざっぱりした格好を心掛けました。一人の大人として，子どもたちに不愉快な感じを与えないことは最低限のエチケット，マナーですからね。

　このようなやりとりは，精神障害者に対する偏見が見た目にもあることを認識することになった。そして，研修に参加したメンバーは精神障害者に対する偏見を助長しないように，身なりや服装にも配慮するようになった。

　次に，Ｐさんの初めての教育講演会に臨んだ時のエピソードを紹介する。
　普段の研修の場ではＴシャツとジーパンといったラフな格好で参加している法人職員が，「教育講演会」の当日はスーツにネクタイ姿でメンバーの前に現れた。その場にいたＰさんから「普段と全然違う，見違えるわ」と言われると，その職員は「学校に行くときは見た目を気にしている。見た目が大事」と即答していた。Ｐさんは日頃からきちんとした身なりをしている人だったが，教育講演会の当日はおしゃれに作務衣を着こなして登場したのである。しかし，子どもたちが学校の規範にあった制服姿のなかで，Ｐさんの装いはその場に合致しない雰囲気を醸し出していた。その違和感をＰさん本人も抱いたようで，語りの場面でも緊張気味に「今日はおしゃれをしてきました」と開口一番に前置きしてから，自身の語りを始めた。後日，現任者研修において，Ｐさんが他のメンバーに次のような問いかけがあった。（―：状況説明）

P：作務衣を着て学校に行ったけど，きちんとしたスーツの方がよいかな？
―：この質問を受けて，何度も教育講演会を経験しているＣさんが続けた。
C：私は語りの内容だけじゃなく，服装も化粧も（子どもたちだけではなく）PTAにも受け容れてもらえるように心掛けているの。身なりだけでもちゃんとしようと思ってね，口紅の色も薄いものにしているのよ。

―：続けて，教育講演会の身なりに配慮しているAさんが発言した。
A：子どもたちの前では，一人の大人として恥ずかしくない恰好をしたい。病気のあるなしにかかわらず人生の先輩として身なりを考えている。
―：続けて，精神的不調によって自己統制が困難なIさんが発言した。
I：学校に行く前の晩はお風呂入ってね，遅刻しないように早めに寝るようにしている，緊張して眠れないこともあるけど（どうしているの？）頓服を飲んだりしている。

　このように，メンバーは可視化しにくい精神的不調や精神障害が当事者自身によって自己統制できること，自らが一人の大人として振舞えることを，子どもたちが視覚的にも理解可能なように配慮していたのである。
　第五に，体調管理への配慮がある。先述のIさんはじめ，他のメンバーも教育講演会の前日は緊張感が高まるため，入眠を促す頓服を飲んだり，早めに寝床に入ったりする等，各々の体調管理の工夫がみられた。あるメンバーは教育講演会の日が決まると「当日までの体調管理に気を使う。喉を使うので，うがいをしたり，飴をなめたり，風邪を引かないように暖かくしたりとかね」とその工夫を表現していた。
　以上のように，メンバーは教育講演会の「外部講師」として，初めて「精神障害者」に出会う子どもたちのニーズに応じた語りの生成，講演時間，身なりや服装，教育講演会当日に向けた体調管理等への創意工夫がみられた。このような工夫のうえに臨んだ語りが子どもたちから肯定的反応を得て，「外部講師の役割を果たせた」「社会貢献ができた」と評価し，自己肯定感や自己効力感を高めていた。

3）子どもたちに向けた『共生社会の実現に向けた協働への期待』というメッセージ
　当事者が「教育講演会」で語る内容は，精神障害者に対する偏見を助長しない語りに加え，精神的不調になりやすい子どもたちへの配慮と具体的な対処の語りが子どもたちに対するメッセージとして織り込まれることになった（第4章）。
　当事者のメッセージは『共生社会の実現に向けた協働への期待』であり，その下位項目として，『精神病は誰でもかかる可能性があるので，自分のこととして考え，正しい知識を学んでほしい』『精神病をもちながら自分らしく生きている私の語りから，何かを体感的に学んでほしい』『精神病をもつもたないにかかわらず，支えあう社会の大切さを学んでほしい』の三つの願いがある。
　前章でまとめたものを振りかえると，第一の『精神病は誰でもかかる可能性が

あるので，自分のこととして考え，正しい知識を学んでほしい』というメッセージは，「精神病の正しい知識を習得する」意義を伝えるものである。先述のように，このフレーズが生成された背景には，メンバー自身が発病当時に精神疾患に対する知識が欠如していたことや精神障害者に対する偏見があったために，未治療期間を無駄に延ばすことになった経験がある。このフレーズは，精神障害者に対する偏見の低減や精神病に関する正しい認識にもつながるものであり，子どもたちが心身的不調時に早期の対応や必要に応じて援助を求めることを期待するものである。

　第二の『精神病をもちながら自分らしく生きている私の語りから，何かを体感的に学んでほしい』というメッセージは，「精神病は誰でもかかる可能性がある」というフレーズから「精神障害者の理解」を意図して生成された。このフレーズは，子どもたち自身でなくとも，友だちや家族等の親近者に精神病を患う可能性があるという認識を期待するものである。当事者の語りによる「精神障害者」の理解を通して，子どもたちが精神疾患を患っている，あるいは患う可能性にある人に対して，その心身的不調の状態や生活のしづらさへの配慮，適切な声掛けやかかわりの可能性が期待される。

　第三の『精神病をもつもたないにかかわらず，支えあう社会の大切さを学んでほしい』というメッセージは，「精神病にならないにこしたことはないが，病気になっても大丈夫」というフレーズから，「精神病をもちながらも自分らしく生きること」「病気になっても安心して暮らせる社会を創ること」が期待されて生成された。そこに，自らの病いの経験から得た生きる知恵を活用し社会貢献できる土壌として，子どもたちに投げたメッセージが『精神病をもつもたないにかかわらず，支えあう社会の大切さを学んでほしい』というものだった。

　以上のように，「ぴあの」の学習会を重ねるなかで，メンバー個々人の語りに対する創意工夫や活動から得られた知恵がグループの知恵として積み上げられていた。

2.「ぴあの」以外の語りの活動をしているグループとの交流

　現任者研修では，同様の語りの活動をしているグループとの交流も図ってきた。メンバーは他のグループとの交流によって，「ぴあの」の活動目標を確認したり，共通の課題を見出したりした。語りの活動を始めたばかりのグループからの質問

に対して,「ぴあの」メンバーは自分たちの実践知から回答していた（他：他のグループ，ぴ：「ぴあの」のメンバーを指す）。

他：精神病の偏見がなくなればよいと思って語りの活動を始めたけど,（公共の場で）語ることがしんどい……。緊張するし,語りがちゃんと伝わっているのかわからないし,語ることが嫌になることがある（ためらい）。語った後味が悪いと,何のために語っているのか悩む。

ぴ：まずはそのことを,仲間のなかで相談すること,安心できる環境で語ることから初めてみてはどうだろうか。「ぴあの」はそれを大切にしてきたし,いまも大切にしている。ありのままの不安や戸惑いを受け止めてもらえるから,社会に向かって語りができると思うのですよね。

他：病気になった時のことを語るのがしんどい（沈黙）。何を語ればよいのか悩む（声が詰まる）。

ぴ：無理をせずに,話せる時期が来た時に話せばいい。仲間の語りを聞きながら思い出したくないものよりも,どうやって元気になってきたのかを整理するのはどうだろうか。仲間との語り合いの中で,私もやっと最近になって自分のことを語れるようになったんですよ。

他：なるほど。（公共の場で語るには）ありのままの弱さを出せる場も大切なんですね。

ぴ：語りをできるのは人間だけだと思うんです。人間の根本,生き方にかかわることなんですよ。なので,語りたいという思いを大切にしてほしいですね。

このように,「ぴあの」のメンバーが自分たちの語りの実践から得た生活の知恵や問題解決の技能を他のグループに伝授する場面がある（Cowger, 1994）。質問への応答は,メンバー自身にとって「ぴあの」の活動を再確認する機会にもなっていた。自分たちが大切にしているものは何か,活動の目標は何か,語りの活動は自分にとってどのような意味があるのか等を言葉にする作業が必要だった。反対に,他のグループから「医師を目指す学生にも多剤のしんどさや一人の人間としてみてほしいことを伝えたい」「語りの技術を学びたい,話術は必要だと思う」「自分たちの語りによって社会を変えたい」等の言葉を聞いて,「ぴあの」のメンバーも同様の課題があることに気づきを得ていた。あるメンバーは他のグループとの交流を振り返り,「出会いはつながりになり,つながりが草の根的に社会を変える力になる」と語っていた。

この場に居合わせた私は，同様の悩みをもつ人々の「声」が集まり，「精神障害者」というグループの「声」として組織化される時，一人の「声」がもつパワーが増強されることを体感的に理解することができた（Gutiérrez et al., 1998＝2000）。「精神障害者」と呼称される人々が抱く課題が「個人的なことではなく政治的なことである」と社会に認知される時，それは社会変革の原動力となる可能性がある。つまり，援助専門職として，同様の活動をしているグループの情報を収集し，そのグループとの交流の場や機会を提供することが重要な役割であると言える。

　さらに，社会福祉領域や精神科リハビリテーション領域の学会にも参加してきた。「ぴあの」のメンバーが講師として招聘されることもあれば，発表者として参加することもあった。専門職や研究者の参加が多いなかで，メンバーは語りの実践や語りの活動による自己変容を自分の言葉で語っていた。それは，自身のリカバリーにおいて薬物療法は必要条件の一つになりうるが十分条件ではないことを主張するものだった。あるメンバーは，次のように当時を振り返っていた。

　ポスターセッションで，いろいろな人から語りの活動の内容や私たちの変化に関する質問があり，その質問に私たち当事者が回答したことは（語りの活動に参加する有用性の理解に）効果的でした。公の場で発表することにより，それを聞いていた人々が語りの活動に関心を寄せるのを実感したからです。語りの活動が私たちのエンパワメントになることを，より多くの専門職に認知されていくことを強く願います。

　このように，社会の周縁部に置かれた経験がある「ぴあの」のメンバーが，精神保健福祉領域の専門家に向かって語りの効用を報告する時，精神疾患の治療の限界を示唆するものにならないだろうか。「リカバリー」とは病いをもちながらも，自分らしい生活や人生を再構築することを意味する。このことは，従来の精神医療のパラダイム転換を求めることになる。このような段階の援助専門職には，「ぴあの」のメンバーがパワーを喪失する要因となった精神医療や専門職主導の支援や援助に対して，その変革を求める活動を支援する役割が求められる。

　以上のように，「ぴあの」の教育講演会活動の過程における『フィードバック』の段階では，援助専門職には，メンバー同士による課題の解消を目指したグループ学習の強化，同様の抑圧的な社会環境に置かれてきた人々の連結やその組織化，抑圧的な社会環境の変革を目指すソーシャル・アクションの支援を行う機能や役割がある。これは，現存の「ぴあの」の定型化された語りを書き換える可能性につながると言える。

4 教育講演会と裏舞台の語りの場の相互関連性

1. 物語が生成される裏舞台の語りの場の特徴

　当事者の語りによる教育講演会に適した「リカバリーの物語」はメンバー自身の病いの体験に基づきながらも，教育講演会の実施と省察の繰り返しによる気づきや発見によって，「ぴあの」の定型化された語りへと創り上げられる過程がみられた。第4章で確認したように，メンバーの「リカバリーの物語」は「精神病」という慢性疾患の語りであり，それは「回復の語り」（Frank, 1995=2002）に決して収斂されることがないという特徴がある。つまり，メンバーは今も精神症状に悩み，それを受容しづらい感情を抱え，病いの体験の意味づけに齟齬が生じながら，「ぴあの」の活動を継続しているのである。そのため，「ぴあの」の現任者研修で交わされる語りは，教育講演会で語られる「リカバリーの物語」と異なる「ありのままの語り／赤裸々な病いの語り」だった。「ありのままの語り」とは，未だ病いを受容しづらい感情や精神疾患を自己統制できない戸惑いを織り込んだ語りである。これは，第2章で説明したフランク（Frank, A.）の語りの類型に即せば，「混沌の語り」に類するものである。フランクによれば，「探求の語り」という希望を見つけながらも，「混沌の語り」の存在の重要性を指摘している（Frank, 1995=2002, pp.187-190）。「ぴあの」のメンバーによる語りの構造も「探求の語り」と「混沌の語り」が独立して存在するものではなく，「探求の語り（リカバリー物語）」があるなかで「混沌の語り（ありのままの語り）」があり，「混沌の語り（ありのままの語り）」のなかで「探求の語り（リカバリー物語）」が可能になるものと想定できる。

　このように，「ぴあの」の「教育講演会の語り」の生成には，互いの弱さが受け容れられる場や各々の自己物語が尊重される場において，メンバー同士の絆の深まりとともに，「ぴあの」の活動意義の確認を重ねることが必要だったのである。

2. 組織的次元の実践は個人的次元／対人関係的次元／政治的次元の実践の結節点

　教育講演会の語りの活動（組織的次元におけるエンパワメント実践）を実現し

継続していくためには，その語りと異なる赤裸々な病的体験やありのままの語りができる，援助専門職による個別面接（個人的次元）とグループの語り合いの場（対人関係的次元）を設定する必要があった。

エンパワメントと語りの関連性に関する先行研究では，個別面接の語り，グループの語り，公共の場における語りはそれぞれ「個人的次元」「対人関係的次元」「組織的次元」のエンパワメント実践に合致すると捉えることができる。しかし，それらの語りは「発展段階」として位置づけられるべきではなく，同時に重層的に往還的かつ多方向的な過程として設定し，かつ各々における語りの機能を変更させていくことが求められる（図5-1）。また，教育講演会活動の展開過程にそって，個別面接の語りの場とグループの語りの場をみると，語りの様式は定型化されたものではなく，それぞれの場で語られる内容は聞き手のニーズによって異なり，その語りも変容していくことが明らかになった。このように，「教育講演会」が語り手にも聞き手にも有用となる設計図を描くには，教育講演会という表舞台の場の設計に応じて語りの内容を変革しながら，裏舞台に個別面接の語りの場とグループの語りの場を設置する必要がある。

また，組織的次元のエンパワメント実践である「ぴあの」の活動では，援助専門職の支援として，メンバー個々人の課題を「ぴあの」の課題としてメンバー同士で解消することを目指したグループ学習の強化，同様の抑圧的な社会環境に置かれてきた人々の連結やその組織化，抑圧的な社会環境の変革を目指すソーシャル・アクションがあげられる。これらは，マクロな視点による社会変革を目指す支援であり，政治的次元の実践につながるものである。

このような多元的な語りの場を整備することによって，語り部グループ「ぴあの」のメンバーは，子どもたちの肯定的反応を期待した「リカバリーの物語」を生成し，その期待通りに子どもたちから肯定的なフィードバックを受けることによって，「組織的次元のエンパワメント─社会貢献の喜びや承認欲求」の獲得が可能となっていた。

3. 援助専門職に求められる機能や役割の再考

「ぴあの」のメンバーは語りの生成，実施，その省察を循環的に繰り返しながら，個別面接（個人的次元），グループの語り（対人関係的次元），公共の場における語り（組織的次元）を重層的に往還的かつ多方向的に活動していた。それに応じて，援助専門職の機能や役割を変容していくことが求められた。

メンバー個々人のパワーが徐々に取り戻され，「ぴあの」のグループにダイナミクスがみられるなかで，一人のメンバーが抱く語りの活動の悩みは「ぴあの」の悩みとして，メンバー全員でその解消策を考えるようになっていた。活動当初は「現任者研修」のプログラムは援助専門職が提供していたが，語りの実践と省察を循環的に行うなかで，メンバー自身から語りの活動で生じた課題や関心事に見合うプログラムが提示されるようになった。たとえば，同様の語りの活動をしているグループとの交流会や，聞き手を魅了する語り方の学習会，語りを伝授する多様な語り部との出会い等である。このようなメンバーが望むプログラムは，その時々の「ぴあの」の活動にとって適切な内容であり，援助専門職である私も賛同し納得するものだった。この希望に適うプログラムを用意することで，メンバーはより一層積極的に研修に参加する姿がみられた。「課題提起教育」を勧めるフレイレ (Freire, P.) は，教育する者が教育される者との対話を通して，双方が学ぶ主体であり (Freire, 1973=2011, pp.101-109)，そこには対等な関係が生まれると主張している。まさにこのことを私自身が体験することができた。

しかし，メンバーがパワーを増強すればするほど，またグループに一体感や連帯感が高揚されればされるほど，新たな課題がでてきた。前者は，私にとってメンバーをコントロールしない関係や「専門家」としての役割に固執しない関係を自己認識させる機会となった(Manning, 1998=2000, pp.139-141)。私自身が「ぴあの」のメンバーの一人として何ができるのか，メンバーと私のパートナーシップとは何かを問い続けながら活動に参加してきた。後者は，グループの一体感や連帯感はグループの同調行動を生み，それに合わない意見は排除されることがみられるようになった。グループに生じる今までにない緊張感に，どのように対処してよいのか悩みながら活動を続けてきた。共生社会の実現という「ぴあの」の活動目標を達成するには，異なる意見や価値観をもつ人々と差異を認める対話が必要なことを理解していても，私がそれを実行するには非常に困難だったのである。

5 小括

本章では，精神疾患の好発時期にある子どもたちに配慮した『病いの物語：リカバリーの物語』と『共生社会の実現に向けた協働への期待』を願うメッセージで構成される「教育講演会の語り」の生成過程を示した。教育機関から要請され

る「教育講演会の語り」は，子どもたちへの教育的効果が目標となるため，自ずと社会規範を重視した定型化された物語が生成されることになった。その背景には，精神疾患の好発時期にある子どもたちへの配慮に加えて，教育機関の教職員や保護者から暗黙的に求められる期待や条件を乗り越える必要性があった。そこで，「研修」と称する学びの場において，援助専門職は語りのモデルの提供，学校からの要請内容や子どもたちのメンタルヘルスのニーズ等の情報提供とともに，語りの原稿の作成，語りの技術習得への支援を行ってきた。そのようななかで，語り部グループ「ぴあの」のメンバーによる「教育講演会の語り」が生成されていったのである。

しかし，この「教育講演会の語り」は，今も精神の病いに悩むメンバーの病いの経験の意味づけと齟齬をもたらす場合があるため，それを解消する場として，個別面接の語りの場とグループの語りの場を支援の場に設定する必要があった。グループの場では，リカバリーの物語とは異なる赤裸々な病的体験やその苦悩等の混沌としたありのままの物語がメンバー間で交わされており，それによって，公共の場における語りの活動の目標に向けて一歩踏み出すことができるようになり，「リカバリーの物語」が生成されていく過程があった。このような「リカバリーの物語」が生成されるには，メンバーのニーズに応じて，個別面接（個人的次元），グループ（対人関係の次元），公共の場（組織の次元）といった多元的な語りの場を重層的に往還的かつ多方向的に利用できる必要性があったのである。

本章では，教育講演会活動の展開過程において生成された語りの内容とそれに対応する支援内容の全体図を俯瞰的に図式化した。

次章では，「ぴあの」の教育講演会活動に参加したメンバーは，援助専門職が設計した組織的次元におけるエンパワメント実践をどのように評価したのかについてみていく。

コラム 2

はたよしみさんは，語り部グループ「ぴあの」の活動を卒業すると，病いの経験をもとに，一人芝居やライブなどの創作表現活動を精力的に行っている一人です。また，病いの経験を綴った，『精神科サバイバル！人薬に支えられて』を出版されています。心凍えた入院生活から，家族，医師や看護師をはじめとする支援者，同様の病いをもつ仲間であり自助グループの仲間などの「人薬」を得て，さまざまなことにチャレンジしながら，自分らしい生活を再構築していく過程がはたさん本人の言葉で綴られています。

（本人より提供）

コラム 3

　山﨑白州さん（仮名）は，自身の病いの体験を人生曲線を用いて以下のように職員の質問に応じるというかけあい形式で説明しています。

白州：大体9歳までは普通の子でしたね。ある日，女の子のおもちゃを，こっそりドライバーで分解してしまったらしいんですよ。すごい怒られたという記憶があります。
　　　20歳ぐらいまでは自衛隊行ったりとか，アルバイトとか行ったりとか。
職員：どんどん下がっていくんですか？
白州：そうなんです。下がっていきますね。
職員：幾つか仕事をしていたからですか？
白州：最初に入ったのが自衛隊，それが悪かったんです（笑）。1年も経たないうちに辞めて20歳で製造会社に行きました。夜勤のせいで体調を崩し，23歳で倒産。24歳になる前に遊園地の会社に勤めることになりました。
職員：不眠があってつらかったですか？
白州：つらかったです。よく吐いてました。
職員：小さい頃からですか？
白州：はい。花火大会で最前列に行きたくて，川に飛び込んだ子でしたから。
職員：学校時代はいかがでしたか？
白州：元気がいい，落ち着きのない子。遊園地の会社に入ってからは，整備の仕事は僕がやるようになり，一目置かれるようになった。デパートの屋上にある遊園地の仕事もこなしていました。そこで，出会ったのが妻でした（照れ笑い）。そして，結婚。
職員：この出会いは大切でしたか？
白州：はい。ラブラブはいいんですけど，この会社も不況で下に降りて行きます。何とか仕事はつないでいたんですけど，また夜勤。
　　　辞めてから，ずっと仕事もなくて生活保護を受けているところで，患者会に参加して，やっと動けるようになって，精神障害と社会を考える啓発の会に参加し始めて，社会との結び付きがでてきました。
職員：上に向かってきているんですね
白州：そうそう。これから頑張ってみようという思いです。

　山﨑さんの語りは図にするとわかりやすく，患者会で同じ悩みを持つ人と巡り合うエピソードが転機になっています。そのことによって，いままではだらしなく飲んでいたお酒もコップ一杯なり，タバコもやめたそうです。子どもたちへのメッセージは「いろいろ経験してきましたけど，勉強だけが自分の価値を決めるのではない」ことだそうです。

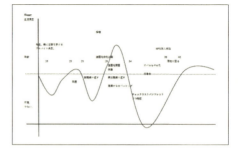

第6章

公共の場における語りは精神障害者に何をもたらしたのか

1 問題の所在：
公共の場における語りは精神障害者に何をもたらしたのか

　前章では，公共の場における語りの生成過程とその過程に関与する援助専門職の役割についてみてきた。「ぴあの」のメンバーは，教育講演会に適う語りの生成，講演会の実施，その語りの省察と書き換えを循環的に繰り返しながら，「ぴあの」の教育講演会活動に参加してきた。「ぴあの」の活動を設計した時は，活動に参加したメンバーが個人的次元，対人関係的次元のエンパワメントを段階的・重層的に獲得しながら組織的次元のエンパワメントを達成していくと想定していた（図6-1）。
　そこで，本章の目的は「ぴあの」の活動に参加してきたメンバーは，「ぴあの」の活動の設計時に想定したエンパワメントを獲得できたのかという問いを設定し，その獲得過程や特徴を明らかにすることである。
　第3章で定義したように，本研究では組織的次元のエンパワメントを獲得した人々を「外部講師という社会的役割を得て，その役割遂行に向けて自己統制でき，語りに対する聞き手の承認（精神的報酬）や語りの対価（金銭的報酬）を獲得することで社会貢献を実感できた人々」と設定している。
　これをもとに，「ぴあの」の活動に参加した当事者15名（転居等の3名を除く）

のなかで，モデルに合致する／それを超えた活動を行うメンバーは10名，モデルとは異なる活動を行うメンバーは5名だった。各々の物語の特徴に基づき，前者は『オリジナルな物語』（4名）と『リカバリーの物語』（6名）に，後者は『ありのままの物語』（1名）と『未完成な物語』（4名）と命名した。以下，各々の特徴を説明する（栄，2015a；2017）。

『オリジナルな物語』を語る人々とは，「ぴあの」のグループを「卒業」し，広範な場において独自の語りの方法を用いて活動を始めた人々である。

『リカバリーの物語』を語る人々は，自らが「リカバリーした」と表現した人々であり，本実践のモデルに合致した人々である。すなわち，病いを抱えながら自分らしい生活を主体的に再構築していくという「リカバリーの物語」を語り，その語りをより精巧なものにしながら，語りの活動のなかで後継者を育てたいと望む人々である。

『ありのままの物語』を語る人々は，自らの赤裸々な病的体験の語りを希望する人であり，「リカバリーの物語」を語り直したいと望む人である。

『未完成な物語』を語る人々は，「ぴあの」の活動に参加しながらも就労や結婚を模索している人々であり，自己を表す物語が作成途中の人々である。

本章では，まず，本研究の語りの活動のモデルに最も適合した『リカバリーの物語』を語る人々がどのような過程を経て，エンパワメントしていくのかを明らかにし，その図式化を試みる。その図をもとに，先行研究で想定される段階的・重層的に獲得されるエンパワメント過程を批判的に再考することにした。次に，本研究が設定した語りの活動の枠組みとは異なる活動がみられた『ありのままの物語』と『未完成な物語』を語る人々の事例から，「ぴあの」の活動枠組みの限界を示すことにした。

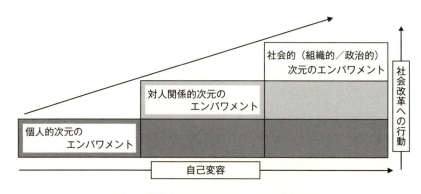

図6-1　想定されるエンパワメントの獲得過程

2 調査方法：
公共の場における語りの活動に参加した人々の事例研究

　本章では，「ぴあの」の活動を継続している『リカバリーの物語』『ありのままの物語』『未完成な物語』を語る人々に着目する。

　まず，本研究の語りのモデルに適合した『リカバリーの物語』を語る人々のエンパワメントの獲得過程を詳細に把握するため，『リカバリーの物語』を語る人々に属するAさんに半構造化面接を行う。Aさんを選定した理由は，『リカバリーの物語』を語る人々に属するメンバーの「ぴあの」の活動評価に対する内容の揺れ幅が狭いなかで，Aさんには他のメンバーを代表する発言がみられたことから，『リカバリーの物語』の典型的なモデルとなると判断したことによる。インタビュー内容は，「ぴあの」の教育講演会活動の参加による自己変容についてである。援助専門職が「ぴあの」の活動を設計した時に期待したエンパワメントを，Aさんはどのような表現を用いて説明するのか，その認識に至る獲得過程において何が生じたのかを明らかにする。分析は質的帰納的分析に従い，インタビューで得られたデータから鍵となる語録をコード化し，同質性の高いものをまとめてカテゴリーを産出する。これらのカテゴリーの関連性を図解し，その過程を実線で示す。そして，先行研究が示すエンパワメントの獲得過程を再考することにした。次に，「ぴあの」の教育講演会の枠組みとは異なる語りの活動をみせた『ありのままの物語』『未完成な物語』を語る人々の事例研究を行う。

　これらの事例研究から，「ぴあの」の活動枠組みについて再考し，公共の場における語りの活動の限界や課題を明らかにする。事例研究に際して，フィールド・ノーツ，メンバーの語りの原稿等も活用した。

　倫理的配慮として，メンバーは，本研究の趣旨，インタビュー時の録音の取り扱い方，及びプライバシーの保護等を口頭と文書にて説明し，同意を文書で得た。

3 モデル・ストーリーを語る人々

　ここでは，本研究のモデルに合致した『リカバリーの物語』を語る人々の事例として，Aさんの「ぴあの」の活動経過を紹介する。先述のように，Aさん

の選定理由は，『リカバリーの物語』を語る人々のエンパワメントの獲得過程がほぼ類似しており，そのなかでもAさんに典型的な発言がみられたことによる。Aさんに「ぴあの」の活動による自己変容に関するインタビュー調査を行った結果，そのエンパワメントの獲得過程は【リカバリーできる自分を信じる】【仲間と共に回復を目指す】【病いの経験知を活用できる市民として社会に貢献する】の3つのカテゴリーで構成され，その下位項目として6のサブカテゴリー，16のコードが産出された。以下，Aさんの発言の引用文は「　」を用いた。【　】はカテゴリー，《　》はサブカテゴリー，〈　〉はコードを示す。

【リカバリーできる自分を信じる】
　このカテゴリーは，援助専門職や法人Zの職員との面接で発言したAさんのフレーズである。Aさんは大学卒業後，営業職に就くが業務過多のなかで睡眠不足の生活が続き30歳代で発病した。その後，病状が悪化し入院となる。Aさんは当時を振り返り，「人生が終わった。髭ものび放題，絶望の一言だった」と語る。退院後，法人Zの施設を利用することになり，職員や利用者からありのままの自分が受け容れられる体験や自分と同様の体験をした人々との語り合いを通して，「凍てついた心が溶けていく」ことを実感していた。そして，少しずつ精神症状が安定してくると，「自分のなかのエンジンがかかってきた，何かしたい気持ちがでてきた」と語り，地域にあるセルフヘルプ・グループに参加する。同様の病いの経験をもつ人々に出会うなかで，「どんどんエンジンがかかり」，ピアカウンセラーの養成講座を受講したり，法人Zの職員の勧めで行政が実施する地域福祉に関する会議の当事者委員として活動したりしていた。
　語り部グループ「ぴあの」の参加動機について，Aさんは「作業所の生活が長かったので，外の世界もみてみたい。何か学びたい」という気持ちが高まり，「語りの活動で自分のなかの偏見を失くしたい。悩んでいる子どもを助けたい。そして，社会を変えていきたいと思ったんです」と語っていた。しかし，セルフヘルプ・グループ以外の場所で，精神の病いにまつわる体験を誰にも話したことがなかったAさんにとって，何をどのように語ってよいのか，何から始めてよいのか戸惑いがあった。「長い間，作業所に通ったけれども，自分の病いの体験を振り返ることは一度もなかったんです。自分の快復のことも話したことがなかったんです」と病いの体験を言葉にする機会を得たことに，うれしさを感じているようだった。そこで，専門職の受容と共感的な態度による面接を重ねることを通して，Aさんは今まで抑圧していた体験や感情を吐露し，「安心して内面を語ることがで

きるようになった」と言葉にしていた。また，専門職の面接のなかで，過去の病いにまつわる体験を意味づける作業によって，「自分の理解が深まった」と語っていた。特に，病気にかかわらず，友人が毎年旅行に誘ってくれた体験を振り返ると，Aさんは友人の優しさに涙が止まらなかったという。そして，「自分の回復を信じてくれる」人々の存在を得て，Aさんは《リカバリーできる自分を信じる》という未来志向の言葉を語っていた。

【仲間と共に回復を目指す】
　このカテゴリーは《当事者の視点を活用できる自分を信じる》と《ピア活動の原点ができる》という2つのサブカテゴリーで構成され，メンバー同士の語り合いや病いの経験のわかちあいがみられた段階で生成されていた。
　専門職による面接において，Aさんの語りの活動に対する期待の言葉を得て，Aさんは自分自身に対する肯定的な自己像を描き，〈リカバリーできる自分を信じる意味を深め〉ていた。また，研修において，同様の病いの経験をもつ人々と出会い，リカバリーしようという思いや自己統制が困難な病いの体験のわかちあいを通して，Aさんは「辛い体験は自分だけではないんだ」ということに気づき，孤独感が緩和されていた。
　「研修」と称するグループの語り合いの場は，非審判的態度や守秘義務及び沈黙の保障という原則に則り，安心して病いの経験を語ることができる安全な場である。その場で，他のメンバーの病いの語りを聞くことにより，Aさんは自分の病いの体験をすりあわせていた。そして，他のメンバーの「私のような保護室の辛い体験は子どもたちにさせたくない」「病気の経験にも意味があった」「今も幻聴に悩むが，グループホームやヘルパーを利用することで自分なりに暮らせている」といった語りを聞き，自らが「栄養分をどんどん吸収できる感じがありました」と語っていた。他のメンバーの「病いをもちながらも自分らしく生きる」という目標に向けた活動が，Aさんに「病いをもちながらも前向きに生きる気持ちを高めた」という。そして，Aさん自身も他のメンバーに向けて病いの体験を語り，それが受容されるなかで「自分の人生を考え語るなかで，夢や希望がでてきて，人生っていいものだと思えるようになった」と語っていた。
　このように，同様の病いの経験をもつ人同士の出会いや病いの経験のわかちあいによって，Aさん自身に病いをもつ「当事者」という意識が醸成されていった。また，抑圧的な社会環境によって生じた生きづらさがあることを語り合うなかで，〈当事者の視点で社会をみることができる〉ようになっていた。さらに，「語りの

活動によって社会を変えたい」という同じ目標をもつ人々と活動を共にすることによって，語りの活動に対する意欲が高まり，〈回復するエネルギーが強化されて〉，Ａさんは《当事者の視点を活用できる自分を信じる》と語っていた。Ａさんはメンバー同士の語り合いの特徴を，次のように説明している。

> ルールは「言いっぱなし・聞きっぱなし」。ただただ他者の体験を聞く。他者を感じ自分を感じる。アドバイスは「私」を主語にして，自分の体験を語る。安心して話せるから，自分の成長があり，生き方を深めていけるんです。

メンバー同士の語り合いにより，Ａさんはモデル・ストーリーを得て，「自分もあの人のようになれるのだ」という〈自己理解が深まる〉体験をしていた。また，自身の語りが他のメンバーのモデル・ストーリーになることで「自分も人の役に立つことができる」ことを実感していた。メンバー同士の語り合いのなかで安心感や場の安全性を体感し，メンバー同士の相互支援に対して，Ａさんは「仲間」という定義づけを行っていた。

そして，研修において，専門職から「語りの活動」の趣旨が改めて確認され，メンバー全員の思いを込めて「ぴあの」というグループ名が決定した。Ａさんは「子どもたちには人を思いやるこころをもってほしい，そんな活動がしたい」と発言していた。他のメンバーが社会にある精神障害者の偏見を減らしたいと希望すると，Ａさんは「社会への関心が高まり」，〈社会への発信方法〉を学びたいと希望した。その発言を受けて，「ぴあの」の研修では「子どもたちに何をどのように伝えるのか」というテーマが設定された。精神障害者に対する社会の偏見が根強くあるなかで，今まさに精神的不調で悩む子どもたちに何を語るのか，一度きりしかない語り，対価が発生する語り，メンバーが試行錯誤の末に創り上げた語りは，病いになっても自分らしく生きることができるという「リカバリーの物語」だった。その物語に，Ａさんは「人を差別することは恥じるべきこと」と「病気にならないことにこしたことはない，でも病気になっても自分らしい生活ができるので大丈夫だよ」というメッセージを加えていた。そのメッセージはメンバー全員の思いを代弁するものであり，メンバーに連帯感や一体感をもたらせていた。また，研修では効果的な語り方や原稿の創り方に関する学習会も行った。このような「ぴあの」のメンバー同士における我々感情の醸成や，精神障害者に対する偏見がある社会に対する批判的意識を共有するなかで，Ａさんは《ピア活動の原点ができる》というフレーズを用いて，次のように表現していた。

仲間に悩みを話して，悩みは自分だけじゃないと思えたり，自分の経験を話すことで元気になってもらえたり。自分はこれでいいんだ，自分も人の役に立つことができるんだという実感が得られたのも，その頃が初めてだったと思います。仲間との語り合いは地域で暮らしていくうえでも効果的です。このような経験が自分のピア活動の原点になったと思います。

【病いの経験知を活用できる市民として社会に貢献する】

　このカテゴリーは，《当事者の視点を活用する自己認識が高まる》《仲間と共生社会の実現を目指して学びあう》《病いの経験知を活用した社会的役割を遂行する》の3つのサブカテゴリーで構成され，教育講演会の実施以降に生成されたカテゴリーである。

　「ぴあの」の研修によって，メンバーの教育講演会に臨む意欲や連帯感が高まりをみせるものの，教育機関からの講演依頼はほとんどなく，依頼があるときには既に「障害理解」「共生社会の実現」等のテーマが設定されていることが多かった。そのようななかで，Aさんはじめ他のメンバーも「外部講師」に対する期待と不安を抱きながら，「教育講演会」に向けた準備性を高めていた。たとえば，当日に向けた「外部講師」に相応しい服装の選択や体調管理，聞き手の子どもたちに配慮した言葉使いやフレーズの選定等がある（第5章）。それらを準備できることで，Aさんは〈自己統制感〉を高めていた。また，教育講演会における病いの物語を創り上げる作業は，自分の病いの体験を客観的に捉えて，それを子どもたちが理解できる言語で表現することが求められるため，Aさんにとって多面的に〈自己理解〉を深めるとともに，《当事者の視点を活用できる自己認識が高まる》体験になっていた。

　また，「研修」において，「精神障害者が地域であたりまえに暮らす難しさ」がメンバーと共有されるなかで，Aさんはじめメンバーは「共生社会の実現」という「ぴあの」の活動のミッションを改めて確認していた。また，教育講演会に向けた準備，語りの実演，その省察といった過程をメンバー同士で共有するなかで，Aさんは他のメンバーの語りの創意工夫を学び，Aさん自身も他のメンバーに語りの実践知を伝える場面がみられた。たとえば，他のメンバーから1分間に話す字数や原稿に記す字の大きさを学び，Aさんは語りにおける効果的な「つかみ」や「精神障害が誰にでもなる可能性がある」ことを人口比を用いて説明するという工夫を紹介していた。このように，〈学びあえる仲間〉の存在を得て，Aさんは「自分の土台になる部分ができてくる，心が強くなる，着実に何かが蓄積して

いく感じがある」と評価し、〈共生社会の実現に向けた意識の高まり〉とともに、《仲間と共生社会の実現を目指して学びあう》姿がみられた。

　Aさんは外部講師という〈社会的役割を得〉て、いよいよ教育講演会に臨む機会を得る。Aさんが教育機関に出向く時は、紳士的な装いで登場する。Aさんは、教育機関からの期待や「ぴあの」を代表して「外部講師」を担う緊張感を抱えながら準備を重ね、自身の病いの経験を子どもたちに語る。そのため、Aさんの語りに対して、聞き手の子どもたちが無関心な態度や否定的な反応を示す場合は、Aさんに不全感が残り、自己否定感がみられた。その際、帰路において、同行した専門職はAさんと面接をもち、子どもたちの語りの反応を振り返り、Aさんの思いを吐露するよう支援する。その後の研修で、Aさんは「ぴあの」の場で創り上げた語りが子どもたちに受け容れられなかったことを報告すると、他のメンバーはそれぞれの経験に基づいた語りの方法の知恵やストレスマネジメント等の情報を提供しながら、子どもたちの語りを聞く準備が必要なことを確認していた。そのような省察のなかで、Aさんは専門職やメンバーから応援と支持を得て、自己信頼感を取り戻すことができるようになるとともに、「ぴあの」の活動のミッションを再確認できることで、自身の語りをより精巧なものにする姿がみられた。

　一方、子どもたちから、病気の辛さに共感する言葉やAさんのメッセージに対する肯定的な反応を得ることができると、Aさんは「社会的に何の役にも立たないと思っていた自分が、語りによって社会貢献ができた」と自己評価していた。精神の病いになって生きる希望を失い、孤独で無意味な生活が長かったAさんにとって、語りの承認を得ることは、今までの病いの経験を肯定的に意味づけする機会となっていた。また、語りの対価を得ることは、Aさんの生き様の承認となり、「人間性や社会性の回復がある」と語っていた。このようなAさんの振り返りを聞きながら、あるメンバーは「作業所では『利用者』、病院では『患者』、いずれも大勢のなかの一人にすぎない。でも教壇では一人ひとりが主人公の物語を語る。それは、『社会的弱者』ではないと思えるのです」と発言し、別のメンバーは「暗闇の時代に、語り部の使命は大きい。この活動を草の根的に全国的に普及させたい」と発言した。これらの発言に賛同したAさんは病いの語りという〈草の根活動〉による社会変革によって、〈社会貢献〉できる自分を、以下のように語っていた。

　保護されるだけの存在から一人の市民として暮らすと言えるまでに、人間性が回復

第6章 ● 公共の場における語りは精神障害者に何をもたらしたのか

できてきたんです。地域の一員としての意識をもつ，自分の生活を組み立てていく，草の根活動を続けることは大切なことだと思います。

以上のことから，「ぴあの」の活動に参加したAさんのエンパワメントの獲得過程をまとめると，次のようになる（図6-2）。

援助専門職との個別面接を通して，Aさんは今まで封印していた感情を吐露することで浄化作用の感覚や自己解放感（森岡，2008）を体感したり，病いの経験を時系列に整理することで自己の一貫性（野口，2002；桜井，2006；やまだ，2000）を図り，【リカバリーできる自分を信じる】ようになった（個別面接：個人的次元）。そして，教育講演会の成功を目指す研修に参加し，同様の病いをもつ当事者との語り合いのなかで，当事者の視点が生まれ，その視点を活用できる意識の醸成がみられた（グループ：個人的次元）。また，モデル・ストーリーの相互獲得（三島，2001；Rappaport, 1993）を経験し，自己理解の促進とともに自己効力感を体得していた（グループ：対人関係的次元）。そして，自分自身の生活のしづらさが「精神障害者」に共通する生活の困難さであり，それは自分の

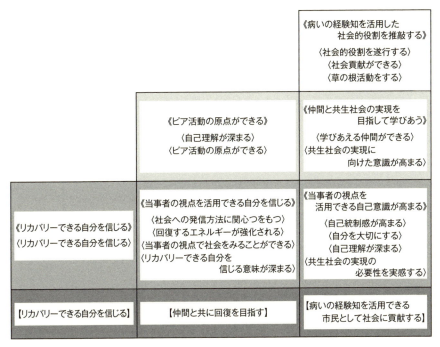

図6-2　個人的・対人関係的・組織的次元のエンパワメントの構成要素

能力の欠如ではなく，抑圧的な社会環境に起因することに気づくと，社会に対する批判的意識が生まれるとともに（Freire, 1973=1979），その社会に変革を起こすための〈社会への発信方法に関心〉がみられるようになった（グループ：対人関係的次元）。

その頃より，Aさんは《ピア活動の原点ができた》と語り，【仲間と共に回復を目指す】意識と教育講演会への準備性の高まりがみられた（グループ：個人的＋対人関係的次元）。しかし，「ぴあの」の教育講演会活動の趣旨に賛同する教育機関は多いものの，実際の講演依頼はほとんどなかったことはAさんやメンバーにとって，「精神障害者」に対する社会の偏見を体感する機会となり，精神障害者の偏見を助長しない語りを意識するようになった。そして，試行錯誤を重ねたうえに創り上げられた教育講演会の語りは，子どもたちに共生社会の創造を託すメッセージのある定型化された「リカバリーの物語」だったのである。そのため，子どもたちへの思いを込めた語りに対して，子どもたちが無関心や否定的な反応を示した場合，Aさんは自己否定感を抱くことになる。反対に，子どもたちから肯定的な反応を得た場合，Aさんは〈社会的役割の遂行〉による〈社会貢献〉を実感でき，自己効力感の向上（Conger & Kanungo, 1988）や〈自己統制〉による社会性の獲得（Rotter, 1966），語りの活動への使命感の高まり（Deci, 1975=1980）がみられた。また，「障害者」「病者」という保護される存在から，病いの経験から得た教訓を同世代の人々や次世代の子どもたちに伝授できる「外部講師」へとアイデンティティの拡大がみられた。Aさんは語りの承認者の拡大により，共生社会の実現に向けて，公共の場における語りをより精巧なものにしながら，語りに基づく〈草の根活動〉を継続している（講演：個人的次元＋対人関係的次元＋組織的次元）。

以上のことから，Aさんのエンパワメントの過程の特徴として，次の二点をあげることができる。

第一に，公共の場における語りの活動によるエンパワメントの過程は「語りに対する聞き手の承認を得て，リカバリーを実感し，社会変革に向けて行動していく過程」を経ていたことである。

Aさんのインタビューによって，産出されたカテゴリーは，個別面接による【リカバリーできる自分を信じる】という自己信頼感を基盤として，グループ研修による【仲間と共に回復を目指す】という連帯感や相互教育，公共の場における語りによる【病いの経験知を活用できる市民として社会に貢献する】という自

己効力感の獲得と語りの承認者の増大がみられた。それらの図式化を試案すると，語りの内容を示すアイデンティティの多義性の拡大を横軸として，聞き手の承認を図る社会変革に向けた行動化の拡大を縦軸に表すことができないだろうか（図6-3）。

「アイデンティティの多義性」に着目すると，自己の存在は自分自身を語ることによって生み出される（浅野，2001, p.4）という考えがある。自分の人生における無数のエピソードのなかから，どのエピソードを紡いでいくのかによって，生成される自己物語が異なる。Aさんは，個別面接の場では「患者」「クライエント」，グループの場では「障害者」「仲間」，教育講演会の場では「外部講師」というアイデンティティがある。「外部講師」というアイデンティティで語る物語は『リカバリーの物語』であり，「精神の病いによって活動が制限されたとしても，何かに貢献し，希望にあふれ，満足できる生活を送る生き方」（Anthony, 1993）を示す物語である。実際に，Aさんをはじめ『リカバリーの物語』を語る人々は，病いを患うことで人生に新たな意味や目標を見出すなかで（Anthony, 1993），「ぴあの」の教育講演会活動における「外部講師」というアイデンティティに即した自己物語を語り，聞き手の子どもから承認を得て社会貢献を体感することができていた。しかし，特筆すべきことは，Aさんはじめ『リカバリーの物語』を語る人々は，「外部講師」のアイデンティティと「患者」「障害者」「仲間」といったアイデンティティを複合的・複層的にもちあわせ，語りの場に応じて，そのアイデンティティに適う語りを主体的に使い分けることが可能だったということである。このことから，横軸は「病いをもちながらも自分らしく生きる」というリカバリーの促進を示し，状況に応じて語りを統制できるアイデンティティの多義性を示すものと考えられる。

一方，「社会変革に向けた行動化」とは，語りの承認者の増大に向けた行動化を示す。それは，精神障害者に対する偏見がある社会を変えていく原動力となる。第2章で述べたように，「語り」は「語る」という行為が展開されている社会的・歴史的文脈が影響する。プラマーは，沈黙のなかにあったセクシャル・ストーリーが語られるには，コンシャスシス・レイジング（意識覚醒）とカミングアウトの過程という外在的な契機が必要だったと指摘している（Plummer, 1995=1998, pp.117-118）。「ぴあの」の活動に着目すると，メンバーは病いにまつわる体験の語り合いにより，自分をパワーレスな状態に追いやるのは精神疾患だけではなく，偏見・差別といった抑圧的な社会環境にあるという批判的意識が醸成されていた（コンシャスシス・レイジング）。その意識は，「ぴあの」の活動目標である「共

生社会の実現」というフレーズを生み，その目標を達成するために，公共の場における病いの語りという行動化がみられた（カミングアウト）。その思いや行動を後押しする社会的・歴史的文脈として，精神障害者に関する法制度の「入院治療主義から地域生活支援へ」という理念や，当事者主権の思潮の普及，我が国の五大疾患に精神疾患が位置づけられたこと等がある。このようななかで，当事者による病いの語りが「隠す／誰にも言えないもの」から「病いの経験から得た教訓」へとパラダイム転換をもたらしたと言える。当事者による病いの語りの承認者が同じ時代を生きる人々や次世代を担う人々の間で増大すればするほど，社会にある精神障害者に対するドミナント・ストーリーがオルタナティブ・ストーリーに書き換えられる可能性を生む。このことから，縦軸は「病いの経験知を社会のなかで活用する」という当事者の行動化を示すと考えられる。

第二に，当事者のエンパワメントの過程は，「ぴあの」の活動を企画した時に想定した過程と微妙に異なる点である。語りの活動当初は，先行研究を参照しつつ，組織的次元のエンパワメントは個人的次元や対人関係的次元のエンパワメントを経て，その連続体として段階的・重層的な過程を辿ることが想定された。しかし，Aさんのインタビューから得られた表現は当初に想定したものと微妙に異なり，聞き手の反応に応じて重層的に往還的かつ多方向的な過程を経て，組織的次元のエンパワメントを獲得していたのである（図6-3）。

本研究に即してみると，「語り」は語り手と聞き手の共同行為であるという特質があり（Plummer, 1995=1998；やまだ, 2000），聞き手の応答が語り手のエン

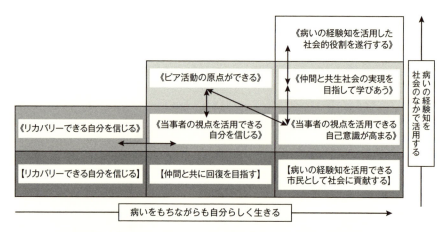

図6-3 語りに対する聞き手の承認を得て，リカバリーを実感し，社会変革に向けて行動していく過程（「リカバリーの物語」を語る人々）

パワメントに影響を与える。先述のAさんのように，自己の生き様が綴られた病いの語りに対して，聞き手が無関心な態度や否定的な反応の場合は自己否定感が高まり自尊感情の低下につながる。それが精神疾患の再発の引き金になることもある。「リカバリーの物語」を語る人々は，そのパワーの喪失に対して，援助専門職や仲間の支援も含めて，自身のストレングスや地域にある多様な資源を動員しながら，自分たちの意思決定によって課題を解消していた。それは他者に影響を与える力やストレングスの自己認識をうみ，当事者のパワーを増強させることになっていた。リッジウェイ（Ridgway, P.）が「リカバリーは一つの過程であり，多くの部分からなる非直線的に展開する過程である」（Ridgway, 2001）と指摘し，ディーガンも「リカバリーは完全な直線的プロセスではない。ためらったり，後退したり，生活を再構築したり，もう一度始めることもある」（Deegan, 1988）と述べており，リカバリーに至る過程の一つにあるエンパワメントも同様に非直線的な過程を辿ると言えよう。つまり，当事者は組織的次元のエンパワメントを個人的次元，対人関係的次元のエンパワメントと重層的に往還的かつ多方向的な過程のなかで獲得していくと言えないだろうか。

コラム 4

　山中　実さん（仮名）は，語り部グループ「ぴあの」の1期生です。病いの体験を語ることが次世代を担う子どもだちに役立つ，精神障害者に対する社会の偏見を減らすことができることに活動の意義があると何度も語っていました。そのような山中さんの中学生に向けた語りを紹介します。

　こんにちは。おっちゃんは「山中　実」と申します。最初に言いたいことは，「人生って，自分で考えていたように進むものとは違う，予測できない」ということです。だからおもしろい，味わい深いというのが実感です。
　おっちゃんも，むかしは，まさか自分が精神障害になるなんて，そして過酷な人生を送ることになるなんて，夢にも思いませんでした。普通に学校を出て，就職して，順調な社会人生活を送っていたのですから。26歳の時に働き過ぎとストレス，ちょっとした行き違いから思いつめてしまって，精神病院に入院となりました。私は先生の質問に「はい」とだけ答えていたら，そのまま入院になりました。こころの病になるなんて，自分自身も家族，友人も思いもよらぬことでした。私は本当に苦しくて「もうあかん」「未来はない」と何度も思いました。
　その後，退院して家に戻ったけれども，友達，誰もいない。仕事も失って，こころが独りぽっちになってしまったわけです。精神の病気には偏見がある，自分のなかにもある。話をする人も，挨拶をする人もいない時，玄関を叩く音がして，出てみたら幼馴みの友人が訪ねてきてくれたんです。近所の喫茶店で1時間くらい話をしました。短い時間でしたけれど，どれほど深い意味を持つのか，一生忘れることはない時間です。
　この病気になったときに，自分ではどうすることもできませんでした。その時，私を受け容れてくれた場所と人がいます。それは地域と家族です。病気について思うの

> は、「精神の病気」「心の病」はストレス等がかかったら誰でもなる可能性があるということです。けれども、それは人生の挫折とか終わりを意味するものではなくて一時的な休憩だと思いますし、そう捉えてほしいのです。人生はそんなに単純なものではない。世の中には良い人も多くいるのも事実です。
> 　私のほかにもこの病気になったたくさんの仲間がいます。伝えたいのは、ハンディのある人や弱い人を差別するとはどういうことでしょうか。それは、人間として恥ずかしいことですね。それを皆さんにわかってほしいです。その思いが社会で大多数を占めるような世の中になることを願います。人と人とが温かくつながっていきましょうね。

4　「私」のストーリーを模索する人々

　「ぴあの」の教育講演会は、原則、「子どもたち」を聞き手とし、「学校」という規範的な場において、病いの体験を自ら一人で語る「講演会方式」で行う。その病いの語りは、子どもたちに配慮した『リカバリーの物語』になることが多い。このような活動とは異なる活動をした人々として、『ありのままの物語』と『未完成な物語』を語る人々が存在した。それは、語りの活動の設計時には想定していなかった人々だった。

1.「ありのままの病いの体験を語りたい」というIさんの語りの活動

　Iさんは、「ぴあの」の活動を継続しながらも、「ぴあの」のモデルとなるリカバリーの物語ではなく、赤裸々な病的体験を織り込んだありのままの物語を語りたいと望む人である。
　10歳代で発病したIさんは入退院を繰り返すなかで、法人Zの施設を利用するようになった。そこで、語り部グループ「ぴあの」の活動を知り、自ら参加を希望した。初回の個別面接において、Iさんは「病いの経験を言葉にして伝えたい」と語っていた。しかし、未だ精神症状が不安定であり、面接場面でも幻聴によって会話が遮られることが度々あり、薬の副作用から発語も困難だった。研修におけるメンバー同士の語り合いの場面でも、病いの体験を言語化することが難しく、Iさんが「サラダことば」と言いながら差し出す原稿は強い筆圧で大小さまざまな文字が行間を越えて埋め尽くされていた。Iさんの自己物語は幼少期に遡るが当時の記憶が定かでなく、思い出される出来事が妄想なのか事実なのか、

本人自身もわからないことが多々あった。そのため，Ｉさんの物語の作成作業は「研修」の時間に収まらず，病状の不安定さもあって，法人Ｚの職員との面接で行われることが多くなった。そのことをＩさんは笑顔で「自分を見つめ直すことができる」と発言し，自分の病いの体験を振り返ることが楽しい様子だった。

「ぴあの」の研修を重ねるなかで，自身の語りの原稿ができたメンバーから，教育講演会で語りを実演する活動が始まった。「ぴあの」のメンバーによる語りの聞き手は，子どもたちに照準をあてているものの，精神保健福祉領域の専門職やその専門職を目指す学生，ボランティアや市民等にも語りを行っている。ある日，事務局に精神保健福祉領域の専門職を目指す学生に向けた講演依頼があった。研修の場で，職員が講演依頼の情報を提供すると，原稿が完成していないＩさんがその講師を希望した。他のメンバーもＩさんの語りたいという思いを尊重し，励ましの声をかけていた。Ｉさんに語りたいという思いを尋ねると，「病名で呼ばれる。『統合失調症』と呼ばれる。そうじゃないリカバリーしていく自分がいる。それを語りたい」とはっきりした口調で返答していた。いつもは呂律が回らず，話が迂遠することが多いＩさんの明確な返答は説得力があった。

Ｉさんの病いの歴史は長く，今も現在進行形である。幻聴に振り回され，対人関係がうまくいかず孤独な日々のなか，自分の意思に選らない入院，拘束・隔離，自殺未遂，ようやく法人Ｚで信頼できる職員や友だちに出会い，自分が受容される経験がある。Ｉさんは「語りは大切。ありのままの自分を話す，自分を表現することが大切」といいながら，今までの病いの体験を振り返る姿があった。Ｉさんにとって，「今，ここ」の自分を認めるためには，今までの病いにまつわる体験を意味づけることが不可欠な作業だった。そして，講演会を目指して，Ｉさんは職員と二人三脚で病いにまつわる出来事と出来事を紡ぎ，自己物語を創る作業に再び取り掛かっていた。しかし，症状の不安定さや病いの体験に対する感情が先走るＩさんが，一貫性のある自己物語を創り上げることは容易なことではなかったのである。そのため，講演会当日になっても，Ｉさんの自己物語は完成されず，結局，法人Ｚの職員の質問にＩさんが応えるという「かけあい方式」で臨むことになった。その後の研修で，Ｉさんの講演会の振り返りがあった。Ｉさんは職員とのかけあい方式で，いじめと発病当時の体験，入院中の体験，一人暮らしの楽しさの体験を語ってきたと笑顔で報告した。同行した職員からも，Ｉさんが学生に向けて堂々と幻聴の内容やヘルパー利用の必要性を説明していたと評価があった。Ｉさんは，学生から感謝の言葉をもらったことを照れくさそうに振り返り，次のように語っていた。

（語りには）僕らしい姿が現れていたと思うんです。苦しみから回復して，その努力が実った感じがしたんです。そのことが人生のビジョン，本当の僕が出てきたって感じです。学生の感想文は自分の生きる励みになりますね。

　いつも幻聴に振り回され険しい顔つきのIさんが，これほどまでに笑顔になれるのかという姿を目の当たりにした私は，語りの承認を得ることがIさんの語りの活動における重要な支援であると認識した。その頃より，Iさんの病状に一層落ち着きがみられ，研修の場でも「精神力や集中力がエンパワメントされて，自己分析できるようになった」という言葉がみられた。そして，職員との個別面接のなかでようやく完成したIさんの子どもに向けた語りは「（思春期における）葛藤は宝」というフレーズを織り込んだ物語であり，「伝えることと伝わることは違う，経験したことを伝えたい。ありのままの体験を伝えたい」と，いじめの体験や仕事がうまくいかなかった体験を綴り，悩んだことが今の自分にとっては大切な体験だったと語っていた。この物語を研修で披露すると，メンバーから「Iさんの物語はIさんの哲学，生き様になる」というフィードバックがあった。その言葉に賛同するように他のメンバーの頷きがあり，Iさんも「自分を表現することがケアになり，リハビリになり，リカバリーしていく自分になる」と発言していた。実際にIさんの幻聴が軽減し，メンバーと語りの活動に対する建設的な議論ができるようになっていた。
　その後，研修では中学生や高校生への「病いの体験の伝え方」がテーマにあがり，各々の原稿の見直しを行うことになった。Iさんは「語りは哲学。どう病気とつきあってきたかを伝えたい」といい，援助専門職との個別面接では「（語りの活動を始めて）生活が楽しい。ひどい症状がなくなり，専門用語でなく自分の言葉で語り直したい」と希望した。Iさんは「ありのままの経験を語りたい」と強く願い，いじめの体験に加え，発病当初の幻聴体験，コントロールできない病的体験が自傷他害行為に及んだこと等のエピソードがあげられた。それを聞いた他のメンバーから，「子どもの精神障害者に対する偏見を助長させる危険性がある」という批評がIさんに向けられた。教育機関から「ぴあの」に対する講演依頼がほとんどない状況で，精神病の好発時期にある子どもたちに伝えたいものは何なのか，メンバー同士が模索しているなかでの出来事だった。
　Iさんが語る物語はIさん固有の物語であるが，聞き手にとっては「ぴあの」を代表する物語，ひいては，「精神障害者」の物語として位置づけられる。初めて「精神障害者」の語りを聞く子どもに向けた語り，精神的不調に悩む子どもに

向けた語り，一度切りの語り，報酬が発生する語り，教職員や保護者の求める語り，それらをふまえた語りには何が求められるのか，このことは何度も「ぴあの」で議論されたことである。そのようななかで，自傷他害に及ぶ赤裸々な病的体験が綴られたＩさんの物語を，中学生・高校生に語るには「ぴあの」のメンバーの賛同が得られなかったのである。このことは，Ｉさんにとって，自分の語りが専門職や同様の病いの経験をもつメンバーに限定された人々を除いた社会に受け容れられないことを体感する契機にもなった。ひいては，Ｉさんの病いの意味づけや「哲学」に対する否定的な評価となり，本人のパワーを減退させることになった。

　その頃から，Ｉさんの精神症状が不安定となり，他のメンバーの助言を反映した語り直しができず，職員との個別面接を繰り返すことになった。私との個別面接でも，Ｉさん自身が責められているのではなく，Ｉさんの語りが子どもに向けられた時，精神障害者に対する病状のみが強調される危険性があることを説明した。また，赤裸々な病的体験の語りは専門職やそれを目指す学生から好評だったことを振り返ると，Ｉさんは鞄のなかから「宝物」といいながら，Ｉさんへの感謝や励ましが書かれた学生の感想文を取り出し，私にみせたのである。この時，私はＩさんにとって語りの承認を得る機会を提供することが，援助専門職の重要な役割であると改めて確信したのである。

　その後もＩさんの赤裸々な病的体験を語りたいという思いは変わらなかった。

　ある研修で，Ｉさんと同様に自己物語の作成に困難を感じているメンバーの悩みが共有された。その時，公共の場における語りの経験があるメンバーから，伝えたいことを箇条書きにする案があがった。早速，Ｉさんは箇条書きの原稿を作成したいと職員に願った。しかし，先述のように，病いに対する思いや感情が先走り，時に幻聴にコントロールされるＩさんは病いの語りを箇条書きにすることすら困難だった。それでも，Ｉさんは「自分のケアになるし，病いの語りを役立てたい」と語っていた。

　研修を重ねるなかで，Ｉさんは自分なりの「語り」をみつけることになる二つの出来事があった。一つは，Ｉさんが得意とする語りの方法を得たことである。

　Ｉさんはヘルパー向けの講演会の情報を得ると，その講演者に立候補した。Ｉさんにとって，自分の語りが聞き手の承認を得ることは自分の病いの経験が無駄にならないことを意味する。また，自分を語ることや表現することは自己理解につながり，妄想の世界ではなく現実の自分に戻れる機会となっていた。そして，何よりも「統合失調症者の物語」ではなく世界で一つしかない「自分が主人公の物語」を創ることがＩさんが語りの活動を始めた動機だったため，Ｉさんは語り

を創る作業を諦めなかったのである。しかし，Iさんは病状の不安定さも重なって，自己物語の原稿ができないまま，講演会当日を迎えることになった。その後の研修で，Iさんは「原稿はできなかったけど，病気から元気になるきっかけを話してきた」と笑顔で報告した。この講演会も，Iさんは法人Zの職員とのかけあい方式で病いの経験を語り，ヘルパーからの質問に応答するかたちで行われた。同行した職員から「Iさんはものおじせずに質問に回答していた」と報告があると，Iさんは満足気な表情をみせていた。以前も職員とのかけあい方式が聞き手に好評だったことから，Iさんは語りの成功体験を重ねることになった。「（不特定多数の）講演会は原稿がないと不安である」というメンバーが多いなかで，その場の質問に即答できることはIさんの「能力／得意分野」と認められるようになった。Iさんにとっても，聞き手の質問に応じるという「かけあい方式」は面接と類似しており，原稿を書くよりも回答しやすく，質問により自分の経験を引き出してもらえる点で自分に適しているというのである。また，聞き手にとっても，かけあい方式のよさは自らの関心事を質問でき，それに応答を得ることができる点にある。この出来事によって，「ぴあの」の語りの活動に「かけあい方式」という表現が生まれ，他のメンバーからもかけあい方式を希望する声が聞かれるようになった。

　このように，かけあい方式は語り手の考えがまとまらない場合や言語化できない場合の語りを引き出したり創出する可能性があるものの，聞き手の質問に誘導される語り，聞き手の希望する語りに終始してしまう危険性がある。つまり，語り手を受動的な「回答の容器」（Holstein & Gubrium, 1995=2004）と化してしまう危険性があり，そのジレンマに援助専門職である私の悩みが生じることになった。

　もう一つは，Iさんの語りに対する聞き手の照準を，「ぴあの」のモデルである「子ども」ではなく，精神保健福祉領域の専門職とそれを目指す「学生」にあてたことである。

　公共の場における語りの設計では，聞き手を誰にするのかは重要な論点となる。Iさんが希望する，「赤裸々な病的体験の語り」に関しては，「ぴあの」のメンバーだけではなく，小学校や中学校の教職員との打ち合わせの段階で，子どもたちには「刺激がきつい」「病気の理解が難しい」「現に，精神的不調で悩む子どもを不安にさせる」と忠告されることがあった。実際に，精神障害者と子どもたちの交流会で，当事者から幻聴体験を聞いた子どもは「幻聴は怖い，そんな病気になりたくない」という感想が多くみられた。一方，精神保健福祉領域の専門職やそれを目指す学生にとっては，赤裸々な病的体験の語りは，「幻聴」「妄想」という医

学的専門用語を当事者の生活世界の言葉で理解できる点で教育的効果が高いものだったのである。

　この経験から，援助専門職の私は，聞き手のニーズと語り手の語りの内容をマッチングするという役割について再考することになった。「ぴあの」では，「（Ｉさんの）赤裸々な病的体験の語り」と「未だ精神障害者に偏見をもっていない子ども」のマッチングに際して，「病的体験に終始する語り」は精神障害者の病状の理解と偏見の助長と隣りあわせであり，先述のように「ぴあの」では子どもの精神障害者に対する偏見を助長する危険性があると判断していた。しかし，プラマーが指摘するように，公共の場における語りは，本来，精神障害者に偏見がある社会に向けて語ることを通して社会変革を目指すものである（Plummer, 1995=1998）。つまり，Ｉさんの語りの聞き手が「子ども」から「専門職やそれを目指す学生」に変更することは，語りの場の安全性を代償として，聞き手の範囲を「制約」することになりかねない。この点に関しても，援助専門職としての私のジレンマが生じた。赤裸々な病的体験を伝えることが真の意味での社会変革をもたらすことを鑑みると，病いの語りに関心を示さない人々と接点をもち，病いの語りを共有できる方策を公共の語りの設計に組み込むことが求められるからである。

　Ｉさんの語りの活動から学びと課題を振り返ると，次のようになる。
　「ぴあの」のモデルとなる語りはグループの一体感を高め，グループのアイデンティティの一貫性を保持することが可能であるが，それに合致しない語り，Ｉさんのような「ありのままの語り」が切り捨てられる危険性がある（伊野，2005）。そこで，Ｉさんが語りの活動を継続できるような支援とは何かを模索してきた。
　第一に，語りを生成する過程そのものが自己理解につながり，幻聴や妄想の世界から現実の世界に引き戻したり，幻聴や妄想に悩む自分を客観視できたりする点で，Ｉさんに「ケアやリハビリ」をもたらす可能性があった。その際，「一人では，語りの生成が難しい」というＩさんに対して，「その場の質疑応答が可能である」という本人のストレングスに着目すると，一人で講話する「講演会方式」ではなく，質問に応答するという「かけあい方式」が効果をもたらせていた。
　第二に，自らの病いの語りが聞き手から承認を得ることは，精神の病いの経験を肯定的に意味づけできる機会となり，それは語り手の自己肯定感を高めることになる。「語りの承認の獲得」を目標におくと，ありのままの体験を語りたいと望むＩさんの聞き手には，精神障害者と接触体験のない「子どもたち」ではなく，

コラム 5

　中村裕次さん（仮名）は，精神の病いを患い，「自分のような辛い体験をしてほしくない」という思いから，子どもたちにも赤裸々な病いの経験を語りたいという思いがあります。ただ，メンバーからはあまりにリアルな話は小学生や中学生の精神障害者に対する偏見を高めるのではないかという意見がでました。その一方で，精神保健福祉士や看護師を目指す学生にはリアルな話の方が，病いの理解が進むのではないかと言う意見が多くみられました。今も語りの内容を模索している中村さんの語りを紹介します。

　はじめまして，中村裕次です。
　幼い頃から小学校を卒業するまで，いじめや兄から暴力を受けてきました。高校を卒業した後，繁華街でうろうろすることが多くなり，金遣いも荒くなりました。それから，まじめになりたいと思い，いろいろな仕事に就きましたが長続きしませんでした。家のなかで閉じこもることが多くなり，食事もあまり摂りませんでした。
　その後，母親と精神科の診療所を受診しました。声が聞こえるというと，今でいう「統合失調症」と診断されました。そのまま，母親と車に乗って着いたのが精神科病院で，びっくりしました。初日の面接は外から鍵をかけられたこともあり，病棟に戻る時に逃げたい思いで，ひたすら暴れてしまいました。母親は，僕の姿を見て号泣していました。薬をのむことを強要され，それからというもの眠ってばかりの日々でした。よっぽど疲れていたんだと思います。
　ここから逃げたいという思いからひたすら暴れていると，今度は保護室に入れられ，鉄格子に鍵がかけられました。好きなタバコを吸うにもルールがあり，とても窮屈でした。入院生活が1年間に及んだ頃，症状も落着いて退院することができ，退院後，精神科のデイケアへの誘いを受け利用することになりました。
　デイケアで親しくなった人たちとの雑談や笑い話が楽しくて，しだいに自分が大人になっていくことが感じられました。今は幻覚と上手く付き合うことができるようになり，グループホームを利用しています。これからも前向きに献身的に頑張っていきたいと思います。

精神障害者の支援者である「専門職やそれを目指す学生」をマッチングすることで，一定の成果を得ることができた。
　しかし，このような公共の場における語りの活動から生まれた方策である，「かけあい方式」も「語り手と聞き手のマッチング」も，それらを企画・運営する側に援助専門職が存在する限りにおいて，語り手の主人公は誰なのかという語りの主体性の問題が残る。それは，援助専門職である私のジレンマとなった。

2.「就職や結婚もしたい」と願う『未完成な物語』を語る人々の活動

　『未完成な物語』を語る人々は，「ぴあの」の活動に参加するも，その継続が難しく，語りの活動を模索している人々である。このような人々は，公共の場にお

ける語りや研修におけるメンバー同士の語り合いよりも，職員による個別面接が多くなり，以下のような三点に特徴がみられた。

　第一に，語りの活動と自分の社会活動との揺らぎがある。このタイプの人々は4名中3名が30歳代と他のメンバー（50歳前後）に比べて年齢層が近く，就労や結婚等の社会活動の希望が高い。そのため，顔を出して病名を公言することが就労や結婚にマイナスになるのではないかと悩む姿が多くみられた。このタイプの人々も「自分のような辛い病気の体験をする子どもを一人でも減らしたい」という「ぴあの」の活動に参加する動機は他のメンバーと共通しており，子どもたちに「精神障害者の正しい知識を習得すること」「悩んだ時に相談できる相手を見つけておく大切さ」をメッセージとして投げかけていた。その自身の語りに対して，子どもたちの肯定的な反応を得て，語り手本人は病いの語りによる社会貢献を言葉にしていた。しかし，その一方で，同世代の人々や友だちの就職や結婚というライフイベントを目の当たりにすることで，自分が「精神障害者」として生きていくのか，「精神障害者」という語りの活動を継続してよいのかという，将来に対する不安の言葉が聞かれた。

　　皆と一緒に語りの活動はしたいが，自分の人生が「障害者」と生きていくことでよいのか悩む。同世代をみると，これでよいとふっきれない自分がいる。働くことや結婚することを考えてしまう。でも，本当はありのままに生きていきたい，でも迷う。

　教育講演会で求められる語りは，病いを抱えながらも自分らしい生活が可能であるという『病いの物語：リカバリーの物語』であり，その要請を受けて『共生社会の実現に向けた協働への期待』というメッセージが付加された語りである（栄2014b）。『未完成な物語』を語る人々は，病状が不安定ななかで『リカバリーの物語』を語ることに躊躇する一方で，「普通の生活」を目指して就職活動等にエネルギーを費やす場合は語りの活動を継続するインセンティブの保持が難しい。また，精神障害者に対する偏見がある社会において，顔を出すことや実名を名乗ることへの抵抗感もあった。さらに，親や兄弟姉妹から公共の場における語りの活動に対する賛同が得られにくいという意見も聞かれた。

　第二に，公共の場における語りのもつ特徴に対する二つの不安がみられた。一つは，語りを創り上げる作業による精神症状の追体験への不安である。第4章でもみてきたように，「ぴあの」の活動では，聞き手の子どもたちに配慮しながら

も初発当時の具体的な不調を語ることが求められる。しかし,『未完成な物語』を語る人々は今も精神症状に悩み,「(初発当時の)辛い体験を思い出そうとすると,しんどくなる」という語りに代表される発言が多くみられ,初発当時の追体験を回避したいとの思いから自己物語の作成に躊躇する場面が少なくなかった。

語りの活動は自分がどこまでチャレンジできるのかという期待と,20年もかかって,やっとここまで楽になってきたのに,語ることで再びしんどくならないかという不安もある。ずっと悩みながら「ぴあの」の活動に参加している。

この初発当時の様子に関して,『リカバリーの物語』を語る人々は,子どもたちの理解の促進を目指して,生活用語を用いた自己定義に書き換える等の創意工夫を行っていた。第5章で紹介したが,このような語りの作成作業により,本人から「あやふやだった記憶が整理された」という自己物語の一貫性や,「当時のしんどさが理解できた」という自己理解の深化がみられた。しかし,『未完成な物語』を語る人々は発病からの時間の経過も短く,未だ病状が安定しないなかで,病いの経験の客観視が困難だったのである。

三つ目は,公共の場における語りでは聞き手の承認を得ることが不確かなことである。公共の場における語りの聞き手は個別面接やグループの聞き手と異なり,精神障害者の語りに関心を示すとは限らない(第2章)。自分の生き様が綴られた物語に聞き手が無関心な態度や否定的な反応を示せば,語りを行った本人の自己否定感や語りの活動の参加意欲の低下につながる。『未完成な物語』を語る人々は,子どもたちの反応が得られないことを次のように語っていた。

自分の病気のことを語って,しんどくなった。子どもたちから何の反応もない自分の語りは本当に人の役に立つことができたのか,単なる体験談の語りで終わってしまったのか。振り返ると得るものがなかったように思う。

別のメンバーは,高校生に向けて行った講演について,次のように語っていた。

自分の経験をもとに,誰でも病いになる可能性があることを伝えたけれど,あまり受け容れられた気がしなかった。質問は恋愛やファッションのことばかりで(ためらい),語りの活動と少し距離をおきたい。

第 6 章 ● 公共の場における語りは精神障害者に何をもたらしたのか

　語りを行った本人がエンパワメントするには，聞き手の承認が重要な要素となる。先述の A さんのように，『リカバリーの物語』を語る人々は「語りの聞き手の承認を得て，リカバリーを実感し，社会変革に向けて行動する過程」を辿っていた。しかし，『未完成な物語』を語る人々には自身の語りの承認を得るという成功体験を認識できなかったため，公共の場における語りよりも，実質的には援助専門職による「個別面接」が多くみられた。そこで，援助専門職は，その個別面接における語りの価値を見出しながらも，『未完成な物語』を語る人々の「ぴあの」の活動に参加する理由が，精神障害者に対する正しい知識の習得を目指す教育の普及や早期相談体制の整備といった社会変革を願うものだったことから，先行研究にみる本人の受容と共感的態度に基づく「個別面接」や病いにまつわる経験のわかちあいという「グループの語り」で完結することに留まらず，本人の語りの文脈によって「個別面接」や「グループの語り」の内容に「公共の語り」である「ぴあの」の活動への参加が可能な方途を示してきた。たとえば，「ぴあの」の活動を一時停止し，就労を目指したいというメンバーに対して，援助専門職は職員とともに本人の希望に即した就労支援を行いながらも，個別面接の文脈をみながら「ぴあの」の活動に関する情報を提供していた。そのため，本人が研修に参加する場面もみられ，他のメンバーも私も「ぴあの」の一員として違和感なく受け容れていた。その経験をしたメンバーは他のメンバーに「今は就職活動をしているが，語りの活動に戻った時は受け容れてほしい」と伝える場面もみられ，公共の場における語りの活動の価値を否定することはなかったのである。
　このように，『未完成な物語』を語る人々にとって，「個別面接」や「グループの語り」は個々に独立して存在するのではなく，公共の場における語りの意義とそれに向けて活動した経験を踏まえた「個別面接」や共生社会の実現を目指す仲間同士の「グループの語り」となることに意義がある。公共の場における語りの活動を目標に据えることで，個別面接や就労を目指す活動に対するインセンティブを得る可能性を生む。つまり，『未完成な物語』を語る人々も「自己信頼」「語りの活動による経験の拡大」といった個人的次元のエンパワメントや，「グループの所属感」「仲間意識の高揚」「批判的意識の高揚」という対人関係的次元のエンパワメントを獲得しているといえないだろうか。
　このことから，『未完成な物語』を語る人々に対する組織的次元におけるエンパワメント実践では，単に公共の場における語りの聞き手から承認を得ることを必ずしも目的とするのではなく，個別面接（個人的次元）とグループの語り（対人関係的次元）に留まりつつも，そこで個々の次元を独立して設定した時には得

られないエンパワメントを各々の次元にもたらすような働きかけが目標かつ出発点となることが期待される。研修の場で,『未完成な物語』を語る人々が将来の就職や結婚に対する不安を相談すると,『リカバリーの物語』を語る人々は「自分たちも20代,30代では人前で語ることに躊躇していた」ことを各々の言葉で表現していた。メンバー同士の語り合いでは,精神障害者に対する偏見がある社会において,病いの経験を語るリスクの高さ,「語りたい」思えるタイミングの大切さが共有されていた。

セルフヘルプ・グループの語りの原則では,メンバーの「沈黙」が保障される(Katz, 1993=1997)。それは,語らなくても,その人の存在そのものが受容される時空間の重要性を示すものである。未だ,精神障害者に対する偏見が強い社会のなかで,病いの語りを普及させる活動はその偏見を低減させる可能性をもつ点で重要な活動である。しかし,『リカバリーの物語』を語る人々が以前は『未完成な物語』を語る人々と同じ思いだったことを鑑みると,援助専門職は本人が語りたくないという思いや感情に敬意を示し,本人が語りたいと思える時熟を待つことも重要な語りの支援と言えるのである。

5 小括

本章の目的は,組織的次元のエンパワメント実践として設計した,語り部グループ「ぴあの」の活動に参加したメンバーにとって,「ぴあの」の活動の評価を明らかにすることである。第3章で試みたように,公共における場の語りの活動においてモデルとなる人々は「外部講師という社会的役割を得て,その役割遂行に向けて自己統制でき,語りに対する聞き手の承認(精神的報酬)や語りの対価(金銭的報酬)を獲得することで社会貢献を実感できた人々」である。これをもとに,「ぴあの」の活動に参加したメンバーの類型に際して物語の内容から命名することを試みた。本研究のモデルを超えた語りの活動をしている人々は『オリジナルな物語』を語る人々,モデルに適う活動を行う人々は『リカバリーの物語』を語る人々,モデルとは異なる活動がみられた人々は『ありのままの物語』を語る人々と『未完成な物語』を語る人々と命名した。以下,「ぴあの」の活動を継続している『リカバリーの物語』『ありのままの物語』『未完成な物語』を語る人々の事例研究から得られた知見は,次の三点である。

第一は，本研究が設計したエンパワメント実践のモデルに適う『リカバリーの物語』を語る人々から得られた知見がある。このタイプの人々は，病いの語りの承認を得て，「病者」「障害者」「病いの経験を語る講師」等のアイデンティティを実感するとともに，社会変革に向けた具体的な行動化がみられた（組織的次元のエンパワメントの獲得）。その過程は当初想定していた，個人的次元，対人関係的次元のエンパワメントを経るという段階的・重層的な過程ではなく，重層的に往還的かつ多方向的な過程を辿っていた。

　第二は，『ありのままの物語』，赤裸々な病的体験を語りたいという人々から得られた知見である。このタイプの人々は，ありのままの病いの体験を綴ることで自己理解の促進があり，語りの承認を得ることで自らの病いの経験に肯定的な意味づけを行っていた。しかし，このような効果を得た背景には，語りの方式に「講演会方式」ではなく，聞き手の質問に応答する「かけあい方式」を採用したことがある。また，聞き手の層に精神疾患の好発時期にある「子ども」ではなく，精神保健福祉領域における「支援者それを目指す学生」を設定したことがある。このように，プラマーが示す語りの第二の生産者である援助専門職は，語り手と聞き手の双方にとって良好な接触体験が可能となる場や機会の設定を担う役割がある（谷中，1993, pp.185-193）。しかし，そこには援助専門職の操作が働きやすいことから，常に自身の援助において，誰かのための語りなのかを省察する必要がある。

　第三は，公共の場における語りの活動に躊躇している『未完成な物語』を語る人々から得られた知見である。援助専門職は，この人々が示す公共の場における語りに対する「不安」や「期待」，それらが混在する「ジレンマ」に敬意を示し，病いの経験を語らずとも，その人が受け容れられる場の保障や，本人が病いの経験を語ろうと思える時熟を待つことが重要な役割と言える。

　本研究が照準をあてた公共の場として，規範を重視する「学校」を設定したため，精神障害者に求められる語りは子どもたちの教育に配慮した定型化された語りであることが多い。しかし，今も病的体験に悩む当事者にとって，病いの経験の意味づけに齟齬を生みだすこととなった。

　そこで，次章では，「ぴあの」の活動を超えて，独自の語りの技法を開発し，その語りの聞き手も「ぴあの」のように子どもたちに制限されない語りの活動を始めた『オリジナルな物語』を語る人々に焦点をあてることにする。

第7章

公共の場における語りが
社会変革をもたらす可能性

1 問題の所在：
当事者の語りが社会変革をもたらす方策とは何か

　前章では，援助専門職が設計した公共の場における語りの活動に参加した当事者の活動評価をみてきた。「学校」という規範を重視する場では，子どもたちに語る内容も定型化された物語が求められることが多い。「ぴあの」のメンバーのなかには，より広範囲に社会変革を目指したいと独自の語りの活動をはじめたメンバーもいる。この人々は，組織的次元よりも，よりマクロな環境に介入する政治的次元のエンパワメント実践につながる可能性がある人々である。

　政治的次元のエンパワメント実践について，コックスとパーソンズ（Cox, E.O. & Parsons, R.J.）は「クライエントが自分たちの問題の政治的側面にかかわっていくことに焦点があてられ，個々人の問題の誘因になっている環境的な勢力に影響を与えるソーシャル・アクションやその他の集団的な努力が含まれる」（Cox & Parsons, 1994=1997, p.63）と説明している。当事者の語りを媒介とした政治的次元のエンパワメント実践の目標は語りの承認者の増大にあり，援助専門職はクライエントの抑圧的な社会環境に対する批判的意識を高め，ソーシャル・アクションを目指すグループや学術団体等から得られるフォーマルな知識や技術の習得の機会の提供ともに，同様の社会変革を目指す他のグループとの連結，それら

を統合的に体得できる場や機会の提供の役割がある。

そこで，本章では，語り部グループ「ぴあの」の教育講演会活動をもとに，公共の場における語りの活動に関する課題を析出し，社会変革を目指す活動を組み込む方策を提示することを目的とした。

調査方法は，『オリジナルな物語』を語る人々にインタビュー調査を実施する。『オリジナルな物語』を語る人々とは，語り部グループ「ぴあの」を「卒業」し，独自の語りの活動を始めた人々（以下，「卒業生」）である。ここでいう「卒業」とは，「ぴあの」の教育講演会活動をふまえて，自分の力で語りの活動の表舞台と裏舞台の全てを担えることを指す。このタイプの選定理由は，『オリジナルな物語』を語る人々が「ぴあの」の教育講演会活動に物足りなさや窮屈さを感じ，「自分のオリジナルな語り」に向けて挑戦する人々と捉えられたからである。言い換えれば，このタイプの人々が「ぴあの」の活動とそれを発展させた現在の語りの活動とを比較することで，公共の場における語りの活動の課題を析出し，よりマクロな視点から社会変革の方途を導き出せると考えたためである。

本章の構成は，以下の通りである。第一に，語り部グループ「ぴあの」の活動の「卒業生」について紹介する。第二に，「卒業生」への半構造化面接の結果から，「ぴあの」の活動に対する課題の析出とともに，語りの活動がもつ政治的次元のエンパワメントの可能性を提示する。そして，第三に，「ぴあの」の教育講演会の語りを「公共の場における語り」に般化し，よりマクロな視点から社会変革の可能性の方策を考察する。

2　「私」のオリジナルなストーリーを語る人々

1.「ぴあの」の活動に参加した当事者の語りの活動状況

第3章で試みたように，本研究では組織的次元のエンパワメントを獲得した人々（「ぴあの」のモデルとなる人々）を，「外部講師という社会的役割を得て，その役割遂行に向けて自己統制でき，語りに対する聞き手の承認（精神的報酬）や語りの対価（金銭的報酬）を獲得することで社会貢献を実感できた人々」と定義した。

本章では，この定義に合致し，「ぴあの」の一連の語りの活動の経験をふまえて，

独自の語りの活動に移行した『オリジナルな物語』を語る人々に照準をあてる。

2.『オリジナルな物語』を語る人々の紹介

「ぴあの」の活動を卒業した『オリジナルな物語』を語る人々について紹介する。

1) Fさん

Fさんは，語り部グループ「ぴあの」の第一期生である。活動当初よりセルフヘルプ・グループに所属し，法人Zでピアスタッフ（非常勤）として勤務していた。「ぴあの」の教育講演会活動に参加する動機として「子どもができて親になって，一人の人間がたまたま『精神障害』をもったにすぎないことを子どもたちに伝えたい」と語っていた。四年間の活動を経て，「語りの活動は不定期なので，ピアスタッフの仕事に重きをおきたい」と語り，「ぴあの」を卒業した。その後，ピアスタッフとして勤務していたが，「ピアではなく，『普通』に働きたい」と希望し，現在は法人Zの職員と同じ条件で勤務している。

2) Gさん

Gさんは，語り部グループ「ぴあの」の第一期生である。「ぴあの」の活動に参加する動機として，「病いの体験を医者が語ることに抵抗があった。自分の言葉で語っていきたい」と発言していた。研修では「語りは病気である自分とのつきあい方を学ばせてくれるもの」と語りの有効性を言葉にしたり，カナダの当事者主体による就労活動に関心を寄せたりしていた。そして，四年間の活動を経て，「ぴあの」を卒業し，当事者の生活支援に携わる仕事に従事している。

3) Oさん

Oさんは，語り部グループ「ぴあの」の第三期生である。「ぴあの」の活動に参加する以前から，セルフヘルプ・グループの相談員，執筆や講演会活動をしていた。「今まで一人で活動してきたので，改めて語りの研修を受けたい。もっと語りの場を増やしたい」と希望し，「ぴあの」の活動に参加した。三年間の活動を経て，「もっと語りの場を増やしたい」と「ぴあの」を卒業した。現在は，執筆や講演会活動のほか，職業リハビリテーションセンターの講師，障害者自立生活センターの相談員（非常勤）をこなしている。

4) Qさん

　Qさんは，語り部グループ「ぴあの」の第三期生である。「ぴあの」活動以前から，セルフヘルプ・グループの活動や福祉職の仕事をしていた。「病いの体験を子どもに語ったことがないので挑戦したい」と「ぴあの」の活動の参加時に語っていた。三年間の活動を経て「ぴあの」を卒業し，病いの体験に基づく執筆活動に加えて，演劇で表現する活動を行っている。

　以上のように，FさんとGさんは「ぴあの」の活動を「ピアサポーター」等の仲間の支援や当事者の視点を反映できる有償の職務に発展させていた。また，OさんやQさんは「ぴあの」の自己物語の表現方法をアレンジし，不特定多数の人に向けた講演会や演劇等に応用していたのである。

③ 「教育講演会活動」に対するジレンマと限界

　本調査の目的は，エンパワメント実践の組織的次元の活動にあたる「ぴあの」の教育講演会活動の課題を析出し，政治的次元のエンパワメントの可能性を導き出すことにある。

　調査方法は，『オリジナルな物語』を語るOさんとFさんに半構造化面接を行う。その選定理由は，先述のように，二人が「ぴあの」における教育講演会の語りを発展させ，異なる形態の語りの活動を展開していることによる。インタビュー内容は，現在行っている語りの活動と「ぴあの」の活動に対する課題である。本調査は2015年7月に実施した。本人の同意を得てインタビュー内容を録音し，逐語録を作成した後，その内容に関して本人の確認を得た。分析に用いる題材は逐語録の他に，フィールド・ノーツ，出版物等を使用した。

　倫理的配慮として，両者に本研究の趣旨や個人情報の保護並びに成果報告を文書と口頭で説明し，文書で同意を得てインタビューを行った。分析結果に加えて成果報告の際にも，本人による文書の確認を願った。Oさんからは語りや執筆の活動で使用している氏名の表示に許可があったが，ここでは他のメンバーの整合性を考慮して，「O」あるいは「Oさん」と表記している。

　「卒業生」に対するインタビューの結果，語り部グループ「ぴあの」の教育講演会活動（公共の場における語り：組織的次元のエンパワメント実践）において，次の四つの課題が析出された。①「ぴあの」のメンバーによる同調傾向の圧力，

②語りの「聞き手」の限界，③物語性：定型化された語りの限界，④金銭的報酬の意味づけ，である．以下，各々の課題についてみていく．

1．「ぴあの」のメンバーによる同調傾向の圧力

　第一に，グループを構成するメンバーによる同調傾向の圧力がある．「ぴあの」がグループを単位として活動を行ってきた理由は，「ぴあの」の活動が精神障害をもつ当事者の病いの語りに着目した活動であり，グループにおけるメンバー同士の語り合いが個々のメンバーのエンパワメントに効果的であるという先行研究が数多くあったこと（野口，2002；岡，1999；Riessman, 1965）や，私自身の援助専門職としての経験からもグループの凝集性は個々人の総和以上の力を生むという実践知があったことによる．実際に「ぴあの」の教育講演会活動でも，メンバー同士による病いの語り合いによって，メンバーに孤独感の低減をはじめ，仲間意識の醸成，モデル・ストーリーの相互獲得，批判的意識の醸成やその高揚等がみられた（栄，2014b）．この経験により，グループのメンバーシップが芽生えるとともに，「ぴあの」が掲げた目標の達成を目指して共通の認識とそれを実現するためのグループの規範が生まれ，メンバー同士に「共通運命」（Lewin, 1948）の意識が醸成されるようになった．しかし，グループの凝集性が高まれば高まるほど，グループの認識や規範と異なる発言がグループに採用されることは容易ではなかったのである．

　まず，Ｏさんが「子どもたちに病名を知ってもらうことも大切」「場合によっては，早期治療が必要な時もあるのではないか」と研修の場で発言した二つの場面を紹介する．
　「子どもたちに病名を知ってもらうことも大切」とＯさんが発言した背景には，「ぴあの」の活動を広報した際に教育機関の管理職から言われた言葉がある．それは「『精神障害』という言葉を（子どもに）教えることがいじめの原因になる危険性がある」に類する言葉だった．以前にも教育機関の関係者から「寝た子を起こすことにつながる」と言われたことが少なくなく，私の報告を聞いたメンバーも「またか」という反応だった．その時，Ｏさんは「『精神障害』が『差別やいじめの原因になる』と言われるけれど，『うつ病』『統合失調症』の言葉は使っていいと思う」と発言し，精神疾患の好発時期にある子どもたちがその疾患の正しい知識をもつ必要性をメンバーに説明した．

また，Oさんが「場合によっては，早期治療が必要な時もあるのではないか」と発言した場面は，現任者研修で子どもに対する早期治療を議論していた時のことだった。あるメンバーが「思春期の不安定な時期に早期治療に傾倒することはよくない」と発した時，Oさんは「医学書の症例で，三年間，（精神症状があるのに）放置したままでは予後が悪いと言われている。必ずとは言えないけど早期介入が効を奏することもある」と発言した。これらの医学書等に基づいたOさんの発言に対して，他のメンバーは異なる意見で一致した。それは「疾患の理解」「早期治療の勧奨」の内容は専門職による講義で行うことが望ましく，病いの経験に基づく当事者の語りで語るものではないという意見だった。そのような現任者研修の場で交された意見について，Oさんに振り返ってもらった。

中学生は統合失調症になりやすい時期なのに，そのことはあまり知られていないし偏見もある。病いの経験をした者として，統合失調症について説明したい。子どもの場合は症状をそのままではなく，言葉を工夫したり，紙芝居等の道具も使ったりしている。

このように，精神疾患の好発時期にある子どもの疾患理解の重要性に鑑み，Oさんは教育機関の管理者から承認される「教育講演会の語り」にブラッシュ・アップする必要性を指摘する。現在，Oさんは漫画や紙芝居等を用いて語りの技法を駆使しながら，子どもたちに「ストレスと発病の関係」を説明しているという。

（本人より提供）

次に，Fさんの「営業を担当してみたい」と発言した研修の場面を紹介する。「ぴあの」の教育講演会活動では，当事者の語りの場を開拓する活動は「営業」と称され，援助専門職が担当していた。というのも，「ぴあの」の活動を開始した当初，メンバーから「私たち当事者は語りの活動にエネルギーを集中したい。それが発揮できるように（援助専門職は）語りの場を開拓してほしい」という発言が共有されたからである。それ以降，「営業」は援助専門職が担当することとなった。しかし，教育機関に「ぴあの」の語りを依頼しても断られることが多く，ある日の研修の場で，私は「『ぴあの』に教育講演会を快諾してくれる教育機関がほとんどない」と，語りの場を開拓する営業の難しさをメンバーに相談したことがあっ

た。そのような私の発言に対して，Fさんは自ら，「営業」の担当を希望したのである。その背景には二つの理由があった。一つは，Fさんは教育講演会で発病当時の病いの体験を語るものの，その語りに関心を示さない子どもたちが少なからずいたことだった。Fさんにとって，発病当時の症状や事柄が今も記憶にない部分があるなかで，病いの経験を「子どもたちに向けたリカバリーの物語」として紡ぐには相当なエネルギーが必要だった。それにもかかわらず，自分の語りに関心を示さない子どもの態度はFさんにとって活動を継続する士気を下げる要因になっていたのである。もう一つは，「カナダにおける当事者主体の就労活動」をテーマとした現任者研修の内容に関心を抱いていたことがある。当事者の活動が「障害の有無」によって固定されたものではなく，個々人の得意分野を生かす社会活動の在り方にFさんは共鳴していた。その後，定形化された語りではなく，自分にしかできない語りとは何かを模索する姿がみられた。このような二つの体験によって，Fさんは「ぴあの」の語りの活動において，「語り」よりも「営業」を希望した。しかし，「ぴあの」のグループの凝集性が高まれば高まるほど，メンバーと援助専門職の役割分担が明確になり，それとは異なる役割分担に関するFさんの発言は採用されなかったのである。当時のことをFさんに振り返ってもらった。

　今も『ぴあの』の裏舞台には当事者が入るべきだと思いますね。当事者が生の声で営業する。生の声はリアル。それは心に届くってこと，臨場感があるってことです。

　このように，Fさんは当事者が「病いを語る」という表舞台だけではなく，当事者による教育講演会の「営業」を当事者が担う意義を語る。ピアスタッフの経験があるFさんは「(営業の仕事は)自分たちがやると時間がかかる。失敗もある。でも，その経験によって，こちらは力をつけることができる」と発言し，一人の人間として多様な経験をする機会の重要性を指摘していた。現在，Fさんは法人職員として，病いを経験した者の立場から，利用者の声を代弁することによって法人組織の運営に反映させているという。

　以上のように，グループの凝集性により形成された「ぴあの」の規範から逸脱するOさんとFさんの提案は採用されなかった。この課題に対して，両者はこれまでの経験を生かし，異なる方向性から極めて現実的な解決策を提案していた。Oさんは精神疾患の好発時期にある子どもたちが必要な「疾患の理解」に対して，教育機関に承認される「教育講演会の語り」にまで，その表現方法を工夫する必

要性を示していた。一方，Fさんは営業活動といった裏舞台を当事者が担うことで，定型化された「リカバリーの物語」とは異なる内容でも当事者が承認される公共の場を開拓したいと願い，その経験が当事者にとっても生きる力をつけていく機会になると語っていたのである。

2.「教育講演会の語り」における「聞き手」の限界

　「ぴあの」の教育講演会活動では，その聞き手に学校で学ぶ「子どもたち」に照準をあてることにした。その理由は，第3章で述べたように，次の二点である。
　第一に，思春期・青年期にある子どもたちは精神疾患の好発時期にあり，精神疾患や精神障害者に関する正しい知識の習得が必要であるにもかかわらず，学習指導要領では精神疾患や精神障害者に関して学ぶ事項がない現状による。第二は，当事者が病いの語りを行う「場」は可能な限り，安心で安全な場を設定したいという援助専門職の思いがあった。その背景には，当事者のエンパワメントが自分の語りに対する子どもたちの承認を回路として獲得されることがある。その点で，「学校」という場は，教職員の公権力を活用して，子どもたちの「語りを聞く」態度を比較的統制しやすい場であると考えていた。
　しかし，子どもの立場に立てば，精神障害者を外部講師とする教育講演会は，自らが精神障害者の語りを聞きたいと希望した講話というよりは，授業の一環として設定された講話と言える。そのため，実際の教育講演会において，子どもたちのなかには携帯電話を見たり，居眠りしたりする姿がみられることが少なくなかった。このような子どもたちの無関心な態度をOさんもFさんも体験していた。当時を振り返り，Oさんは子どもたちのことを次のように語る。

　　高校生は残酷。携帯は見るし，ドターッと寝るし。高校生に語るのはとてもハードルが高い。語りの初心者は大学生くらいがいい，目的もわかっているし。講演会には障害や病気の話を聞きにくる。経済効率を考えると，授業よりも市民向けの講演会の方が一度に啓発できる数は多い。子どもたちに，自分のこととして障害の理解をしてもらうことは大切ですけどね。

　このように，Oさんは高校生を聞き手として，病いの経験を語る難しさを指摘する。Oさんの語りの目的は「統合失調症」に対する承認者や理解者を増やすことであり，それを可能にする講演会活動に対して，「語りの活動が一度に多くの

人に語りかけることが啓発になるのなら，私にとって社会的意義が大きい仕事です」と語っていた。実際に「ぴあの」に講演依頼が少ないことや，子どもの精神障害者の語りに対する関心の低さを鑑みると，語りの承認者の増大を目指す「啓発」という観点では「学校」という場の語りにそれ程多くは望めず，Oさんが公共の語りに期待したものではなかった。そのため，Oさんは不特定多数の人々に向けた講演会活動に力を入れたいと「ぴあの」の卒業時に発言していた。現在，Oさんは年間30回程度の講演をこなすほどの啓発活動を行い，その一方で，精力的に執筆活動も手掛けている。その理由について，「本は講演会の会場まで足を運べない状況にある当事者や家族，精神障害者に関心がない人々にも『語り』を届けることが可能という利点がある」と語っていた。

一方，Fさんは「発病当時の辛さを子どもたちに語っても，この辛さはなかなかわかってもらえない」と発言し，今も発病当時の体験を語ることの辛さを言葉にしていた。そして，子どもたちに「精神病」の理解を図る方法として，精神病のバーチャル体験の機会を提案していた。Fさんに，当時を振り返ってもらった。

頭が柔らかい子どものうちに「障害者」のことを学んでほしい。小学生は吸収が早い。（寝たり，携帯を触ったりする子どもへの語りは？）語りの伝え方が難しいし，こちら側が語り方を学ぶ必要がありますよね。今は信頼できる身近な知り合いから自分の病気のことを話しているんです。その活動も「啓発」としてね。

Fさんは「ぴあの」の教育講演会活動の当初，自身が父親になったことを機に，精神障害者への偏見が形成されていない子どもを対象として，正しい精神障害者の理解を目的とした啓発活動の必要性を語っていた。しかし，自身の病いの語りに関心を示さない子どもたちとの出会いによって，病いの経験をどこまで開示するかは，語り手と聞き手の信頼関係の度合いが影響すると体感的に理解していたのである。このような経験から，現在，Fさんは着実な啓発活動の効果を目指して，障害の有無にかかわらず，信頼できる身近な人間関係のなかで病いの体験を伝える活動をしている。

このように，OさんもFさんも，精神障害者の病いの語りの聞き手として子どもたちに照準をあてる必要性を理解しながらも，その語りに関心がない子どもたちに理解を求める限界を体験していた。そして，「ぴあの」の教育講演会活動

とは異なる方法で病いの語りの承認者や理解者を増やす方策を提案し，それを行動に移していた。Oさんは不特定多数の人々を対象とした講演会や執筆活動を精力的に行い，Fさんは一人の人間として信頼できる身近な人間関係に向けた啓発活動を行っている。プラマーが「生産者は消費者になる一方で，消費者は生産者にもなる」と指摘しているように（Plummer, 1995=1998, p.49），OさんやFさんの語りの聞き手が今度は語り手になる可能性があることから，「ぴあの」が設定した「聞き手」の層と語りの方法を見直すことが求められた。

3. 物語性：定型化された語りの限界

　第三に，公共の語りにおける物語性の課題である。語り部グループ「ぴあの」において，教育講演会活動の目標が子どもたちの教育的効果にあるという共通認識が高まれば高まるほど，メンバー個々人の物語は各々の個性豊かな生活世界ではなく，定型化された「精神障害者のリカバリーの物語」に収束されるようになっていった。具体的には，誰もが精神障害になる可能性はあるものの，それを克服しうる方途もあると主張する物語である（栄 2014b）。このような「リカバリーの物語」は子どもたちから肯定的な反応が得られる可能性はあるものの，メンバー個々人の今も悩む病的体験を背後に追いやるため，メンバーにとって新たな抑圧状況を生みだすことになる。その結果，「ありのままの物語」と「リカバリーの物語」に齟齬を感じるメンバーが現れ，執筆や演劇という表現活動を望む人々やその物語を書き換える人々がでてきた。Oさんは前者であり，Fさんは後者と言える。
　Oさんは活動当初から「うつ病の理解が（社会／世間のなかで）進むなかで，統合失調症の理解は未だ進んでいないでしょ。その助けになる活動をしたいんです」と希望していた。Oさんには「ぴあの」の活動に参加する以前から，既に講演会の経験があったため，公共の場で語ったことがないメンバーに対して，語りの助言者の立場を担っていた。たとえば，「語りの原稿は体験が七割，メッセージは三割に配分する」という物語の構成や，「今でも辛い体験を思い出すと涙がでる。あまりにも辛い体験はカットしている。人前で言えることを言えばいい」と語りの内容に関してもアドバイスしていた。そのようなOさんに，現在の講演会活動について尋ねてみた。

　うつ病はなんとなく（世間で）理解されやすいけれども，統合失調症はなかなか理解されにくい。その理解が進んでほしい。今は「幻聴，妄想って何？」って漫画で

説明しています。でも，病気の話は暗くなりがち……。聞き手も暗い体験ばかりを聞かされてもしんどくなる。それで，「明るく，楽しく，面白く」をモットーに，漫画で幻聴を説明したり，皆が眠くなる20分くらいに歌を入れたり，最後はエドはるみさんのグーグーダンスを踊ったりしています。(すごいですね) エンターテイメントってそういうものですよね。

このように，Oさんは可視化できない統合失調症の理解に対して，ユーモアを取り入れながら創意工夫を重ねており，多様な語りの技法を開発している。しかし，このようなOさんの病いの体験の表現活動はもともと「詩集」から始まったという。その詩集に魅了されて出版を後押しした新聞記者は，Oさんの表現に対して「ユーモアをふんだんに交えた表現力は卓越しているし，記者が取材して書く記事とはまったく違う迫力がある」と絶賛する（原，2006, p.71）。「執筆は講演会と異なる」というOさんに執筆のよさを尋ねた。

執筆活動は空いた時間にできるし，場所を問わない。自分のペースで書けるのがいいですね。もともと，詩から始めたのはまだ体力や集中力がなかったからで，書くことでカタルシスが得られたことも大きい。(カタルシスですか？)書くことはどろどろした部分，苦しみの部分を吐き出すことになって，デトックス効果になるっていうか。あと，幻聴や妄想の体験を書くことで，それを客観視することもできますし。メタ認知というか，人にわかってもらおうと工夫しているなかで，自分の病識が深まることにもなるんです。

社会における統合失調症の理解の促進を目指して，Oさんは今も語りの技法やその表現方法の開発に余念がない。たとえば，「幻聴と二人三脚で原稿を書く」というOさんはカタカナで幻聴を表記する方法を考案した。

私はベストセラー作家になるのは無理だよ。もう，文章を書くのはやめたいコトハナイ。やめたクナイ（森，2013, p.222）。

また，送り仮名の箇所に幻聴のセリフをいれる手法も編み出している。

ナニヲ，イッテイル。サッサトオキロ。キョウデキルコトヲスコシ，デモスルヨウニシヨウ。ああ，今日は書く気がしない。もう少し眠りたいので，執筆は明日にし

よう（森，2013, p.222）。

　さらに，幻聴のカオスの状態を利用して，それぞれの幻聴の言葉をそれぞれ異なるかっこの中に入れる手法も開発している。

　こんなことを考えながら，歩いていると，ふと [苦しいけれど，楽しい毎日なんて言ったら嘘になるかもしれないが {嘘に決まっている。苦しみを喜びと感じられるのはマゾヒストだけ（でも，そうはいっても，楽しみもないでしょう）} （中略）もう笑い声が聴こえているでしょう] 気にせず，私は私の道を行く（森，2013, p.224）。

　このように，Oさんの生活用語で表現された「統合失調症」という病いは読み手にとってイメージしやすく，その理解の促進を図るものだった。「ぴあの」の活動に比べて，講演会や執筆活動がより多くの人々に影響を与えることを体感したOさんは，その症状の説明や表現方法の開発に努力を重ねている。現在では全国各地から講演依頼があり，谷川俊太郎や五木寛之との対談もこなすほどのエンターテイナーとして活躍している。そのようなOさんは「統合失調症の人たち」のことを，以下のように表現している。

　統合失調症の人たちは世間のバキュームカー，各地の汚物を吸いとり，わけのわからない独語や笑顔にデフォルメさせ，表現芸術へとトランスフォームさせるクリエイターなのだ。変形文法を自由に駆使し，メタモルフォーゼする彼らこそ，時代の先駆者，ただ，時代が彼らに追いついていないのである（森，2013, p.239）。

　このように，Oさんが表現する統合失調症の人たちは弱く保護される存在としての「病者」「障害者」とは異なり，幻聴や妄想という形を使って，抑圧的な社会環境に警鐘を鳴らす人々というイメージを与える。今後の希望としてOさんは「映像にも挑戦したい」という。プラマーは今まで私的な領域でしか語られなかった物語が公的な場で語られるようになった社会的条件として，メディアの変化がセクシャル・ストーリーの鍵を握るという（Plummer, 1995=1998, p.14）。Oさんが言葉にしたメディアの利用という発想は，「ぴあの」の活動の設計にはなかった発想だった。Oさんは可視化が困難な統合失調症の多様な語りの技法を開発しながら，統合失調症の理解を図る啓発活動を行っている。

一方，Fさんは「リカバリーの物語」を語ることにある種の胡散臭さを感じていた一人であり，そのことを「ぴあの」を卒業した理由の一つとしてあげていた。

　ハッピーエンドの物語を語ってよいのか。病状も不安定，家庭的にもしんどい，悩みを抱える自分がハッピーエンドの語りをすることに違和感があったんです。

　Fさんは語り部グループ「ぴあの」の卒業後，私生活の悩みに直面することがあった。今，その体験もふまえて，改めて子どもたちに病いの経験を語りたいという。しかし，それは語り部グループ「ぴあの」が編み出した「リカバリーの物語」ではないと断言する。

　ハッピーエンドの語りはもうしない。自分の生き様をみてもらって，何かを感じてもらいたい。何かを伝えるのではなく，子どもがそれぞれに感じとってもらえればいい。「精神障害者」のF，「統合失調症」のFでもない，「一人の人間」であるFがたまたま病気を患った語りの教訓から。それが啓発になると思う。

　Fさんは「啓発」という言葉を使い，教育講演会の語りのように病いの経験から得た知恵を伝授するのではなく，「赤裸々な病的体験も含めた，ありのままの自分」の語りを行い，そこから何を学ぶかはその聞き手の子どもたちに任せたいというのである。

　このように定型化された「リカバリーの物語」を忌避する二人であるが，その物語性に，次のような大きな違いがあった。Oさんは統合失調症の人たちの内的世界をクリエイティブに表現し，聞き手がもつ社会の精神障害者像を覆す講演や執筆をしている。これに対して，Fさんは「啓発」と称して「ありのままの自分」を信頼できる身近な人々に語りながらも，その解釈の方向性を与えない禁欲的な語りを行っているのである。

4. 金銭的報酬の意味づけ

　最後に，金銭的報酬の課題がある。「ぴあの」の活動では教育講演会の依頼者や主催者から語りを行った本人にその対価が支払われるシステムになっている。メンバーのなかには，教育講演会における語りの対価を得ることによって，病い

に対する肯定感や語りを行う自己効力感を獲得する者もいた。あるメンバーは「語りに対する（金銭的）報酬は自分の生き様に対する価値だと思う」と語っていた。「語りの対価をもらうのは当然のこと，それにかける準備は大変なこと」というOさんに，金銭的報酬について尋ねた。

　講演会でお金をもらっても，私の人生50年間の苦労やそこから得た知恵を語っているわけだし……。聞き手が聞きたいこと，知らないことを語りに盛り込むためには情報も得なければならない。それに費やす本代，語りの原稿を書く時間を入れると，それなりの対価をもらうことは当然のことと思っているんです。病いの体験談だけでは二度と声はかからないでしょ。単価を上げる努力，また声をかけてもらう努力は常にしていますからね。

　このように，Oさんにとって，語りに対する金銭的報酬は当然の対価であり，その報酬以上の「語り」になるように，その努力を惜しまない姿がみられた。Oさんの語りは，単なる病いの体験談に留まらず，「明るく，楽しく，面白く」をモットーとし，常に語りの実演に対する省察によって語りの技法やパフォーマンスの精度を高めている。たとえば，語りの作成に際して，精神保健福祉領域に限定しない多様な領域の専門書や自己啓発書並びにビジネス書等の読書量は一カ月30冊を下らないという。

　一方，Fさんは日頃の「ピアスタッフ」の業務で手にする賃金と教育講演会等の公共の場における語りに対する謝金の差が大きくなればなるほど，金銭的報酬に対して疑義を抱くようになっていた。語り部グループ「ぴあの」の現任者研修でも「語りの活動はぼろい」「やくざの商売だ」と発言していたが，それはFさんの悩みでもあった。当時を振り返り，Fさんは次のように説明してくれた。

　障害者が仕事で手にするお金はしれているんです。それに比べて，語りでもらうお金は破格。一回の語りの値段は日ごろの業務で稼ごうと思うと何時間もかかる。もともとは啓発を目的に語りを始めたはずで，お金をもらうことが目的だったわけじゃない，そんな戸惑い，怒りが当時はあったんですね。熱かったんですよ。

　「語りがぼろい」という発言の意味についてFさんに尋ねると，「今まで，お金をもらわなくても，病気のことを他の人々に話してきましたからね」と即答された。続けて，Fさんが語る物語はFさんの固有の物語であるものの，それは

「ぴあの」の現任者研修でメンバーと切磋琢磨の末に作り上げてきたものであることに加え，一旦「リカバリーの物語」の原稿が出来上がってしまうと何度でも使用できるというのである。また，教育講演会等の「語りの場」に対しても，事前に援助専門職が教育講演会の担当教員との打ち合わせによって，メンバーが安心して病いの語りが可能な安全な場が保障されている。そのような語りの活動に対して，Fさんは「ぬるい」という表現をしていた。過剰正当化理論を援用すれば，語りが本人の内発的な欲求ではなく，謝金の獲得（外発的報酬）を目的としたものならば，語りに対する内発的動機が低下することになり（Lepper & Henderlong 2000），Fさんの発言はそれを支持するものと言える。現在，法人Zの職員となったFさんは「(病いをもつ)自分の限界を知っているので，今は週三回しか働けない」と述べており，賃金は努力の正当化であると捉えていた（Aronson & Mills 1959）。

このように，金銭的報酬に対して，OさんとFさんには異なる見解がある。Oさんの講演会活動の目的は一人でも多くの語りの承認者や理解者を増やすことであり，その効率性を追求した語りの技法や表現方法を駆使する当然の見返りとして金銭的対価を捉えている。これに対して，Fさんはピアスタッフとして得る賃金の経験をもとに，専門職によるお膳立ての上にある語りの謝金との金額の大きさに疑義を感じている点に違いがみられた。

以上のように，語り部グループ「ぴあの」の教育講演会活動に対して，OさんとFさんはグループの同調傾向，語りのターゲットにする聞き手の層，定型化された語りの内容，金銭的報酬の意味づけの課題を指摘していた。Oさんは定型的な物語の内容から，Fさんはグループの役割分担から「ぴあの」の規範に疑義を抱いていたのである（表7-1）。

では，「ぴあの」の活動でみられた課題を公共の語りの活動と共通した課題として捉えた場合，それはどのような課題と考えられるのだろうか。

④ 公共の場における語りが社会変革をもたらす方策

エンパワメント実践の組織的次元にあたる「ぴあの」の活動は「公共の場における語り」であり，個人的次元の「個別面接の語り」，対人関係的次元の「グループの語り」とその様式や構造を異にする（栄，2015a）。上述したOさんとFさ

表 7-1 『オリジナルな物語』を語る人々の「ぴあの」の活動に対する意見と現在の活動

「ぴあの」の活動の課題	Oさん	Fさん
1. グループの同調傾向 「リカバリーの物語」を語る当事者と援助専門職の役割分担が明確	「精神病についても知るべき」 →聞き手のニーズに応じて語りの技法や表現方法を工夫しながら、病気の理解を図る活動をする	「営業活動を担当したい」 →「語り」に固執せず、自分の得意分野を生かす活動をする
2. 聞き手の属性 教育機関における子ども	「多くの理解者を得たい」 →不特定多数の人々を対象とした講演会や執筆活動をする	「信頼できる人々に語りたい」 →信頼できる身近な人間関係に向けた啓発活動をする
3. 物語性 定型化された「リカバリーの物語」	「統合失調症の物語を語りたい」 →統合失調症の人の内的世界をクリエイティブに表現する	「ハッピーエンドは語れない」 →「啓発」と称して「ありのままの自分」を表現する
4. 金銭的報酬の意味づけ	「当然の対価」 →語りの承認者の増大を追求した語りの技法や表現方法を駆使した努力に対する見返りと認識する	「語りはほろい」 →職員として得る賃金に比して、専門職のお膳立ての上にある語りの謝金との金額の格差に疑義がある

んの意見の違いは、「公共の場における語り」の多義性の理解の仕方にあると考えられる。エンパワメント実践における組織的次元に政治的次元の活動を組み込む方策を考えるにあたって、まず「ぴあの」の卒業生である二人の「公共の場における語り」に着目して整理する。次に、両者の「公共の場における語り」がもつ政治的次元のエンパワメントの可能性を探り、二人の語りの活動を「公共の場における語り」の活動に組み込む方策を検討することにした。

1.「ぴあの」の教育講演会活動に対する「卒業生」の疑義

OさんとFさんは語り部グループ「ぴあの」の教育講演会活動と同様に「共生社会の実現」を目指すが、二人は「ぴあの」のグループにおける同調傾向や画一的な価値に対して疑義を抱き、定型化された語りに忌避感があった（表 7-2）。
二人の語りの「公共の場」の特徴は、「ぴあの」の語りの場である「学校」と

は異なり,「語りに対する『場』の支配下にない開かれた共通の場」「障害の有無に規定されない平等な人々同士」「異化を認めるコミュニケーションの空間」を重視する点にある。

　この二人の「語り」の特徴を,齋藤純一が示す「公共性」の三つの観点から整理してみる（齋藤,2000,pp.5-7）。第一に,「公共性」は複数の価値や意見の〈間〉に生成する空間という点である。この観点からみると,二人が社会の精神障害者に対する言説にも,定型化された語りにも疑義を抱いていたこと自体,「公共性」の一つの特徴である価値の複数性と抵触するものではない。それは,今まで語られてこなかった「ローカルな知」,これまでの「普遍的な」知をアンラーンする〈これまで学んできたことを捨てる〉知であり（前平,2008,pp.9-10）,オルタナティブな語りとなって公共の場で共有される。第二に,人々の間に生起する出来事に関心が向けられている点である。この観点からみると,二人は精神の病いの体験から「誰もがなる可能性」を主張し,その普遍性を語りのなかに織り込んでいる。第三は,「公共性」の空間において,人々は複数の集団や組織に多元的にかかわる可能性があるという点である。この観点からすると,二人は「精神障害者」というアイデンティティの他,Oさんは講演会や執筆を媒介にして,Fさんは法人職員として,アイデンティティ複数性をもち,多元的な語りの場を有しているのである。

　Oさんは,病いの経験をもつ一人の人間として,「公共の場における語り」を「精神障害当事者が統合失調症をその病いの経験に基づいて自由に表明できるもの」と位置づけており,公共の語りの場は「聞き手との相互交換が可能な開かれた場」と認識していると考えられる。そこでは,誰もが自由に自身の意見や差異の意見を述べ,それに対する賛否は正当な見返りを得ることで評価されうるのである。そのため,Oさんは規範を重視する「教育機関」という公共の場や語り部グループ「ぴあの」という組織における語りでは,その対象や内容が制限されることを疑問視していたのである。Oさんの「卒業」後の語りの実践とは,それらの枠組みをはずし,市場原理に基づきながら,不特定多数の人々が関心をもつ「語り部」や「語りの内容」に変換させることであり,これに応じた正当な対価を得ながら,語りの承認者や理解者を効率的に増やすことを第一義的に重視していた。このようなOさんの活動は,公共的領域を「平等な人々の間の,言葉を通してなされる相互行為の場」「異なった意見を自由に表明し交換可能な開かれた共通の場」と捉えることができる。

　他方,Fさんが認識する「公共の場における語り」とは信頼関係に基づいた啓

第2部 ● 病いの「語り」とエンパワメントの実践

表7-2　OさんとFさんの「公共の場における語り」に関する相違点

	Oさん	Fさん
公共の場における語り	当事者が統合失調症の経験に基づいて自由に表明できるもの	信頼関係に基づいた啓発活動であり，金銭的報酬を伴わないもの
公共の語りの場	平等な人々との異なる意見を自由に表明し，交換可能な開かれた共通の場	病的体験をもつ自分が受容される，社会生活の開放性を重視する場
公共の語りの内容	個々人の自由な自身の／差異の意見	共通の利益／妥当な規範や関心事
公共の語りの評価	対価は正当な見返り＝承認者の増大	信頼関係に基づく承認者の増大
「ぴあの」の活動の限界	規範を重視する「教育機関」という公共の場や語り部グループ「ぴあの」という組織における語りでは，その対象や内容が制限される	聞き手のニーズに応える語りと自分が希望する語りとの差異に対するジレンマが生じる。特定の個人やグループが「語り」を創り上げ，一方的にその聞き手に教授あるいは啓蒙する点に限界がある
現在の語りの実践	市場原理に基づき，不特定多数の人々が関心をもつ「語り」に変換させ，承認者や理解者の増大を目指す	信頼関係を形成しながら，理に適った形で承認者や理解者の増大を目指す
語りの拡大の型[註]	橋渡し型（Bridging）	結束型（Bonding）

註）「ソーシャルキャピタル」を提唱したパットナム（Putnam, R.）は「ソーシャルキャピタルは『私財』であり，また『公共財』であり得る」と定義している。この定義を精神障害当事者の語りに援用すると（Putnam, 2001＝2006, p.16），当事者の病いの経験から得た生活の知恵は「私財」と言えるものであり，その「私財」が市民と共有されることによって「公共財」となる可能性を生む。また，パットナムはソーシャルキャピタルの二種類の型として「結束型（bonding）」と「橋渡し型（bridging）」を提示し，前者は集団内部で閉じたつながりから生まれるもので集団のつながりを強化する型であり，後者は異なる集団の間を架橋し，さまざまな集団をつないで異質な資源を動員するのに役立つ型を示す（Putnam, 2001＝2006, p.74）。語りの活動に即すると，Fさんの語りは連帯意識をもつ同質の人々を結びつけることが可能である点で「結束型」に符合する。一方，Oさんの語りは異なる価値観をもつ異質の人々を結びつけることが期待される点で「橋渡し型」に符合する。二人の語りが公共財として，地域住民である聞き手の生き方に貢献できるとき，障害の有無にかかわらず誰もが自分らしく暮らせる共生社会の実現が期待される。

発活動であり，金銭的報酬を伴わないものだった。その活動は共通の利益や共通に妥当とすべき規範を指す「公共性」を重視していた。しかし，Fさんは定型化された語りと自身が語りたい内容との差異にジレンマを抱くとともに，子どもたちに共通の利益が可能となる語りを特定の個人やグループが創り上げ，一方的に教授あるいは啓蒙することにも疑義を抱いていた。そこで，Fさんは「ぴあの」の構成員の一人として語りの活動の裏舞台にも入り込み，精神障害者がありのままに受容される場，身近な人々との信頼関係を地道に形成しながら，理に適った形で承認者が増大することを第一義的に重視していた。このようなFさんの活動は公共的領域を「(社会規範から自立した) 社会生活の開放性を重視する場」と捉えていると言える。

2. 組織的次元の「公共の語り」に社会変革を目指す政治的次元の活動を組み込む方策

　では，先述の二人の語りの活動の戦略をエンパワメント実践の組織的次元における「公共の場における語り」の活動に組み込むためには何が必要なのだろうか。実際には，両者が提示した政治的次元の志向性は互いに対立した関係にみえるものの，齋藤が示す「公共性」の実質的特徴である価値やアイデンティティの複数性という点では共通していた。
　まず両者の見解が対立する点から整理したい。
　Oさんの意見に即して，市場の需要に適うエンターテイメント性の高い語りを「公共の場における語り」に織り込むことは，社会に遍在する「精神障害」の言説を効果的に覆す機会になることや，可視化が困難な「統合失調症」の内的世界をクリエイティブに伝えることが可能になる点で，政治的次元のエンパワメント活動と合致する。しかし，語りの場が市場や不特定多数の消費者に開放することによって生じるリスクと向き合うことにもなる。Oさんにとって，「病いの語りの活動」の真価はより多くの市民からの病いの理解や語りの承認を得られるか否かで測られる。上述した通り，Oさんはこうしたリスクに卓抜した語りの技法や表現技法を編み出すことで対峙し，自身を含む「精神障害者」の位置づけを保護すべき対象から抑圧的な社会環境に警笛を鳴らすことが可能な「時代の先駆者」へと変化させ，「精神障害者」だからではなく，特別な語りに創り上げる語りの技法やタレント性をもつ「一人の人間」として評価されるという道筋を切り開いてみせたのである。しかし，それは語り部グループ「ぴあの」に参加した精神障

害当事者の誰もが可能となるものではない。さらに重要な点は，Oさんが編み出した「誰もが関心を寄せる語り」は，物語性の操作に加えて，疾病の表現方法や語りの技法までも市場の需要に応じて自らが主体的に創り上げなくてはならない。それは「ありのままの自分」を語りたい，その語りが可能な場を拡大したいと考えるFさんからの公共の場における語りに対する疑義，すなわち「リカバリーの物語性」をはじめとして，「精神障害者」が「精神障害者」に対する人びとの認識を方向づけることへの疑義と対立することになる。

　他方で，Fさんの意見に即して，障害者のエンパワメントを目指した「公共性」の語りを「公共の場における語り」の活動に組み込むことは，公（国家等）に関する「公共性」と道徳的・規範的な「公共性」により依拠した活動を展開することになる。ここで目指される活動は，精神障害者と聞き手との強い「結束」「協調」を醸成し，普遍化された物語性ではなく，精神障害者が安心して生きざまを語り，それを理解させる回路を地道に構築していこうとする活動である。この場合に適した聞き手としては，反応が不確かな中学生や高校生ではなく，同じ精神障害者や当事者の家族・仲間，あるいは精神保健福祉領域の専門職やそれを目指す学生，精神障害者に対する政策を検討する委員等，精神障害者に対して「既に」一定の理解を示す人々であると想定される。このような活動は，社会の周縁化に追いやられた仲間の声を代弁する権利擁護活動や，病いを経験した者からその文化を社会に伝授する啓発活動へと向かえば，コックスとパーソンズが示す政治的次元の活動と合致するものとなる（Cox & Parsons, 1994=1997, p.63）。しかし，それは「精神障害者」のイデオロギーや，「ありのままの自分」を共有する共同体や共同性をより強固に構築していくことになる。それはOさんによる「公共の場における語り」の閉鎖性に対する疑義，すなわち限られた人間だけが理解できる精神障害者の語りを，社会の誰もがそこから価値を引き出せるものへと開放すること，他と異なる経験をした一人の語り手として精神障害者を社会に組み込むことを目指すことと鋭く対立するのである。

　以上のように，「公共の場における語り」に，社会変革を目指す，志向性の異なる政治的次元の活動を組み込む方途を検討すると，執筆や講演会等を含めた障害者の語りの技法や表現技法を多元化することに依拠して，「公共の場」における障害者と健常者のカテゴリー／境界を代替不可能な個人の集まりへと発展的に解消させていく方法と，「精神障害者」のエンパワメントを目指した場を「公共の場」のなかに堅固に着実に構築することから始める方法がある。これらの語りを支援する援助専門職には，前者はクライエントとともにソーシャル・アクショ

ンを起こす役割，後者は同様の目的をもつグループ同士を連絡する役割が求められる（Cox & Parsons, 1994=1997）。

次に，両者の共通部分に着目すると，OさんとFさんの「公共の場における語り」には「公共性」の実質的特徴である価値やアイデンティティの複数性という点で共通性がある。つまり，二人は個人として，横断的に「病者」「障害者」「仲間の一員」「家族の一員」「法人職員」「執筆者」「演者」等，複数の集合的アイデンティティによって規定されるものの，それは同時にかつ流動的に自らが主体的に使い分けることが可能だった。それは，語り部グループ「ぴあの」の教育講演会活動において政治的次元に位置づく『オリジナルな物語』を語る人々も『リカバリーの物語』を語る人々も『ありのままの物語』を語る人々も個人の立場に立てば，それらが重層的・往還的にその個人が統制可能になると言えないだろうか。それは，野口の言う多様な新たな語りを生み出す共同体を示す「ナラティヴ・コミュニティ」の構築の可能性をもたらすことになる（野口，2002, pp.178-179）。

このような「公共性」のアイデンティティの複数性に従って，「精神障害者」に焦点をあてると，従来「精神障害者」の問題は個人に属する問題と位置づけられ，その解決策は個人の変容に求められた。これらは，一般社会に浸透する価値や規則の観点から，政治や社会システムの「周縁部」で提起された問題であると捉えられていたため（立岩，1997；2004），当事者の「声」は社会に還元されることはなかった。しかし，非公式な特定の場（個別面接やグループにおける語り）において，その当事者が自身の問題に関する声を発することを通して，その声に共鳴する人々やその問題に関心を抱く人々が現れるようになり，その個々人の声が集積されることによって「公共的意見（公共の場における語り）」が形成されていく。そして，「問題」が公式な場で討議されることを経て，その解消に応じた精神保健福祉領域の法制度の成立を生む可能性をもたらす。つまり，政治的次元のエンパワメントの目標である社会変革をもたらす可能性をも否定できないのである。

このような当事者の語りの社会変革の可能性をふまえて，エンパワメント実践におけるクライエントと援助専門職のパートナーシップに着目すると，その関係形成として二つの方策がある。一つは，援助専門職がもつ「専門的知識（専門知）」とクライエントがもつ「病いの経験による生活の知恵（経験知）」を共有すること，もう一つは「援助専門職の私」と「クライエントと呼称される人」が一人の人間としてもつストレングスを共有することである。「援者専門職」と呼称される人々は常に自らの権力性を自省的に意識しながら，双方のもつ経験知を含めたストレングスを活用できる機会や場の提供や共有，それらの開発により，「クライエント」

と「援助専門職」というエンパワメント実践における関係性の枠を超えて，一人の人間同士の関係が形成されることが期待される。

5 小括

　本章では，「ぴあの」の活動における定型化された語りを超えて，独自の語りの活動を始めた二人（OさんとFさん）のインタビュー調査をもとに，「公共の場における語りとは何か」「政治的次元のエンパワメントとは何か」について検討してきた。二人の「ぴあの」の活動をふまえた共通点として，子どもに限定されない聞き手の層の拡大と定型化されない語りを希望し，「ぴあの」の活動における専門職とメンバーという固定的な役割に疑義を抱いていた。また，二人は語りの承認者の増大という共通の目標があるものの，語りの方策の相違点として，Oさんは「市場原理に基づき，不特定多数の人々が関心をもつ『語り』に変換させ，語りを媒介する橋渡し型」であるのに対して，Fさんは「信頼関係を形成しながら，理に適った形で『語り』の承認を得ていく結束型」である点があげられた。前者はソーシャル・アクションを起こすこと，後者は同様の語りをもつ人々を結束することを意味する（Cox & Parsons, 1994=1997）。

　二人の語りの活動を「公共性」の観点から分析すると，政治的次元も含めた多元的な次元のエンパワメントを獲得するには，精神障害をもつ一人の市民として，聞き手に応じた多様な語りが可能となる多元的な場が必要となる。（語りの生産者）と聞き手（語りの消費者）という両者のアイデンティティに着目すると，個別面接では「病者」や「クライエント」が治療者や援助専門職に病いによる苦しみや辛さを訴える。グループの語りでは「同様の生活のしづらさをもつ人々」と病いにまつわる経験を語り合う。公共の場における語りでは「病いの経験をもつ外部講師」が，病いの経験がない人々に病いの経験によって得た生活の知恵を伝授する。そして，政策決定の場では，「病いの経験をもつ一人の市民」が，政策決定者に現存の法制度に対する要望を行い，一般市民には精神障害等の啓発を行う。これらの語りは従来，援助専門職によって議論されてきたが，「精神障害者」と呼称される一人の人間の観点に立てば，それは同時に，重層的に往還的かつ多方向的に経験することが可能であり，「精神障害者」という役割もその人の一部分にすぎないと言える。

コラム 6

　森実恵さんは，語り部グループ「ぴあの」を卒業後も精力的に講演会活動や執筆活動をしている人である。改めて，「ぴあの」の活動が自分にもたらした意義を寄せて下さった。

語りによるエンパワメントの効用

　語りは本来孤独な作業である。一人でレジュメを用意し，会場に向かう。ステージの上でも一人，マイクを持つのも一人，一人で完結できる仕事であると思う。だが，語り部グループ「ぴあの」の活動に参加することにより，この孤独な作業から解放されることができた。皆の語りを聞き，共感し，受容する，そして，自分も語り，共感され，受容される，このプロセスがあることによって，自分の内側から回復する力エンパワメントが強化されたように思う。

　精神障害者の悩みを解決するためにはインプットだけでもアウトプットだけでもだめで，両方を同時に行う必要がある。本を読むことにより，新しい視点を得たり，人の話を聞くことにより，開眼したりする場合もあろう。また，苦しかった過去を日記に綴ったり，詩に表現したり，泣いたり，笑ったりすることにより，苦しみが浄化され，カタルシスを感じることがあるかもしれない。

　グループで語り部の活動をすることの意義はこういうところにあるのだと思う。また，いままでの苦しみを発表することにより，観客から受容・承認され，場合によっては収入や賞賛も得られるということが当事者自身の過去を自身が初めて受容・承認するきっかけになるのではないだろうか。そのような語り部の活動は今後もどんどん広まっていく必要があると思う。語り部グループ「ぴあの」の活動がその一端を担い，全国的にもリードしていけるようなグループに発展していくことを願っている。

第3部

「援助専門職の私」の当事者研究

終章

エンパワメントを志向する実践を超えて

　本研究の目的は,「援助専門職の私」が,精神障害者のエンパワメントを志向する実践に参画・モニタリングし,クライエントのエンパワメントを評価することを通して,実践から得た知を研究するものである。その実践とは,社会の偏見に悩む精神障害者が自らの病いの語りを介して,抑圧的な社会環境に影響を与えることでパワーを取り戻す／増強することを目的とした実践である。

　組織的次元におけるエンパワメント実践の支援モデルがないなかで,六カ年にわたり,精神障害者で構成される語り部グループ「ぴあの」の実践を行ってきた。しかし,エンパワメントの理論通りに活動が進展しないことが多々起こり,その都度,「ぴあの」の語りの実践における「私」の価値観や判断,行動を客観的に振り返ることが求められた。つまり,本研究は,「社会福祉援助職」と「研究者」という二つの立ち位置をもつ「私」の当事者研究でもある。「援助専門職の私」が実践してきたことを,「研究者の私」が省察的に振り返り,実践のなかで得た知恵を理論に活用する試みである。

　そこで,終章の構成は,本研究の「公共の場における語り」の実践の総括をふまえて,本研究の実践的意義と理論的意義について説明する。そして,「精神障害をもつ人」と「援助専門職の私」の関係性に着目し,「エンパワメント」や「語り」がもつ公共性について考究することにした。

1 「公共の場における語り」の実践の設計
──本研究の実践的意義

　本論文における実践的研究は，パワーレスな状態にある「精神障害者」と呼称される人々が「病いの語り」がもつ力を活用しながら，精神障害者に対する差別や偏見がある社会環境を変革していくことで，自身のエンパワメントを図る方策を探るものである。

　このような研究目的を設定した背景には，従来，「精神障害者」と呼称される人々の「疾患」や「障害」は主に医療専門職によって説明されてきた歴史がある。また，精神障害者に対する偏見が根強くある社会では，精神病や精神障害については公言してはならないものという風潮があった。このような抑圧的な社会環境のなかで声を奪われてきた「精神障害者」は，専門職にエンパワーされる対象として捉えられてきた。そのような精神医療体制に対する反精神医学運動がみられた一方で，精神科ソーシャルワーカーの谷中等による精神障害当事者の体験談に基づく講演会活動や，『こころの病い 私たち100人の体験』（全国精神障害者団体連合会準備会・全国精神障害者家族会連合会，1993）をはじめ，当事者自らが実名や顔写真を出し，病いの体験談を綴った出版物もみられるようになった。その頃は，精神障害者に関する法制度の理念に「社会参加」や「地域生活支援」という文言が強調されるようになり，一般市民やボランティア，ホームヘルパー等に精神障害者の理解が求められた。1995年に成立した『精神保健福祉法』において精神障害者の社会参加が強調された頃から，精神障害者の地域生活支援において，一層本人の要望に沿うことが求められた。また，精神の病いを赤裸々に綴った闘病記や当事者のマスメディアへの出演が顕著にみられ，当事者自身によって意味づけされた病いの語りが公共の場で聞かれるようになってきた。未だ，精神障害者に対する社会の偏見が強いなかで，公共の場で当事者は何を語るのか，当事者は援助専門職にいかなるソーシャルワーク実践を求めるのか，これらの問いを援助専門職の私は解明したいと考えた。

　そこで，本研究ではソーシャルワークの実践的価値である「エンパワメント」に着目し，その実践枠組みに基づき，精神障害当事者による公共の場における語りの活動を計画した。六カ年にわたる，その活動をモニタリングしながら修正し，その評価を行ってきた。このように，専門職主導のエンパワメント実践は活

終　章●エンパワメントを志向する実践を超えて

動に参加したメンバーに一定の評価を得たものの，多くの課題も析出されることになった。

　そこで，本論文が示した実践的研究を総括し，その到達点について述べる。

　第1章と第2章では，本研究の理論的枠組みを提示している。第1章では，エンパワメントに関する先行研究をもとに，精神障害者がパワーを喪失していく過程とその関連要因を図式化した。また，エンパワメントの概念をふまえ，エンパワメントを志向する実践における構成要素（参加者，介入方法，技法，アプローチ，効果）を個人的次元，対人関係的次元，組織的次元，政治的次元の四つの観点から整理した。精神障害者がパワーを喪失する要因には，精神疾患そのものと抑圧的な社会環境が相互に関連するにもかかわらず，エンパワメント研究は理論的研究や個人的次元並びに対人関係的次元における実践的研究が多く，社会的次元に着目した研究やエンパワメント実践の四つの次元の関連性に関する研究があまりみられないことから，それらを俯瞰的に解明する必要性を指摘した。

　第2章では，エンパワメントの各次元の観点から病いの語りの場における特性を次の三点から整理した。第一に，「病いの語り」には病いの体験を意味づける行為と病いの体験を他者に伝える行為というエンパワメントに深く関連する特質がある（栄，2015a）。前者は語りを行った当事者の自己変容の可能性を生み，後者は当事者による語りの承認者の増大という社会変革とともに，それに影響を及ぼした当事者の自己変容の可能性を生む。第二に，「語り」に関する先行研究は，「ナラティヴ」や「セルフヘルプ・グループ」といった局所的で対面的な語りに限定されており，その研究は語りの内容や構造に集中しているという限界がある。第三に，「個別面接の語り」「グループの語り」「公共の場における語り」において，聞き手の相違とエンパワメントの関連性に着目すると，個別面接（個人的次元）とグループの語り（対人関係的次元）は専門職やメンバーの受容や共感的理解を回路として，当事者が直接的にエンパワメントできるのに対して，「教育講演会」等の公共の場における語り（組織的次元）は聞き手の承認を回路として，当事者がエンパワメントできるという特質上の相違がある。加えて，公共の場における語りに関する研究は聞き手の変容に着目した研究が多く，病いの語りを行った語り手の意義やプラマーが指摘する語りの「第二の生産者」の支援内容に着目した研究は管見の限りみられない。このことから，公共の場における語りを行った当事者がエンパワメントできる実践枠組みを提示する必要性を指摘した。

　第3章では，組織的次元のエンパワメント実践に関する先行研究を援用して，その研究の素材となる語り部グループ「ぴあの」の活動の枠組みを紹介した。「ぴ

あの」の活動とは，共生社会を目指して，精神障害当事者が教育機関に出向き，病いの語りを子どもたちに語るという活動である。「援助専門職の私」は法人Zの職員とともに，「ぴあの」の活動を企画・運営してきた協働実践者である。その際，研究期間に得られた知見も，当事者や関係者の承諾を得た上で研究に使用した。子どもたちへの教育的効果を目指し，議論を重ねながら創り上げられた当事者の語りは，期待通り子どもたちから一定の肯定的な反応を得ることができた。そこで，「ぴあの」の実践に関する検討から，次の問いを立てた。一つは子どもたちから肯定的反応を得た当事者の語りはいかなる内容と特性があるのか（第4章），他の一つは当事者の語りの生成過程とその生成に関与した援助専門職はいかなる支援をしたのか（第5章）というものである。

　第4章では，精神障害当事者が子どもたちに語る内容とその特性を明らかにした。KJ法を参考にして当事者10名の語りの内容をカテゴリー化し，図解によって，カテゴリー間の関係性を明らかにした。その結果，当事者の語りとは『精神疾患の受療前の対応に混乱した時期』『病いになって絶望に向かう時期』『再び自分の人生を歩み出す時期』『意味ある人生を再構築する時期』を下位カテゴリーとする『病いの物語：リカバリーの物語』と『共生社会の実現に向けた協働への期待』というメッセージで構成されていた。この語りは，「初発当時の精神的不調の状況を示すトランスクリプトの多用」「精神障害者に対する偏見の低減を目指した語り」「共生社会の創造というメッセージ」の付与という特徴があった。このような語りは福祉教育の理念と合致することから，子どもたちに一定の教育的効果がみられたことを示した。

　第5章では，「ぴあの」のメンバーが教育講演会で語る『病いの物語：リカバリーの物語』の生成過程とその生成に関与する援助専門職の支援内容を明らかにするため，「研修」というグループの場の参与観察を行った。子どもたちに向けた「リカバリーの物語」は「研修」というグループの場で作成される。その物語は，病いをもちながらも自分らしく生きる方途があることを示す物語であるため，今も精神症状に悩む当事者にとって病いの体験の意味づけに齟齬が生じた。その折り合いをメンバーがつけるためには，「ありのままの語り」を語り合う場が必要だったことが明らかになった。グループの場はメンバーが病的体験や語りの活動に対する不安や戸惑いをわかちあう場であり，メンバー同士が「ぴあの」の活動の使命を確認し，効果的な語りを学び合う場である。そのような場を裏舞台に設置することで，表舞台で語る「リカバリーの物語」が生成されていく過程を示した。

　このような語りの生成過程における援助専門職（語りの「第二の生産者」）の

役割として，個別面接や「研修」というグループの場の設置，語りの技法の習得や批判的意識の醸成等を目的とした相互学習の機会の提供，学校をはじめとする公共の語りが可能な場の開拓やその組織や団体との調整及び交渉等がある。また，メンバー個々のニーズやグループの発展段階に応じて，専門職は支援内容を変容させる必要があることを指摘した。そして，こうした公共の場における語りを可能にする実践の過程に対して，エンパワメントの組織的次元の介入（教育講演会の語り）を結節点にして，個別的次元（個別面接）や対人関係的次元（グループの語り）の介入が重層的に往還的かつ多方向的な過程として相互作用を果たす実践の俯瞰図を作成した。

　第6章では，「ぴあの」の活動に参加したメンバー（15名）に対して，語りの活動によるエンパワメントの状況を検証した。その際，先行研究に基づき組織的次元のエンパワメントの指標として「報酬」「自己統制」「社会貢献」を設定した。また，メンバーの語りの内容を分析枠組みとして，『リカバリーの物語』『ありのままの物語』『未完成な物語』『オリジナルな物語』と類型化した。『リカバリーの物語』を語る人々は本研究の語りのモデルに適合した人々であり，語りを精巧に創り上げ，後継者を育てようという人々である。『ありのままの物語』を語る人々は，「ぴあの」の活動を希望するが赤裸々な病的体験を語りたいという人である。『未完成な物語』を語る人々は，公共の場における語りの活動そのものを模索する人々である。『オリジナルな物語』を語る人々は，「ぴあの」の活動を卒業し，社会変革を目指して独自の語りの活動をはじめた人々である。本研究の組織的次元のエンパワメントを獲得した人は，病いの語りの承認（報酬）を得て，アイデンティティの複数性を実感するとともに（自己統制），社会変革に向けた具体的な行動化がみられた（社会貢献）人々である。その過程は公共の場における語りの活動を企画した当初に想定していた，個人的次元，対人関係的次元のエンパワメントを経るという段階的で重層的な過程ではなく，各々の次元のエンパワメントを重層的に往還的かつ多方向的な過程を辿っていたことを明示した。

　第7章は，社会変革の可能性を生む方策を提示するため，『オリジナルな物語』を語る人々にインタビュー調査を行った。その結果，それらの人々は，今まで精神障害者に関心を示さなかった人々に市場原理をふまえた語りを届ける橋渡し型と，信頼関係を基盤として着実に語りの承認者を得ていく結束型に分類できた。従来，社会変革は運動論と関連づけられることが多かったが，本研究では当事者が考える「公共性」の多義性に着目し，語りの承認者の増大を目指す方策を明示した。

以上のことから，精神障害当事者による公共の場における語りの活動の設計に資する知見は，以下の通りである。
1. 規範を重視する教育機関（学校）という公共の場において，精神障害者に求められる語りとは定型化された『リカバリーの物語』が多い。その物語は，精神障害者と初回の接触体験となる語り，精神的不調を抱えている子どもに向けた語りの場合に功を奏することが多い。
2. 今も病的体験に悩む当事者にとって，『リカバリーの物語』を語ることに抑圧を感じる当事者もいる。その当事者が公共の場で『リカバリーの物語』を語るには，裏舞台に，赤裸々な病的体験や語りの活動に対する不安を語り合える場，並びに個別面接の場が必要である。
3. 公共の場における当事者の語りの活動には，教育機関における定型化された語りの他に，より広域な場における不特定多数の人々を対象とした市場原理に適う語りや，信頼関係に基づく人間関係のなかで赤裸々な病的体験の語りの活動がある。
4. 語りの活動のもつ功罪をふまえた上で，公共の場における語りの実践（社会的次元のエンパワメント実践）における援助専門職の機能や役割には，
①当事者が多様な語り（私有財／共有財／公共財／新たな公共財）を生成できる支援
②当事者の語りが消費される多元的な場（個別面接／グループ／生活圏・市民社会／国・政治等）の設置や開拓
③当事者が多様な語りを重層的に往還的かつ多方向的に活用できる支援を行う等がある

　このように，公共の場における当事者の多様な語りは，その聞き手にとって人間同士の共通性や個々人の差異性を考える機会となり，精神障害者に対するドミナント・ストーリーがオルタナティブ・ストーリーに書き換えられる可能性があり，ひいては互いの存在を認め合う共生社会の創造の可能性（社会変革）がある。それは，多様な語りを行った当事者のアイデンティティの多義性とともに，その物語の承認者の増大を目指した行動が促進され，精神障害者が一人の市民として自分らしく生きる可能性をも秘めている。

　次に，公共の場における精神障害者の語りの実践上の意義を，次の四点に示す。
1. 精神障害当事者による定型化された語りが孕む危険性と有効性の両義性に照準をあて，公共の場における定型化された語りの活動の設計と，その語りを

**スティグマを受けた集団の構成員による
エンパワメントを志向する組織的次元の実践枠組み
テーマ：精神障害をもつ当事者による公共の場における病いの語り**

1. 活動の目標：パワーレスな状態にある当事者が抑圧的な社会環境に影響を与えることによってパワーの獲得を目指す。当事者が外部講師という社会的役割を得て，その役割遂行に向けて自己統制でき，語りに対する聞き手の承認（精神的報酬）や語りの対価（金銭的報酬）を獲得することで社会貢献を実感する。
2. 活動の形態：スティグマを受けた「精神障害者」によるグループ活動を中核に置く。
3. 活動の場所：組織的次元の場として，クライエントの生活圏／地域／市民社会に置く。公共の場（組織的次元）を結節点として，個別面接の場（個人的次元）とグループの場（対人関係的次元），よりマクロな公共の場（政治的次元）を同時に設置し，当事者が自分のニーズや希望によって，いずれの場も利用できる仕組みを創る。
4. 活動内容：語り合い，語りの生成とその実施と省察，課題提起教育，社会変革への活動
①メンバー同士が安心して病いにまつわる体験を語り合うなかで，公共の場における語りの活動の意義を確認する。②公共の場における語りの生成と語りの実施とその省察を循環的に行う。③「私」の生活課題を「私たち」の課題として認識し，「私たち」の課題をもたらす抑圧的な社会環境に批判的意識をもち，その社会環境を変革するために必要な知識や技術を学ぶ。④よりマクロな社会の変革を目指して，同様の課題をもつ人々を組織化し，その連結の強化や，ソーシャル・アクションを行う。
5. 専門職の役割と機能：メンバーとの対話を重視し，パートナーシップに基づいた実践
①当事者と信頼関係に基づいた協働を行う。メンバーは「精神障害」と抑圧的な社会環境を体験した専門家（経験知をもつエキスパート）であり，専門職はソーシャルワークに関する知識や技術並びに権力もつ専門家（専門知をもつエキスパート）であるという認識のもと，双方の協働で活動を進める。②当事者のストレングスを活用する。メンバー個々人が病いによって覆い隠されていたストレングスを見出し，その活用によってパワーを増強できる場や機会の提供を行う。メンバーの語りは病いの経験から得た生活の知恵の宝庫であり，今まさに病んでいる人々や未だ病いを経験したことがない人々にも活用する。③当事者による抑圧的な社会環境の変革を目指し，その社会環境に関する情報をグループで共有し，社会に対する批判的な意識の醸成を促す。かつ，社会変革に必要な知識や技術の習得に関する教育，精神障害者の語りに関心を示さない人々や「精神病」や「精神障害」を知らない人々に承認を得る方策をメンバーと考案する機会と場を提供する。④公共の場で語りたくないというメンバーの意思やジレンマに敬意を示し，「語らなくてもよいこと」を保障し，語りたいという時熟を待つ。⑤語りの普及を目指して，地域における資源のアセスメントや政策決定機関との情報交換を継続的に行う。

　援助専門職は，エンパワメントの各々の次元において，当事者の希望や要望の内容，グループの凝集性，歴史的・社会的文脈の変化に応じて支援内容を変容させる。語りの活動では，当事者個々人のニーズをふまえ，グループ活動による語りの生成，語りの実施，語りの書き換えを循環的に繰り返しながら，当事者のオルタナティブ・ストーリーの承認者を地域に増大することを目指す。

当事者が生成していく過程を提示した。
2. 公共の場における語りの活動による社会的次元のエンパワメントの獲得過程を図式化し，社会的次元のエンパワメントは個人的次元や対人関係的次元，政治的次元と相互関連しながら獲得していく過程であることを示した。
3. 公共の場における語りには多様な語りの活動があり，各々の精神障害者の語りの承認者を得る方策を提示した。
4. 公共の場における語りの活動に関与する援助専門職の果たす役割と機能を提示した。

このように，本研究が提示した語りの設計や語りの生成過程は，従来のナラティヴ研究やエンパワメント研究の限界を補完でき，他のスティグマを受けた集団の構成員のエンパワメントを志向する実践にも応用できる点で，実践上の意義があると言える。

前頁に，本研究が導き出した，公共の場における精神障害当事者の語りを媒介としたエンパワメントを志向する実践の設計を提示する。

② 「公共の場における語り」の実践の理論化
——本研究の理論的意義

ショーンは，「実践家が『実践の中の研究者』として働く時には，実践それ自体が更新の源となる。不確実性によって生じたり誤りを認識することは，自己防衛の機会ではなく，むしろ発見の源となる」（Schön, 1983=2001, p.154）と指摘している。「ぴあの」の実践は，既存のエンパワメント研究の不備な点や「援助専門職の私」がもつ権力について省察を促した。以下，「ぴあの」の実践をふまえた理論的意義について述べる。

1. エンパワメント実践における各次元の相互関連性

第2部で詳述した実践的研究では，精神障害者が直接影響を及ぼすことができるミクロ的環境を示す「組織的次元」におけるエンパメント実践に着目した。序章や第1章で述べたように，エンパワメントの理論的研究では専門職が介入する「次元（dimension）」に焦点をあてた研究はほとんどみられない。代表的なエン

パワメント研究者による介入の次元をみると，「個人的次元」「対人関係的次元」「政治的次元」（Lee, 2001），「個人的次元」「対人関係的次元」「社会政治的次元」（Miley et al., 2012），「個人的次元」「対人関係的次元」「ミクロ的環境的及び組織的な次元」「マクロ的環境及び政治的次元」（Cox & Parsons, 1994=1997）という名称が使用されており，社会変革を目指す次元の捉え方に多少の差異がみられる。このことは，伝統的なソーシャルワーク実践が主に「個人的次元」（ケースワーク等）や，「対人関係的次元」（グループワーク等）に傾倒してきたため（Persons & Cox, 1998=2000），社会的次元（市民社会への橋渡しや窓口となるための支援等）における介入の蓄積の理論化が進展していないことが考えられる。本来，運動理念であった「エンパワメント」がソーシャルワークに導入された背景には，社会の周縁部におかれてきたスティグマを受けた集団やその構成員が自らのもつ力や社会の資源を獲得しながら，本来もつパワーを取り戻すことを目標として設定し，そのために「個人的次元」や「対人関係的次元」におけるエンパワメント実践が不可欠だったことがある。また，これらの人々のパワーの喪失をもたらせた社会変革に着目すると，フェミニズムの「個人的なことは政治的なこと」のフレーズにみられるように，クライエントの要望を制度・政策に反映する政治的次元におけるエンパワメント実践（たとえば，消費者運動，自立生活運動，障害者運動等）も必要視されてきた。しかし，クライエントのミクロ的環境や組織，グループと政治の中間レベルのシステムに関する組織的次元におけるエンパワメント実践に着目した研究はあまりなされてこなかったと言える。

　この次元の援助専門職の介入は，クライエントの身近な生活環境や社会の変革に焦点をあて，クライエントが自らの課題を解消できるよう，援助専門職はクライエントに地域にある資源や組織に関する知識及びその利用方法について情報提供したり，組織や機関とのコミュニケーションの取り方を学ぶ機会や場を設定したりする。加えて，クライエント自身が同様の課題をもつ人々を組織化し，意思決定機関に新たなサービスの開発を交渉したり，クライエントを市民社会につなげたりする支援を行う。

　本研究では，援助専門職の介入として，コックスらが示す，個人的次元，対人関係的次元，組織的次元，政治的次元の四つの次元を援用し（Cox & Persons, 1994=1997），「組織的次元」における援助専門職の実践計画（精神障害当事者で構成される語り部グループ「びあの」の実践）を立てた。先行研究では，これらの次元が単独で説明されていることが多く，かつ援助専門職による支援過程は，個人的次元，対人関係的次元，組織的次元，政治的次元の実践を段階的に順次進

んでいくように記載されているものが多い。しかし，本研究における組織的次元のエンパワメント実践の支援過程をみると，組織的次元の介入（教育講演会の語り）を結節点にして，個別的次元（個別面接）や対人関係的次元（グループ）の介入が重層的に往還的かつ多方向的な過程として展開していることが明らかになった。第5章で述べたように，「ぴあの」のメンバーのなかには，公共の場における語りの活動を決意するまでのあいだ，「精神障害者」として顔や名前を出すことに対する不安を解消するために，援助専門職との個別面接を利用する者もいた。また当事者同士による病いにまつわる体験の語り合いにより，メンバーによる我々感情の達成や語りのロールモデルの獲得を経て，公共の場へと向かうばかりではなく，語りの活動に対するメンバー同士の決定事項と自分の方針が合わないために個別面接を必要とする者もいた。また，教育機関から「ぴあの」に求められる定型化された語りではなく，赤裸々な病的体験を語る「ありのままの語り」を希望する者も現れた。このことは，精神障害者のエンパワメントを目指す組織的次元の実践のためには，個人的次元や対人関係的次元の介入を組み込むことが有効であること，さらに社会変革を目指すためには組織的次元の実践に政治的次元の介入を組み込むことが，それ以外の個別面接やセルフヘルプ・グループでの支援の実践においても有効なことを示している。

　今後，精神障害者に関する法制度の理念に「地域生活支援」が強調されるなかで，精神障害者が地域の一員として自分らしく生活するためには，地域にある精神障害者に対する社会の偏見を低減することや，地域生活に必要なサービスを開発することが不可欠となる。岡村重夫は，個々人に対する個別援助と同時に，生活課題が生じる根源である地域社会の社会構造や社会関係の欠陥に迫るような地域福祉活動の必要性を強調している（岡村，1974, pp.2-3）。このように，援助専門職には「精神障害」によって同様の課題をもつ人々を組織化する支援や，地域にある社会資源に関する情報提供やそのアクセス方法並びに市民社会に働きかける対話の技法を学ぶ機会を提供する支援，すなわち「組織的次元」における支援が不可欠となろう。

2. 援助専門職がもつ権力性——「エンパワメント」と「語り」の功罪

　本研究で採用した理論的枠組みは，「エンパワメント」と「語り」である。それは，「援助専門職の私」が，この二つの概念を組み合わせる実践こそが精神障害者のリカバリーに有用的であるという仮説を立てていたことによる。

終　章 ● エンパワメントを志向する実践を超えて

　エンパワメントは，スティグマを受けた集団やその構成員が本来もつストレングスやさまざまな資源を活用することで，自らのパワーを取り戻していく過程であり結果である。エンパワメントにはパワーを取り戻す場や機会が必要であり，援助専門職が介入する「語りの場」の観点を組み合わせると，第1章で述べたように，専門職等による個別面接（個人的次元），グループの語り合い（対人関係的次元），市民社会における講演会（組織的次元），政策提言（政治的次元）等がある。語りには，語りの生成過程にみる一種の浄化作用や自己の一貫性並びに病いの経験の肯定的意味づけの効果があり，語りの承認者を社会に増やすことによる社会変革に影響を与えたという社会貢献感がある。この語りのもつ力を多次元的な語りの場で活用することによって，その語り手である本人の自尊感情や自己肯定感の向上，仲間意識の醸成，他者への影響による自己効力感，社会変革に向けた行動化等が期待される。このような「エンパワメント」と「語り」による自己変容の効果を意図して，本研究では語り部グループ「ぴあの」の実践を行ってきた。

　しかし，「エンパワメント」も「語り」も，援助専門職のポジショナリティにおける権力性が指摘される概念でもある。エンパワメントを志向するソーシャルワーク実践に関して，サイモンが「『援助専門職がクライエントをエンパワメントする』ことと『クライエントが自らをエンパワメントするように援助する』ことには違いがある」(Simon, 1990)と指摘するように，「援助者―クライエント関係」の位相では専門職主導の「支配―従属関係」が生じやすい。その背景には，もともと運動理念として生成された「エンパワメント」が援助理念として用いられたことで，「エンパワーされる」という受動的な言葉に変換されてしまったことが考えられる（稲沢，2003）。ソーシャルワーカーであるマーゴリン（Margolin, L.）は「（援助する）人が誰かを実際にエンパワーできるというまさにその考えが，その人自身の掌中に権力をもたらす」と主張する（Margolin, 1997=2003, p.13）。援助専門職に「エンパワメントされた」クライエントは，主体的にエンパワメントを獲得していくことが困難となり，自律性の獲得に向けた基盤を失ってしまう(Simon, 1990)危険性がある。つまり，「エンパワメントのパラドックス」(Gruber & Trickett, 1987)が生まれるのである。

　また，「語り」に着目すると，面接における「聞き手―語り手」の関係の位相においては，「語らせる者―語る者」という聞き手主導の「支配―従属関係」が生じやすい（桜井，2012, pp.80-82）。専門職が聞きたい内容を語り手に質問し，語り手がその質問に応えるという関係は，語り手を受動的な「回答の容器」

(Holstein & Gubrium, 1995=2004) と化してしまう危険性を孕んでいる。グループにおける語り合いも，同様の悩みや生活のしづらさがあるという理由で，すべてが共感されるとは限らない。また，グループに同調傾向がみられるようになると，メンバーの意見が多数派にながれることもある。公共の場における語りでは，聞き手が語りに関心を示すとは限らず，聞き手に語りが承認されなければ，語った本人の自尊感情や自己効力感の低下をもたらすことになる。このように，語りは語り手と聞き手の共同行為と言われるものの，聞き手の質問が語り手の語りの内容ひいてはそのアイデンティティに影響を与えるという特性があると言える。私たちは，自己を物語ることでアイデンティティを確認でき，その物語の書き換えは新たなアイデンティティを構築することになる（浅野，2001）。そのため，聞き手の質問に適した物語を語れば語るほど，本人の自己物語のシナリオは誰が書くのか，その物語の主人公は誰なのかという「語りの主体」の課題が浮上する。従来の精神医療における援助専門職の質問は精神障害者の病理や疾患に着目した質問が主流であり，その回答は当の本人にとって「病者」「障害者」のアイデンティティを表出する語りになる。そのため，本人の個性豊かな生活世界をもつ「生活者」というアイデンティティが「病者」「障害者」のアイデンティティの背面化に押しやられてしまい，そのことが本人のパワーを喪失することになりかねない。

　序章で述べたが，「援助専門職の私」には，精神障害当事者を「病者」や「障害者」という属性ではなく，その人らしさを示すストレングスをもつ「一人の生活者」という人間観があった。そのため，実践においては，精神障害者の病理や障害にのみ着目するのではなく，その人のストレングスに着目し，その活用を目指した実践を心掛けてきた。サリビーが「語りはストレングスの宝庫である」と述べているように，当事者の語りを実践のなかで大切にしてきたつもりだった。

　しかし第2部を通して示してきたように，「援助専門職の私」は，実践としても研究としても最も不足している組織的次元（公共の場）における実践的な支援モデルを「設計する」ことを火急の課題としてきた。それゆえ，「援助専門職の私」自身の問題を分析の俎上に載せることが十分できず，教育講演会の場において「一人の生活者」としての人間理解を子どもたちに効果的に促すために「語りの作成」を支援しながらも，「援助専門職」と「障害者」の関係を「一人の生活者としての私」と「一人の生活者としての当事者」との関係として捉えることに必ずしも自省的であったとはいえないものだった。

　たとえば，本論文では公共の場における当事者の語りの活動の裏舞台を示してきた。実際には，この裏舞台とは，その活動に関与してきた「援助専門職の私」

の価値に基づく支援やその揺らぎを開示し，それ自体を反省的に分析することもできる場でもあった。だが，援助専門職による実践モデルの設計を目指した私にとって最も重要な分析課題は，先行研究で規定されたエンパワメントの基準に照らしながら，その効果を検証しモニタリングしながら，効果が得られなかった場合にはその原因を突き止めることであった。私は，モデルとなる物語を語ることに抵抗を示す人，公共の語りに躊躇する人，独自の語りの活動をしはじめた人々が現れたため，「精神障害者にとって『語り』は本当にエンパワメント効果があるのか」「精神障害者にエンパワメントが得られないのはなぜなのか」という悩みを抱きつつ試行錯誤を繰り返したが，その過程において「エンパワメント」という当初の設計や目的，「エンパワメント」といった概念的な枠組み自体に疑問をもつことはなかった。その結果，実践を振り返ると，「エンパワメントされたか否か」という「援助専門職の私」が設定した問いから零れ落ちる精神障害者による日常的で些細な変化や，先行研究が述べる「エンパワメント」の枠組みでは分析しがたい当事者の主観的評価に光を当てることができなかったのである。しかし，これらの反省点は，「援助専門職の私」自身の資質としてよりも，より広い示唆を含んでいるものとして検討しうるものであるように思われるものだった。

「技術的合理性」に基づく「技術的熟達者」ではなく「行為の中の省察」に基づく「反省的実践家」を推奨するショーンは，反省的実践家は意味づけし認識し計画する能力が，自分自身と同様，クライエントにもあることを認識し，クライエントとの対話を通して，自らの専門的熟練の限界を見出す（Schön 1983=2001, pp.146-148）重要性を指摘する。また，ショーンは科学的技術の合理的適用を示す「技術的合理性」の視点からみると，専門職の実践は問題の「解決」の過程であるという。そして，この問題解決をいくら強調しても，問題の「設定」，たとえば手段の選択，達成する目的，意思決定という問題を設計する過程が無視されていると主張する（Schön, 1983=2001, pp.56-57）。

序章と終章に「私」を登場させた本論文は，このショーンが目指す「反省的実践家」になることの困難さを示す狙いもある（Schön, 1987=2007）。すなわち専門職が自らの実践を振り返り，分析・考察する際に，問題の解決を目指す過程に注視してしまうゆえに，問題を設定し支援を「設計」していくプロセスそれ自体をクライエントとの関係の中で自省的に捉え返すことの困難さを提示する狙いも込められている。従来，ソーシャルワークの実践において，クライエントの「エンパワメント」や「語り」の効果に関する報告は多いものの，そこに関与する「援

助専門職の私」の価値に基づく支援やその揺らぎについて論じられることはあまりない。援助専門職が「その人のために」と称して現実に行われてきたことは，多くの場合，援助する側の都合に左右されがちである。「クライエントのために」を題目とする援助専門職が，クライエントの自己決定に際して，どのようなスタンスで「その人」のそばに立つのか，クライエントが決定する／した環境とはどのような環境だったのか，そこに自己決定のための判断材料がどのように提供され，共有される支援が行われたのという現状と問題点を総体として明らかにしていく必要がある（立岩，1999）。次節では，この「援助専門職の私」自身の支援内容とクライエントとのパートナーシップを振り返りつつ，これからの研究に向けた課題を述べたい。

3　パートナーシップを求めて
── 「ために」から「ともに」へ

　語り部グループ「ぴあの」の実践において，「私」と「当事者」の関係は，公共の場における語りの活動を企画し実施する「援助専門職の私」と病いの語りを担う「精神障害をもつ当事者」という立場から始まった。「ぴあの」の企画にあたって「グループ」を採用した理由は，専門職とメンバーという二者間の関係よりもグループの方が専門職のもつ権力が分散でき，かつメンバー同士による病いの経験のわかちあいの効果を考慮したことによる。
　メンバーが語る語りの活動の場が局所的な場から広域的な場に拡大されるほど，メンバーのアイデンティティの複数性がみられ，今まで病理や障害の背後に隠されていた「本人らしさ」を示すストレングスが病理や障害の前面にでてくる場面も多くみられた。それに伴い，メンバー自身の意見が「ぴあの」の活動に反映されるようになり，第7章で紹介したように，独自の語りの技法を編み出し単独で活動をする人々も現れた。それは，メンバー個々人のパワーの程度やメンバーとの関係性をふまえて，グループにおける援助専門職の立ち位置を考える機会になった。たとえば，受容と共感的な態度を重視する面談よりも，語りの活動の助言者の一人として相談されることが増えた。グループの語りにおいても，ファシリテーターよりは共に語りの活動に参加するメンバーの一人として情報提供や活動の提案をすることが求められることが多くなった。また，障害の有無にかかわ

らず，一人の生活者として，互いの関心事や得意分野等を知る会話もみられるようになった。そのなかで，「精神障害者」と呼称されるメンバーの「障害者」「病者」以外の「家族」「関心事」「得意分野」「仕事」「近隣関係」等のアイデンティティにまつわる出来事を知ることができ，私自身も「援助者」以外の「家族」「関心事」「得意分野」「仕事」「近隣関係」等を自己開示してきた。そのような「一人の生活者」という関係性がパートナーシップの形成には重要な要素になると思われた。このような関係では，メンバーがもつ病いによる「経験による知恵（経験知）」と援助専門職である私がもつ「専門的知識（専門知）」を共有すること，同じ人間同士として各々のストレングスを共有するなかで，パートーナーシップが形成されるものと考えられる。

　「当事者から学ぶ」とは，病いの経験がある当事者から病いの経験により得た生活の知恵を，病いを経験したことのない私が教えてもらうことを意味する。病いによる経験知をもつ「当事者」と専門知をもつ「私」との互いの学びあいは，異なる価値観や文化を学ぶ機会になり，新たな発想や価値観を生む可能性がある。これは，近年みられる病いの経験知を生かしたピアサポーターの活動に通じるものである。また，「当事者と共に学ぶ」に関して，精神障害者による公共の場における語りの活動を例にとると，当事者の語りの場をどのように開拓すればよいのか，他のスティグマを受けた人々はどのような語りの活動をしているのか，私自身もメンバーとともに学ぶことが必要だった。これは，リカバリーカレッジの核となる「Co-Production」の概念に通じるものである。リカバリーカレッジは，「専門職」と「当事者」は「支援する者—される者」という二項対立の関係ではなく，共に「学ぶ者／学生」という対等な関係がある。それは，オルタナティブなサービスを生み出すことになる（栄，2016b）。エンパワメント実践を超えて，パートナーシップを構築するためには，こうした可能性をどのように導き出せばよいのかを実践に即して丁寧に記述していく必要があったが，それについては十分に考究することができなかった。

　だが，このような対等な関係性を，本研究が光をあてた「組織的次元」の活動で一貫して実現することに困難がつきまとうことも事実だった。その背景には，精神障害者の支援に関わる問題と，公共の場という場の設定に関わる問題に深く関係する専門職自身の役割をめぐって，大きく二つの理由がある。

　第一に，公共の場における語りの生成や語る行為が精神症状と相互に影響しあうという特性があり，疾病と障害を併存する精神障害者と向き合ううえで，「一人の生活者」としての位置づけで当事者を支援することが難しくなる場面が生じ

ることである。

　第5章で述べたように,「ぴあの」の活動に参加したメンバーのなかには,未だ精神症状が安定せず,聞き手のニーズに適う語りどころか,自分が希望する語りを創ることすら困難な場合が見受けられたメンバーが少なくなかった。たとえば,病いにまつわる出来事の記憶を辿ることやそれを言語化すること,それらの出来事を統合して一貫性のある自己物語を創り上げることに難しさがみられた。特に,発病当時はさまざまな出来事が重なり,それが病的体験なのか事実なのか判断できないというメンバーが少なく,その病いの体験を振り返る作業が追体験になり不安を抱くメンバーもいた。また,語りの実践の省察に必要な録音や記録をとることも困難が伴った。たとえば,その時は録音や記録の同意が得られても,後日,メンバーから自分の発言が他の人や世界中の人に伝わってしまうという理由で破棄することを求められたり,同様の理由で同意を得て配布した「ぴあの」の実践の報告書を全て回収することを求められたりすることもあった。これらの精神症状がありながら,多くのメンバーは「個別面接」や「研修におけるグループの語り」を経て,公共の場で病いの経験を語る「外部講師」という役割を獲得していく。「外部講師」という役割がもつ社会的地位は教員と同等の位置の確保という意味づけとなり,今まで治療や福祉サービスの受け手でしかなかった当事者にとって,自らの病いの経験を教授する役割を得ることになった。しかし,その社会的地位に適う語りを行うには,個別面接やグループの語りのように病いの経験に意味が与えられる語りではなく,病いの経験に意味を創り出す語り(Kleinman 1996)が求められ,その聞き手も精神障害者の語りに関心を示すとは限らないというハードルがある。その結果,メンバーに再び症状を悪化させ,「病者」や「障害者」のアイデンティティを自己認識させてしまう危険性があった。

　さて,エンパワメントを志向する実践の語りにおいて,先行研究でみられたとおりに,個人的次元(個別面接),対人関係的次元(グループの語り),組織的次元(公共の場の語り)へと単線的に進み,当事者が「病者」「障害者」から「外部講師」へとアイデンティティを変化させ,それに伴いエンパワメントが段階的に達成されるとすれば,援助専門職と当事者との間の「支援する—支援される」という二項対立関係は(もちろん,医学的面接においても互いに敬意を払いあう関係はある),異なる個性を持つ人間同士の人格的な関係へと向かい,病状の安定に従って,「援助専門職」「病者」以外のアイデンティティの複数性を見出すことができる。ところが,第5章で述べたように,援助専門職による組織的次元の支援は,個人的次元,対人関係的次元,組織的次元を重層的に往還的かつ多方向

終　章 ● エンパワメントを志向する実践を超えて

的に進み，時として，援助専門職は当事者の自己決定の尊重や個性豊かな個人としての希望を汲み取ることと，「疾病」の悪化を防ぐために庇護的な対応することとの間でジレンマを抱えることとなった。実際に疾病としての医学的症状自体が安定しないまま，個人的次元から組織的次元を往還するケースもみられたのである。

　たとえば，赤裸々な病的体験を織り込んだ『ありのままの物語』を語りたいというIさんが「外部講師」の役割を遂行するには，援助専門職に何が求められるかを改めて考えてみたい。第6章でも述べたように，Iさんは些細なことでも幻聴や妄想につながることが多く，研修中にも突然表情が険しくなることがあった。Iさんは，病いにまつわる体験を自らが綴ることが難しく，出来事や体験が突然感情として湧き出たり，語りが幻聴や妄想の世界に終始したりすることもあった。そのため，Iさんの病いにまつわる体験を綴る作業は「研修」の場よりも，法人Zの職員との面接の場を活用することが多く，一つのストーリーに創り上げるには相当な時間が必要だった。そのようなIさんだが，活動のなかでオリジナルな語りの手法を編み出した。Iさんが病的体験を語りたいと希望した内容は，コントロールできない病的体験，それが他害行為に及んだ体験，入院中の拘束体験等がある。また，Iさんは抗精神薬の副作用等により呂律が回りにくく，「発話」そのものが困難な場合が多い。このようなIさんは一人で語る「講演会方式」ではなく，法人Zの職員の質問にIさんが回答するという「かけあい方式」を編み出した。また，Iさんの語りの聞き手として，精神障害者の病的体験の理解が求められる精神保健福祉領域の専門職やそれを目指す学生とをマッチングした。このような援助専門職の関与の上にできたIさんの語りだが，聞き手から語りに対する肯定的な感想をもらうと，Iさんは満面の笑顔で喜びを表現していた。妄想と現実の境界が不明確なIさんは，語りの承認を得る機会を重ねるなかで「自己分析できるようになった」と語り，精神症状が落ち着いていく状態もみられた。しかし，Iさんの語りの聞き手に，精神保健福祉領域の専門職やそれを目指す学生を設定することは語りの承認につながるものの，Iさんに「病者」「障害者」というアイデンティティを認識させることになり，本人のストレングスや病いの経験知を教授する「外部講師」というアイデンティティを背面に押しやる危険性もある。その一方で，語りの「承認」がなければ，その事柄そのものが本人の関係妄想の引き金となる場合も想定される。Iさんにとって幻聴は不快なものであり，援助専門職としてIさんの再発は避けたいものだった。

　このように，公共の場における語りの活動において，その語りを行う当事者の精神症状を抜きに考えることは難しく，この点に精神障害者の語りの活動の独自

性がある。精神障害者の場合，障害が固定していないことや本人の環境の有り様が障害や症状に影響するという障害特性がある。その点では，精神障害者のエンパワメントを考える時，単に社会変革を目指すだけでは不十分であり，本人が精神症状をどのように捉えるのかを同時に考えることが必要になる。

　個別面接やグループの語りに比べて，公共の場における語りは不特定多数の聞き手という点で,病いの語りを行う精神障害者にとって明らかにストレスが高い。公共の場における語りを拒否した人々の多くは，そのストレスフルな環境のなかで，自らの精神障害者を語ることが再発の誘因になることを怖れていた。援助専門職にとっても，自分のかかわりによって，精神障害者の「再発」は避けたいもの,防ぎたいものである。それは,再発は容易に「患者」というアイデンティティを強調してしまうからである。「ぴあの」の活動に戻ると,「援助専門職である私」は，メンバーに精神症状の再発と関連性の高い「環境」をできるだけ安心できる安全な環境として用意したいと考えていた。しかし，観点を換えれば，そのことは当事者に対して庇護的な環境を提供することになる。実際に私がIさんへの対処方法として行ってきたことでもある。

　第1章で説明したように,近年の精神保健福祉領域の実践の目標に「リカバリー（病いをもちながらも自分らしく生きる）」があげられるが，それを実現する実践の難しさを実感する。あるメンバーからは，「たとえ再発することになっても，ワーカーの判断で自分の経験の可能性を奪わないでほしい」と言われたことがあった。しかし，第7章で紹介したFさんが「教育講演会の活動において，営業の仕事を担当したい」と希望したとき，私は即応できなかった。というのも，「ぴあの」の営業活動において，精神障害者に対する偏見や差別に類する言葉を教育機関の教職員や行政の職員から聞くことが少なくなかったからである。

　精神障害者の支援には，常に「本人の希望や自己決定」と「精神疾患の再発や病状の悪化」がジレンマとしてある。精神障害者の自己決定に関して,精神科ソーシャルワーカーの国家資格に寄与してきた柏木昭は，精神障害者の自己決定を尊重するワーカーの姿勢が精神障害者の自己決定に影響を与えると指摘している。つまり，精神障害者が自己決定できるかどうかという特質は，「クライエントの能力」と「関係の質」と「かけた時間」の三要素に関係するとし，「ワーカーと共有する時間」も関与すると言う（柏木，1992）。このことを鑑みれば，自己決定が単に精神障害者の能力だけではなく，いかにワーカーがクライエントと信頼関係を形成し，その自己決定の過程に費やす時間を共有したかが重要であることがわかる。

そのような視点から，Ｉさんに再び着目すると，病状の不安定さや病状によってグループから逸脱した行動がみられたこと，子どもに配慮した「ぴあの」が求める語りが難しかったことふまえ，私は先行研究における組織的次元のエンパワメントの指標に合致しなければ「エンパワメントが難しい」と認識してしまったのである。しかし，第６章で紹介した，Ｉさんの生活世界から語りの活動をみると，「自分の病いの体験を役立てたい」という思いがあり，講演会当日に向けて，病状のコントロールに対する工夫をし，当日の身なりも普段ではみられないきっちりした装いをしていた。そして，語りを聞いた学生や「ぴあの」のメンバーから語りの賞賛を得られると「精神力や集中力がエンパワメントされて，自己分析できるようになった」と語り，妄想の世界に浸りそうになると，自ら頓服をのむという疾病管理を行っていた。そして，「ぴあの」の活動を「自分を表現することが，ケア，リハビリになり，リカバリーしていく自分になる」と語っていたのである。このようなＩさんの生活世界からみると，改めて本人の対話のなかでこそ主観的なＩさんのリカバリーやエンパワメントを認識する必要があることに気づかされた。このことを通して，冒頭に述べたように，「ぴあの」の実践は，既存のエンパワメント研究の不備な点や「援助専門職の私」がもつ権力について省察を促すことになったのである。

　第二に，精神障害者が病いの語りを行う公共の場が少なく，その開拓に関する方策と，援助専門職として当事者のエンパワメントを図る方策が時として矛盾することである。

　個別面接やグループの語りと異なり，公共の場における語りでは語り手と聞き手が直接交渉することはほとんどなく，両者を仲介する人々が存在する。「ぴあの」の実践を振り返ると，語り手である「当事者」と聞き手の「子ども」を仲介する人々として，当事者側には法人Ｚの職員（援助専門職），子ども側には教育講演会を担当する教職員が存在する。プラマーによれば，前者は語りの「第二の生産者」であり，その言葉を援用すれば，後者は「第二の消費者」と称する人々である。しかし，「ぴあの」の活動を始めてみると，教職員から「精神障害者」の講演を依頼されることはほとんどなく，そのことが「精神障害者」に対する社会の偏見をメンバーが体感する機会となり，ひいてはパワーを喪失する一因になっていた。このように，語りによる精神障害当事者の自己効力感や社会貢献感を高めるには聞き手の存在とその承認が不可欠であり，援助専門職が教育機関の教職員をはじめ，語りの「第二の消費者」にいかに／どのように働きかけるかが重要な論点と言えるが，そのために常にジレンマをかかえながら実践することになった。

公共の場における語りは，そもそも精神障害者の語りに関心がない人々を聞き手とすることに難しさがある。「専門職やそれを目指す学生」の場合のように，精神障害者の支援者を対象に講話するときは，精神障害者が語りたい「ありのままの語り」を語りの内容に設計することが多い。しかし，精神障害者に無関心や偏見がある人々を対象として，障害者の理解を目指すときは「ありのままの語り」がその目的に適しているとは限らない。特に「ぴあの」の語りの活動のように，「精神疾患の好発時期にある子どもたち」の場合は，クライエントである「精神障害者」と同様に，社会的弱者である「子ども」に配慮した語りが求められる。つまり，援助専門職として，精神障害者のエンパワメントを掲げて設計した実践では，精神障害者の希望，「ありのままの語り」を語りたいという思いを最大限に尊重したい，尊重すべきであるが，そうすると，今まさに精神的不調で悩んでいる子どもたちへの配慮を欠いたものになってしまう。「ぴあの」の実践では，「保護者」や「教職員」向けの講演を求められることが少なくなかった。保護者の要望や学校の要請を代弁する教職員の要望を聞くと，当事者の語りが子どもの精神病の発病を誘発するのではないか，池田小学校事件のような事件を起こす危険性はないのか，「がいじ（害児）」等の言葉でいじめにつながるのではないか，という不安の言葉が聞かれた。このような不安を払拭するには，当事者の語る内容にその要望を考慮する必要性が生じる。その結果，援助専門職は当事者に対して，「学校の規範」「世間（保護者）の精神障害者への過剰な警戒」「容易に偏見をもちうる子どもたち」といった本来，精神障害者が考えるべき事柄についても真剣に考えるように働きかけていくことになる。実際に「ぴあの」の実践では，そういった子どもの背景に存在する保護者や教職員の思いもメンバーと共有してきた。

　ここで援助専門職は二者（当事者と子どもたち）のあいだで調整をおこなうが，結果として援助専門職が当事者に向けて，ある種の権力を駆使するという事態が不可避的に生じてしまうことになる。なぜなら援助専門職は，学校の規範や世間の偏見，子供たちへの配慮を教示する，働きかける存在となるからである。当事者は援助専門職の思いを受け取って「語りの活動」が実現するという「教える─受け取る」「働きかける─応答する」関係が築かれるのである。むしろ援助専門職が可能な限り，当事者に「押し付ける」という形はとらないように配慮することが，逆説的にも（皮肉にも）当事者にあたかもそうした期待に応えることが当事者自らの考えや希望であるかのように援助専門職の要請を受け取らせる，期待をよみとらせるという，より複雑な権力の生成を招いてしまう危険性がある。だが，そうした援助専門職と当事者の間における権力関係の生成を回避しようとす

終　章 ● エンパワメントを志向する実践を超えて

れば，今度は「子どもたち」という，明らかに立場性が弱く，脆弱な者との関係において援助専門職による権力の問題が発生してしまうのである。これは「援助専門職の私」が抱えた最大のジレンマであった。

　さらにこの問題を突き詰めていくと，このことは単に「子どもたち」「当事者」という，いずれも脆弱な者との間に立つ場合に限らず，公共の場それ自体を対象とすることにおいて孕む問題とも考えられる。

　第7章では「公共性」に着目し，公共の場における人々は複数の集団や組織に多元的にかかわる可能性があることを説明した。公共の場とは，本来，多様な価値観やイデオロギーを持つ不特定多数の人びとが集う場である。公共の場自体が実際にはさまざまな価値観やイデオロギーが拮抗し，それが折衝されている場であり，そこには潜在的な緊張関係が存在する。そうした場において「最大公約数」的な解を導き出し，すべてにおいて適切に対応する，すべての人間にとって望ましい「語り」を援助専門職が当事者と協働して導き出すことは，援助専門職も特定の価値やアイデンティティ，イデオロギーをもつ一人の人間であることもあいまって困難なことである。このような問題は，公共空間・公共性・公共圏，あるいは市民社会，もう少し平たい表現でいえば，「世間」や世論に関わる議論とも密接に関係している。しかし，援助やエンパワメントという観点で当事者との関係に心を砕く援助専門職は，このような公共空間それ自体をどのように捉え返すかという問いを深める研究には向きにくい。だが，公共の場における語りの可能性を考えていくためには，こうした公共性をめぐる議論のなかで援助専門職の役割や権力性の問題を考えていくことが，不可欠な課題と言えるだろう。これが「研究者の私」が，みずからの実践を検証しモニタリングしながら評価し，そしてそれを研究論文として書くまでの一連のプロセスを経て得た知見である。

おわりに

　本著を書き終えて,改めて「ぴあの」のメンバーが「援助専門職の私」に省察する機会を与えてくれたことに気づく。あるメンバーは専門職を料理人にたとえて,次のように語っていた。

　病いの経験を紡ぐ私の語りという素材を生かした料理をしてほしい。素材は料理人を選べないことが多い。どれだけよい素材であっても,その扱い方を間違えると腐ってしまうこともある。

　この言葉にみられるように,援助専門職は自身がもつ知識や技術は誰のために何のために使うのか,「援助専門職の私」がもつ権力とは何かを問われることが多い。メンバーからパートナーとして認めてもらえる関係を形成するには,「援助専門職」と名乗る「私」の自己の探求と実践の省察が必要であり,人間としての誠実さと当事者から学ぶ姿勢が求められる（栄,2012）。しかし,それは「ぴあの」の語りの活動を振り返っても,決して容易なことではない。「援助専門職の私」の長い臨床経験は,「エンパワメント」といった特定のソーシャルワークの概念や分析枠組みを駆使することにも一定の慣れや実践知をもたらし,物事をみるときの私自身の視座を決定していく。その危険性に気づきを促してくれたのも,紛れもなく「ぴあの」のメンバーだったのである。改めて,自分の傲慢さを突き付けられる機会になったとともに,援助専門職「に・な・る・」難しさと覚悟を確

認する機会となった（栄，2015b）。「援助専門職とは誰か」という定義権は，「精神障害者」と呼称される人々がもつ。このことを常に確認することが「援助専門職」という職業を選んだ者の責務であり，不可欠な作業であることを肝に銘じて，「技術的合理性」に基づく「技術的熟達者」から「行為の中の省察」に基づく「反省的実践家」になる（Schön, 1983 = 2001, pp.46-148）努力を継続したいと思う。

　一方，私は「研究者」として，「援助専門職の私」を参与観察し，省察する関係にも立つ。「ぴあの」の実践は，実践者が研究と実践のキャリアの内と外を移動しながら，時間をかけて反省的研究者になることも実感した実践だった。本論文の冒頭で引用したショーンは，専門家の専門性とは活動の過程における知と省察それ自体にあると述べている（Schön, 1983 = 2007, pp.340-342）。今後は，この思考と活動，理論と実践という二項対立を克服した専門家モデルの解明に取り組んでいきたい。

　本書は，2017年3月，私が立命館大学大学院先端科学研究科に提出した博士論文である『公共の場における精神障害者の語り―エンパワメント実践を超えて―』に修正を加えたものである。「援助専門職の私」と「研究者の私」という二つの側面を併せもつ当事者研究は，出版という形で一区切りをつけることができた。本書を完成させるにあたって，多くの人々の温かいご支援をいいただき，感謝の気持ちを伝えたい。

　まず，本研究の原石である語り部グループ「ぴあの」の実践を協働した人たちにお礼を申し上げる。「ぴあの」のメンバーの皆様には，病いの語りをご教示願い，六カ年間にわたる活動を共にしていただいた。よりリアルな語りが届くようにとコラムを寄せて頂いた方々に心より感謝を表したい。また，「ぴあの」の活動を発案し，その土壌を作りながら「実践の言語化」を共に担っていただいたNPO法人Zの職員の皆さま，「研究」という観点から「実践の理論化，理論の実践化」に関して多くの議論を交わし，ご指導をいただいた大阪市立大学大学院の清水由香先生に深く御礼を申し上げる。皆様のご支援がなければ，病いの語りがもつ社会変革の力を世に知らせることができなかった。

　また，「援助専門職の私」が実践してきた「ぴあの」の活動を理論化し，博士論文としてまとめることができたのは，立命館大学の立岩真也先生，小川さやか先生，上野千鶴子先生によるご指導のお陰である。主査の立岩先生には，実践を緻密に描写することそのものに価値あること，「援助専門職の私」の語りの活動における矛盾や戸惑いを省察し言語化することの大切さをご教示いただいた。ま

た，専門職のもつ権力を意識するようになったのも，立岩先生の御著書や論文に加え，実践を可視化する作業におけるご指導のお陰である。ご指導・ご助言を十分に生かせなかったとしたら，それは筆者の力量不足ゆえのことである。本書ですべての貴重なアドバイス，コメントを生かすことができたかは心もとないが，今後の研究において応えていけたらと思う。また，小川先生は人類学者でありながら「社会福祉」という実践の科学化を目指す学問に敬意を寄せていただき，浅学非才な私に，実践しながらその行為を省察する重要性や「公共の場」に生じる実践のジレンマを分析する必要性をご指導いただいた。上野先生には研究とは何か，「援助専門職の私」を「研究者の私」が観察するという当事者研究に関するご指導をいただいた。自分の研究に「愛」をもつこと，その過程のなかで研究者「に・なる・」ことの醍醐味もご指導いただいた。上野ゼミのなかでピアサポートの有効性を体感的に理解できたのも，先生の指導力の賜物であると実感している。先生方には，「ぴあの」の語りの活動という原石を「磨く」お作法をご指導いただき，心より感謝申し上げる。

　社会学や人類学といった他領域の研究者から指導を受けた論文を，社会福祉という私の軸足からご指導いただいた関西学院大学の小西加保留先生と関西大学の狭間香代子先生に感謝の意を表する。小西先生は実践の理論化，理論の実践化を積み重ねながら，新しい知見を世に呈しておられる先生であり，私の実践者と研究者のモデルとなる先生である。ご多忙のなか，外部副査として社会福祉の価値から本研究の独自性を導いていただいた。「公共の場における語り」というメゾ・エクソレベルに値する本研究が，ソーシャルワーク研究において増々重要になるというご指摘に，どれほど勇気をいただいたことだろうか。狭間先生は「エンパワメント」や「ストレングス」といった本論文の鍵概念に関する社会福祉研究の第一人者であり，その概念がもつ価値や理論の実践化に関するご指導をいただいた。また，「研究者の私」が「援助専門職の私」を省察的に研究する重要性をご指摘いただき，その難しさに対峙する私に長年にわたり寄り添いながらご指導くださった姿は，私の教員でありかつ研究者モデルそのものである。先生方のご指導とご支援によって，公共の場における語りの実践が社会福祉領域の「現場」で応用できる可能性を見出すことができたと思っている。改めて，心より深くお礼を申し上げる。

　さらに，私の博士論文は，修士論文である『精神保健ボランティアとコミュニティづくり』が基盤となっている。修士論文は，精神障害者に対する地域の理解促進を目指して，地域住民である「精神保健ボランティア（現，精神保健福祉ボ

ランティア)」と精神障害者との接触体験に着目した。ボランティアと「精神障害者」と呼称される人々とが同じ地域を構成する一人の人間としての支え合いの関係を形成することで,「精神障害者」と呼称される人々の病理によって隠されていた,個性豊かな「その人らしさ」が表出されてくる。このことから,「精神障害者」と呼称される人々との接触体験が良好であれば,地域住民の精神障害者に対する偏見が低減されることを主張した。では,どのような接触体験の機会があればよいのか。その良好な接触体験を具現化した活動こそが,博士論文のテーマである「精神障害当事者による病いの語り」である。専門職が説明するよりも,「精神障害者」と呼称される人々が自らのコトバで病いの経験を語る方が,聞き手の偏見を低減する可能性を見出すことができた。その後,「ストレングス」としての当事者の語りに関する研究に発展し,本研究の実践的研究の扉を叩く機会になったのである。このような発見を導いていただいたのは,大阪市立大学大学院時代の恩師である,白澤政和先生(現,桜美林大学),上野谷加代子先生(現,同志社大学),山縣文治先生(現,関西大学),小澤 温先生(現,筑波大学),岡田進一先生(大阪市立大学)に心より感謝の意を表したい。

　そして,当事者による語りの実践を設計するにあたり,モデルとなる実践者の方々からもご支援いただいた。やどかりの里の谷中輝雄先生や浦河べてるの家の向谷地生良先生には,当事者の語りの活動の構想に関して,自らの実践知をもとにご指導いただいた。また,お二人の先生に加え,JHC板橋の寺谷隆子先生や豊志会の上野容子先生は当事者がもつ病いの経験知に価値を見出し,その経験知を活用した実践的研究をしている方々であり,当事者と専門職の協働による実践的研究のモデルを提供してくださった。このように,研究の場でも実践の場でも,恵まれた環境があったことに心より深くお礼を申し上げる。

　本書の出版にあたって,博士論文を世に出すことに躊躇していた私の背中を押して下さり,何度もくじけそうになった時に温かなエールを送ってくださった金剛出版の中村奈々さんと綺麗なレイアウトに仕上げていただいた古口正枝さんに,心より感謝の言葉を申し上げる。

　そして,実践に多くのエネルギーを費やしながら,遅々として研究成果として進展しない状況のときも,ずっと見守ってくれた家族に心より感謝する。

本研究に,学術振興会科学研究費助成事業(課題番号)の助成を受けた。
・2007-08年度:「精神障害当事者の『語り』の効用に関する研究」(萌芽:19653056)

・2009-11 年度:「精神障害当事者の『語り』の有効性に関する研究」(基盤 C:1530628)
・2012-14 年度:「中高生を対象とした精神保健福祉教育プログラムの開発〜精神障害当事者の語りから学ぶ〜」(基盤 C:24530762)
・2015-18 年度:「当事者の語りを生かした福祉教育の普及に向けたシステム構築に関する研究」(基盤 C:15K03996)

上記の研究助成に加え,桃山学院大学総合研究所特定個人研究費も受託できた。
・2007-08 年度:「精神障害当事者の『語り』の効用に関する研究」
・2009-11 年度:「精神障害当事者の『語り』の有効性に関する研究」
・2012-14 年度:「中高生を対象とした精神保健福祉教育プログラムの開発〜精神障害当事者の語りから学ぶ〜」
・2015-18 年度:「当事者の語りを生かした福祉教育の普及に向けたシステム構築に関する研究」

本書は 2017 年度の桃山学院大学出版助成をいただき,出版することができた。

以上のように,本書は多くの方々のご指導やご支援によって完成したものである。ここに記して,改めて感謝の気持ちを表する。

2018 年 9 月

栄　セツコ

文　献

秋田喜代美（2001）「解説 ショーンの歩み—専門家の知の認識論的展開」ショーン，D. 著 佐藤学・秋田喜代美訳（1983=2001）『専門家の知恵 反省的実践家は行為しながら考える』ゆるみ出版，211-227.

秋山智久（1999）「権利擁護とソーシャルワーカーの果たす役割」『社会福祉研究』75, 23-33.

アンダーソン，H. & グーリシャン，H. 著 野口裕二・野村直樹訳「クライエントこそ専門家である」（1992=1997）マクナミー，S. & ガーゲン，K. J. 編『ナラティヴ・セラピー：社会構成主義の実践』金剛出版，43-64.

アンデルセン，T. 著 野口裕二・野村直樹訳「『リフレクティング手法』をふりかえって」（1992=1997）マクナミー，S. & ガーゲン，K. J. 編『ナラティヴ・セラピー：社会構成主義の実践』金剛出版，65-87.

Andresen, R., Caputi, P., & Oades. L. (2006) Stages of Recovery Instrument: Development of a Measure of Recovery from Serious Mental Illness, *Australian New Zealand J Psychiatry*, 40, 972-980.

Anthony, W. A. (1993) Recovery from Mental Illness：The Guiding Vision of the Mental Health Service System in the 1990s, *Psychosocial Rehabilitation Journal*, 16（4），11-23.

荒井浩道（2014）『ナラティヴ・ソーシャルワーク——"〈支援〉しない支援"の方法』新泉社.

Aronson, E. & Mills, J. (1959) The Effect of Severity of Initiation on Linking for a Group, *Journal of Abnormal and Social Psychology*, 59（2），177-181.

浅野浩嗣（2013）「浦河町の社会教育行政とコミュニティ支援」向谷地生良・小林　茂『コミュニティ支援，べてる式。』金剛出版，171-191.

浅野智彦（2001）『自己への物語論的接近—家族療法から社会学へ』勁草書房.

Barker, R. (1995) Social Work Dictionary, NASW.

ベイトマン，N. 著 西尾祐吾監訳（1998）『アドボカシーの理論と実際—社会福祉における代弁と擁護』八千代出版.

Birchwood, M., Todd, P. & Jacson, C. (1998) Early Intervention in Psychosis: the Critical Period Hypothesis, *British Journal Psychiatry*, 172, 53-59.

Borkman, T. (1976) Experiential Knowledge: A New Concept for the Analysis of Self-Help Group, *Social Service Review*, 50 (3), 445-456.

Bricker- Jenkins, M. Hooyman, N. & Gottlieb, N. (1991) *Feminist Social Work Practice in Clinical Settings*, Newbury Park. CA Sage.

ブルーナー, J. 著 岡本夏木・中渡一美・吉村啓子訳 (1990=1999) 『意味の復権―フォークサイコロジーに向けて』ミネルヴァ書房.

Cain, C. (1991) Personal Stories : Identity Acquisition and Self-Understanding in Alcoholics Anonymous, *Ethos*, 19, 210-253.

Chiba, R., Miyamoto, Y., & Kawakami, N. (2010) Reliability and Validity of the Recovery Assessment Scale (RAS) for People with Chronic Mental Illness: Scale Development, *International Journal of Nursing Studies*, 47, 314-322.

Conger, J. V. & Kanungo, R. N. (1988) The Empowerment Process: Integrating Theory and Practice, *Academy of Management Review*, 13 (3), 471-482.

Conrad, P. (1987) The Experience of illness: Recent and New Direction, Research, *The Sociology of Health Care*, 6, 1-31.

Corrigan, P. W., Larson, J., Niessen, N. & Watson, A. C. (2007) Will Filmed Presentations of Education and Contact Diminish Mental Illness Stigma? *Community Mental Health Journal*, 43 (2), 171-181.

Corrigan, P. W., River, L., Lundin, R. K., Penn, D. L. et al. (2001) Three Strategies for Changing Attributions about Severe Mental Illness, *Schizophrenia Bulletin*, 27 (2), 187-195.

Cox, E. O. (1989) Empowerment of the Low Income Elderly through Group Work, *Social Work*, 35, 149-153.

コックス, E. O. & パーソンズ, R. J. 著 小松源助監訳 (1994=1997) 『高齢者エンパワーメントの基礎 ソーシャルワークの実践の発展を目指して』相川書房.

Cowger, C. D. (1994) Assessing Client Strengths: Clinical Assessment for Client Empowerment, *Social Work*, 39 (3), 262-268.

――――― (1997) Assessing Client Strengths : Assessment for Client Empowerment, Saleebey, D. ed., *The Strengths Perspective in Social Work Practice*, White Plains, NY : Longman.

Davis, D. R. & Jansen, G. G. (1998) Making Meaning of Alcoholics Anonymous for Social Workers : Myths Metaphors, and Realities, *Social Work*, 43 (2), 169-82.

デシ, E. L. 著 安藤延男・石田梅男訳 (1975=1980) 『内発的動機づけ―実験社会倫理的アプローチ』誠信書房.

Deegan, P. E. (1988) Recovery : The Lived Experiences of Rehabilitation, *Psychosocial Rehabilitation Journal*, 11 (4), 11-19.

――――― (1992) The Independent Living Movement and People with Psychiatric Disabilities: Taking Back Control over Our Own Lives. *Psychosocial Rehabilitation Journal*, 15 (3), 3-19.

DuBois, B. & Miley, K. K. (1995) *Social Work: An Empowering Profession*, 2nd ed., Needham

Heights, MA: Allyn & Bacon.

Eisenberg, L. (1977) Disease and Illness Distinctions between Professional and Popular Ideas of Sickness, *Culture, Medicine and Psychiatry*, 1, 9-23.

榎本悠孝(2017)「エンパワメント：パワレスな状態からエンパワーへ」『よくわかる障害者福祉［第6版］』ミネルヴァ書房，10-11.

フランク，A. W. 著 鈴木智久訳（1995=2002）『傷ついた物語の語り手――身体・病い・倫理』ゆるみ出版.

フレイレ，P. 著 小沢有作・楠原 彰・柿沼秀雄・伊藤 周訳（1973=1979）『被抑圧者の教育学』亜紀書房.

――――― 著 三砂ちづる訳（1973=2011）『新訳 被抑圧者の教育学』亜紀書房.

藤井達也（1987）「『精神障害者』のソーシャル・サポート・ネットワーク」『早稲田大学大学院文学研究科紀要』第十三集，59-70.

学校メンタルヘルスリテラシー教育研究会編（2010）『「学校における精神保健福祉教育プログラムの開発」事業 精神保健福祉教育プログラム研修用テキスト』地域精神保健福祉機構コンボ.

ガーゲン，K. G. 著 杉万俊夫・矢守克也・渥美公秀監訳（1994 = 1998）『もう一つの社会心理学 社会行動学の転換に向けて』ナカニシヤ出版.

Germain, C. B. ed. (1979) *Social Work Practice: People and Environments: An Ecological Perspective*. Columbia University Press.

Germain, C. B. & Gitterman, A. (1980) *The Life Model of Social Work Practice*. New York: Columbia University Press.

Goldstein, H. (1997) Victors or Victims？ Saleebey, D. ed., *the Strengths Perspective in Social Work Practice*, 2nd ed., Longman.

グレンメイ，L. 著（1998 = 2000）「女性のエンパワーメント」小松源助監訳『ソーシャルワーク実践におけるエンパワーメント―その理論と実際の論考集―』相川書房，33-64.

Gruber, J. & Trikett, E. J. (1987) Can We Empower Others？ The Paradox of Empowerment in the Governing of an Alternative Public School, *American Journal of Community Psychology*, 15（3），353-371.

Gutiérrez, L. M. (1990) Working with Women of Color: An Empowerment Perspective, *Social Work*, 35（2），149-153.

グティエーレス，L. M., コックス，E. O. & パーソンズ，R. J. 著 小松源助監訳(1998=2000)『ソーシャルワーク実践におけるエンパワーメント―その理論と実際の論考集』相川書房.

原 昌平（2006）「『当事者』が語る迫力とユーモア」森 実恵『＜心の病＞をくくりぬけて』岩波書店，67-71.

Hartman, A. (1991) Words Create Worlds, *Social Work*, 36（4），275.

――――― (1993) The Professional is Political, *Social Work*, 38（4），365-366 504.

Hasenfeld, Y. (1987) Power in social work practice, *Social Service Review*, 61（3），469-483.

――――― (2000) Organizational Forms as Moral Practices: The Case of Welfare Departments, *Social Service Review*, 74（3），329-351.

狭間香代子（2001）『社会福祉の援助観 ストレングス視点／社会構成主義／エンパワメント』筒井書房.

平野かよ子（1995）『セルフヘルプ・グループによる回復―アルコール依存を例として』川島書店.

平田　厚（2012）『権利擁護と福祉実践活動―概念と制度を問い直す』明石書店.
平林正夫（1986）「『たまり場』考」長浜　功編『現代社会教育の課題と展望』明石書店，112-163.
ホルスタイン，J. A. & グブリアム，J. F. 著　山田富秋・兼子　一・倉石一郎・矢原隆行訳（1995 = 2004）『アクティヴ・インタビュー―相互行為としての社会調査』せりか書房.
池淵恵美監修（2011）『精神障がい者の生活と治療に関するアンケート　より良い生活と治療への提言』公益社団法人 全国精神保健福祉会連合会.
稲沢公一（2003）「エンパワメント」『精神科臨床サービス』3，423-427.
伊野真一（2005）「脱アイデンティティの政治」上野千鶴子編『脱アイデンティティ』勁草書房，43-76.
伊藤智樹（2009a）「セルフヘルプ・グループと個人の物語」『社会学評論』51，88-103.
―――（2009b）『セルフヘルプ・グループの自己物語論―アルコホリズムと死別体験を例に―』ハーベスト社.
―――（2013）『ピアサポートの社会学―ALS，認知症介護，依存症，自死遺児犯罪被害者の物語を聞く―』晃洋書房.
伊藤淑子（1996）『社会福祉職発達史研究』ドメス出版.
岩崎　香（2010）『人権を擁護するソーシャルワーカーの役割と機能―精神保健福祉領域における実践課程を通して―』中央法規.
岩田泰夫（1996）「セルフヘルプグループにおけるエンパワーメント」『こころの臨床』9，25-30.
―――（2010）『セルフヘルプ運動と新しいソーシャルワーク実践』中央法規.
John, L. & Peggy, H.（1993）The Process of Empowerment: Implications for Theory and Practice. *Canadian Journal of Community Mental Health,* 12（1），5-22.
葛西賢太（2007）『断酒が作り出す共同性　アルコール依存からの回復を信じる人々』世界思想社.
柏木　昭（1992）「障害者の人権と自己決定」『精神医学ソーシャルワーク』29，92-104.
Kaplan, K., Salzer M. S. & Brusilovskiy, E.（2012）Community Participation as a Predictor of Recovery-Oriented Outcomes among Emerging and Mature Adults with mental illness, *Psychiatry Rehabilitation Journal,* 35, 219-229.
カッツ，A. H. 著　久保紘章監訳（1993 = 1997）『セルフヘルプ・グループ』岩崎学術出版.
川浦佐和子（2004）「セルフ・ナラティヴ（自己物語）を通してのエンパワメント」『人間関係研究』13，122-134.
北野誠一（1995）「ヒューマンサービス，エンパワーメントそして社会福祉援助の目的」『ソーシャルワーク研究』21（5），36-47.
―――（2000）「アドボカシー（権利擁護）の概念とその展開」河野正輝・大熊由紀子・北野誠一編『講座　障害をもつ人の人権3　福祉サービスと自立支援』有斐閣，142-159.
―――（2015）『ケアからエンパワーメントへ―人を支援することは意思決定を支援すること―』ミネルヴァ書房.
小林多寿子（1995）「自分史と物語産業の誕生：1980年代の動向から」『日本女子大学紀要 人間社会学部』5，89-108.
古寺久仁子（2007）「精神保健福祉分野のエンパワーメント・アプローチに関する考察」『ルーテル学院研究紀要：テオロギア・ディアコニア』41，81-97.
小松源助（1995）「ソーシャルワーク実践におけるエンパワーメント・アプローチの動向と課題」『ソーシャルワーク研究』21（2），76-82.

小西加保留（2007）『ソーシャルワークにおけるアドボカシー ―HIV/AIDS 患者支援と環境アセスメントの視点から―』ミネルヴァ書房.
久保紘章（2004）『セルフヘルプ・グループ ―当事者へのまなざし―』相川書房.
久保紘章・副田あけみ編（2005）『ソーシャルワークの実践モデル 心理社会的アプローチからナラティブまで』川島書店.
久保美紀（1995）「ソーシャルワークにおける Empowerment 概念の検討」『ソーシャルワーク研究』21（2），93-99.
――――（1997）「ソーシャルワークにおけるエンパワーメントとアドボカシー」『福岡県立大学紀要』8（1），45-56.
――――（2000）「エンパワーメント」加茂 陽編『ソーシャルワーク理論を学ぶ人のために』世界思想社，107-135.
――――（2012）「エンパワメントソーシャルワーク［3］エンパワメントソーシャルワークにおける援助関係」『ソーシャルワーク研究』38（3），49-53.
久木田純（1998）「エンパワーメントとは何か」久木田純・渡辺文夫編『現代のエスプリ：エンパワーメント：人間尊重社会の新しいパラダイム』376, 10-34.
クラインマン, A. 著 江口重幸・五木田紳・上野豪志訳（1988=1996）『病いの語り―慢性の病いをめぐる臨床人類学』誠信書房.
Larsen, T., McGlashan, T. H. & Moe, I. C.（1996）First-Episode Schizophrenia：I Early Course Parameters, *Schizophrenia Bull*, 22, 241-256.
Leadbetter, M.（2002）Empowerment and Advocacy, Adams, R., Dominelli, L. & Payne, M. eds., *Social Work：Themes, Issues and Critical Debates*, 2nd ed., Bastingstoke, Palgrave Macmillan, 200-208.
Leamy, M., Bird, V. Le Boutillier, C. Williams, J. & Slade, M.（2011）A Conceptual Framework to Personal Recovery in Mental Health: Systematic Review and Narrative Synthesis, *British Journal Psychiatry*, 199, 445-452.
Lee, A. B.（1994）*The Empowerment Approach to Social Work Practice*, Colombia University Press.
――――（2001）*The Empowerment Approach to Social Work Practice*, 2nd ed., Colombia University Press.
Lepper, M. R. & Henderlong, J.（2000）Turning "Play" into "Work" and "Work" into Play：25 Years of Research on Intrinsic and Versus Extrinsic Motivation. Sansone. C. & Harackiewicz, J. M. Eds., *Intrinsic and Extrinsic Motivation.* Academic Press, 257-307.
Levine, M.（1988）How Self-Help Works, *Social Policy*, 19（1），39-43.
Lewin, K.（1948）*Resolving Social Conflicts*, New York：Harper and Row Publishers.
リンダ, Z. 著 鈴木文・麻鳥澄江訳（2007=2008）『援助者の思想―境界の地に生き，権威に対抗する』お茶の水書房.
前平泰志（2008）「〈ローカルな知〉とは何か」日本社会教育学会年報編集委員会編『〈ローカルな知〉の可能性―もうひとつの生涯学習を求めて―』東洋館出版社，9-23.
マーゴリン, L. 著 中河伸俊・上野加代子・足立佳美訳（1997=2003）『ソーシャルワークの社会的構築―優しさのもとに―』明石書店.
マイニング, S. 著 小松源助監訳（1998=2000）グティエーレス, L. M., コックス, E. O. & パーソンズ, R. J. 編『ソーシャルワーク実践におけるエンパワメント』相川書房，113-141.

Manning, S. & Suire, B. (1996) Bridges and Roadblocks : Consumers as Employees in Mental Health, *Psychiatric Services*, 47 (9), 939-943.

マクナミー, S. & ガーゲン, K. J. 著 野口裕二・野村直樹訳 (1992 = 1997)『ナラティヴ・セラピー―社会構成主義の実践』金剛出版.

Maluccio, A. N. (1981) *Promoting Competence in Clients—A New / Old Approach to Social Work Practice*, New York. The Free Press.

Mattingly, C. (1998) *Healing Dramas and Clinical Plots: The Narrative Structure of Experience*, Cambridge University Press, Cambridge.

松本すみ子 (2012)『メンタルヘルスと福祉教育』大学図書出版.

―――― (2013)「特集『メンタルヘルス課題を学習素材とした福祉教育』ねらい」『日本福祉教育・ボランティア学習学会 研究紀要』22, 6-7.

松岡克尚 (2005)「精神障害者のエンパワメントにおける『障害者文化』概念適用の可能性と課題」『関西学院大学社会学部紀要』99, 115-130.

McGlashan, T. H. (1986) Duration of Untreated Psychosis in First-Episode Schizophrenia: Marker or Determinant of Course? *Biological Psychiatry*, 46, 899-907.

Mickelson, J. S. (1995) Advocacy. National Association of Social Workers. *Encyclopedia of Social Work*, 19th ed., Washington, DC, 95-100.

Middleman, R. R. & Goldberg, G. (1974) *Social Service Delivery: A Structural Approach to Social Work Practice*, Columbia University Press.

三毛美予子 (1997)「エンパワーメントに基づくソーシャルワーク実践の検討」『関西学院大学社会学部紀要』76, 169-185.

Miley, K. K., O'Melia, M. W. & DuBois, B. (2012) *Generalist Social Work Practice: An Empowering Approach*, 7th ed., Allyn & Bacon.

宮川数君 (1978)「ケースワークとアドボカシー」大塚達夫・岡田藤太郎編『ケースワーク論―日本的展開をめざして―』ミネルヴァ書房, 33-46.

―――― (1999)「ソーシャルワークにおけるエンパワメントの実践技法」小田兼三・杉本敏夫・久田則夫『エンパワメント実践の理論と技法―これからの福祉サービスの具体的指針―』中央法規, 80-97.

三島一郎 (2001)「精神障害回復者クラブ―エンパワーメントの展開」山本和郎編『臨床心理学的地域援助の展開』培風館, 164-182.

森 実恵 (2013)「シングルマザーで精神病！だけど私は夢をかなえる」佐野卓志・森 実恵・松永典子他編『『当事者が語る精神障害とのつきあい方』―「グッドラック！統合失調症」と言おう』明石書店.

森岡正博 (1997)『自分と向き合う「知」の方法』PHP, 25-26.

森岡正芳 (2008)「物語としてのカウンセリング」やまだようこ編『人生と病いの語り』東京大学出版, 193-216.

向谷地生良 (2009)『統合失調症を持つ人への援助論―人とのつながりを取り戻すために』金剛出版.

―――― (2013)「はじめに」向谷地生良・小林 茂『コミュニティ支援, べてる式。』金剛出版, 4-11.

中西正司・上野千鶴子 (2003)『当事者主権』岩波新書.

中田智恵海 (2000)『セルフヘルプ・グループ自己再生の援助形態』八千代出版.

Nelson, G., Lord, J. & Ochocka, J. (2001) Empowerment and Mental Health in Community: Narratives of Psychiatric Consumer/Survivors, *Journal of Community & Applied Social Psychology*, 11, 125-142.

西田淳志・石倉習子・谷井久志他（2009）「早期の相談・支援・治療につなげるための啓発活動」『精神経誌』111（3），278-281.

野口裕二（2002）『物語としてのケア　ナラティヴ・アプローチの世界へ』医学書院.

――――（2009）『ナラティヴ・アプローチ』勁草書房.

能智正博（2006）"語り"と"ナラティヴ"のあいだ」能智正博編『〈語り〉と出会う』ミネルヴァ書房，11-72.

野中　猛（2004）「精神障害の構造」野中　猛・斎藤敏靖編『精神障害者にための宿泊訓練ガイドブック』金剛出版 14-21.

――――（2006）『精神障害リハビリテーション論　リカバリーの道』岩崎学術出版.

――――（2011）『図説リカバリー　医療保健福祉のキーワード』中央法規.

小田兼三・杉本敏夫・久田則夫（1999）『エンパワメント　実践の理論と技法』中央法規.

岡　知史（1999）『セルフヘルプグループ―わかちあい・ひとりだち・ときはなち』星和書店.

岡村重夫（1974）『地域福祉論』光生館.

――――（1983）『社会福祉原論』全国社会福祉協議会.

岡崎祐士（2007）「導入―統合失調症初回エピソードから早期精神障害へ―」『臨床精神医学 36（4），353-357.

大島　巌編（1992）『新しいコミュニティづくりと精神障害者施設』星和書店.

大島　巌・山崎喜比古・中村佐織他（1992）「日常的な接触体験を有する一般住民の精神障害者観」大島巌編『新しいコミュニティづくりと精神障害者施設』星和書店，204-219.

大谷京子（2003）「精神障害者福祉実践におけるエンパワメント」『関西学院大学社会学部紀要』96，245-255.

――――（2012）『ソーシャルワーク関係―ソーシャルワーカーと精神障害当事者―』相川書房.

Parsons, R. B. (1991) Empowerment Purpose and Practice Principle in Social Work, *Social Work with Groups*, 14 (2), 7-21.

パットナム, R. 著　柴内康文訳（2001=2006）『孤独なボウリング―米国コミュニティの崩壊と再生』柏書房.

Pinfold. V., Thornicroft, G. & Toulmin, H., et al. (2003) Reducing Psychiatric Stigma and Discrimination：Evaluation of Educational Interventions in UK Secondary School, *British Journal Psychiatry*, 182, 342-346.

Pittman, J. O., Noh, S., Coleman, D. (2010) Evaluating the Effectiveness of a Consumer Delivered Anti-Stigma Program: Replication with Graduate-Level Helping Professionals, *Psychiatry Rehabilitation Journal*, 33 (3), 236-238.

プラマー, K. 著　桜井　厚・好井裕明・小林多寿子訳（1995=1998）『セクシュアル・ストーリーの時代　語りのポリティクス』新曜社.

Rapp, C. A. (1998) *The Strengths Model*, Oxford University, New York.

Rapp, C. A. & Goscha, R. J. (2012) *The Strengths Model ―A Recovery-Oriented Approach to Mental Health Services―*, 3rd ed., Oxford University Press.

Rapp, C. A., Shera, W., Kisthardt, W. (1998) Research Strategies for Consumer Empowerment of People with Severe Mental Illness, *Social Work*, 38 (6), 727-735.

ラップ, C. A. & ゴスチャ, R. J. 著 田中英樹監訳（2006=2008）『ストレングスモデル 精神障害者のためのケースマネジメント（第2版）』中央法規.
Rappaport, J.（1985）The Power of Empowerment Language, *Social Policy*, 17（2）, 15-21.
——————（1993）Narrative Studies, Personal Stories, and Identity Transformation in the Mutual Help Context, *The Journal of Applied Behavioral Science*, 29（2）, 239-256.
Reinke, R. R., Corrigan, P. W. & Leonhard, C. et al.（2004）Examining Two Aspects of Contact on the Stigma of Mental Illness, *Journal of Social and Clinical Psychology*, 23（3）, 247-267.
Reynolds, B.（1963）*An Uncharted Journey: Fifty Years Growth in Social Work*, The Citadel Press.
Ridgway, P.（2001）Restorying Psychiatric Disability: Learning from First Person Recovery Narratives, *Psychiatric Rehabilitation Journal*, 24（4）, 335-343.
Riessman, F.（1965）The "Helper" Therapy Principle, *Social Work*, 10（2）, 27-32.
Ritterfeld, U. & Jin, S. A.（2006）Addressing Media Stigma for People Experiencing Mental Illness Using an Entertainment-Education Strategy, *Journal of Health Psychology*, 11（2）, 247-267.
Rotter, J. B.（1966）Generalized Expectancies for Internal Versus External Control of Reinforcement, *Psychological Monographs*, 80, 1-28.
Rusch, L. C., Kanter, J. W., Angelone, A. F. et al.（2008）The Impact of in Our Own Voice on Stigma, *American Journal of Psychiatric Rehabilitation*, 11（4）, 373-389.
栄セツコ（1998）「精神保健ボランティア活動に関する研究」『社会福祉学』39（1）, 177-192.
——————（2003）「エンパワーメントアプローチに基づく精神保健福祉実践活動」『精神保健福祉』34（4）, 341-350.
——————（2005）「精神障害者エンパワメント・アプローチーパワーの喪失に関連する要因」『桃山学院大学社会学論集』39（1）, 153-173.
——————（2010）「教職員の統合失調症に関するリテラシーに関する一考察」『桃山学院大学総合研究所紀要』35（2）, 1-13.
——————（2011）「精神保健福祉領域におけるピアサポート活動の有用性：『仲間』の関係性から学ぶ」大阪市立大学大学院 白澤政和教授退職記念論集編集委員会編『新たな社会福祉学の構築』中央法規, 296-305.
——————（2012）「自分という武器を磨くことの大切さ：『クライエントから学ぶ』ことのできる感性と誠実さ」『精神保健福祉』43（4）, 293-294.
——————（2013）「精神障害当事者が参画した中学生に対する福祉教育」『日本福祉教育・ボランティア学習学会研究紀要』22, 35-47.
——————（2014a）「援助者になるということ」『響き合う街で』70, 40-43.
——————（2014b）「社会貢献としての病いの語り―精神障害当事者による福祉教育の「場」に着目して―」『Core Ethics』10, 109-120.
——————（2015a）「精神障害当事者にエンパワメントをもたらす公共の語りの設計」『Core Ethics』11, 83-94.
——————（2015b）「『援助者』の定義権はクライエントにある」『響き合う街で』74, 48-51.
——————（2016a）「精神障害当事者の語りがもたらす社会変革の可能性」『Core Ethics』12, 89-101.

─────（2016b）「リカバリーを促進するピアサポートの人材育成」『精神障害とリハビリテーション』20（2），128-132.

─────（2017）「公共の場の語りによる精神障害者のエンパワメントの獲得過程とその特徴─語り部グループ「ぴあの」の語りの実践から─」『Core Ethics』13，73-85.

栄セツコ・岡田進一（1998）「精神障害者家族の生活上の困難さに関する研究」『大阪市立大学生活科学部紀要』46，157-167.

─────・岡田進一（2004）「精神科ソーシャルワーカーのエンパワメント・アプローチに基づく精神保健福祉実践活動：実践活動の現状とその活動を促進させる関連要因」『生活科学研究誌』3，205-216.

栄セツコ・清水由香（2012）「精神障害当事者が物語る『早期』に関する一考察─前駆期における本人の違和感と援助要請行動─」『桃山学院大学総合研究所紀要』37（3），91-112.

栄セツコ編（2007）『精神障害当事者の「語り」の効用に関する研究』文部科学省科学研究費補助金（萌芽研究）平成19年度研究成果報告書.

─────編（2008）『精神障害当事者の「語り」の効用に関する研究』文部科学省科学研究費補助金（萌芽研究）平成20年度研究成果報告書.

─────編（2009）『精神障害当事者の「語り」の有効性に関する研究』日本学術振興会科学研究費助成金（基盤研究C）平成21年度研究成果報告書.

─────編（2010）『精神障害当事者の「語り」の有効性に関する研究』日本学術振興会科学研究費補助金（基盤研究C）平成22年度研究成果報告書.

─────編（2011）『精神障害当事者の「語り」の有効性に関する研究』日本学術振興会科学研究費助成金（基盤研究C）平成23年度研究成果報告書.

齋藤純一（2000）『公共性』岩波書店.

坂本真士・丹野義彦（1996）「精神疾患への偏見の形成に与える要因の検討（Ⅱ）」『日本教育心理学会発表論文集』38，307.

桜井厚（2006）「ライフストーリーの社会的文脈」能智正博編『〈語り〉と出会う─質的研究の新たな展開に向けて─』ミネルヴァ書房，73-116.

─────（2012）『ライフストーリー論』弘文堂.

Saleebey, D. ed. (1996) The Strengths Perspective in Social Work Practice; Extensions and Cautions, *Social Work*, 41 (3), 295-305.

───── ed. (1997) *The Strengths Perspective in Social Work Practice*, 2nd ed., Longman, 50-52.

───── ed. (2000) *The Strengths Perspective in Social Work Practice*, 3rd ed., Allyn and Bacon, 80-94.

ショーン，D. 著 佐藤学・秋田喜代美訳（1983=2001）『専門家の知恵 反省的実践家は行為しながら考える』ゆるみ出版.

ショーン，D. 著 柳沢昌一・三輪建二訳（1987=2007）『省察的実践とは何か─プロフェッショナルの行為と思考』鳳書房.

Simon, B. L. (1990) Rethink Empowerment, *Journal of Progressive Human Services*, 1, 27-39.

─────（1994）*The Empowerment Tradition in America Social Work*, Columbia University Press, New York.

白澤政和（1992）『ケースマネジメントの理論と実際─生活を支える援助システム』中央法規出版.

Solomon, B. B. (1976) *Black Empowerment: Social Work in Oppressed Communities*, Columbia University Press.

杉万俊夫（2013）『グループ・ダイナミックス入門―組織と地域を変える実践学』世界思想社．
箟　宗一（2002）『精神保健専門サービスに対する中学生，高校生の援助要請行動／態度の現状とそれに関連する要因』東京大学大学院医学系研究科 修士論文．
立岩真也（1997）『私的所有論』勁草書房．
――――（1999）「自己決定を考える（講演要旨）」『医療と福祉』33（1），3-7．
――――（2004）『自由の平等―簡単で別な姿の世界』岩波書店．
高山直樹（1997）「社会福祉における利用者の権利擁護―その意義・理念・展望」『社会福祉研究』68（4），2-10．
谷口政隆（1999）「社会福祉実践におけるエンパワーメント」『社会福祉研究』75（7），49-56．
――――（2000）「イギリスのおけるアドボカシー運動の展開」河野正輝・大熊由紀子・北野誠一編『講座 障害をもつ人の人権 3 福祉サービスと自立支援』有斐閣，209-223．
谷澤正嗣（2012）「公共性と市民社会 公共圏とデモクラシー」川崎　修・杉田　敦編『現代政治理論〔新版〕』有斐閣アルマ，225-259．
寺谷隆子（2003）「JHC板橋『21世紀の生活支援におけるソーシャルワーク』」『精神保健福祉』34（4），289-294．
上野千鶴子（2013）「『当事者』研究から『当事者研究』へ」副田義也編『闘争性の福祉社会学』東京大学出版会，25-46．
浦河べてるの家（2002）『べてるの家の「非援助論」そのままでいいと思えるための25章』医学書院．
――――――（2005）『べてるの家「当事者研究」』医学書院．
和気純子（1998）「エンパワーメント・アプローチの形成」古川孝順編『社会福祉21世紀のパラダイム 方法と技術』誠信書房，201-218．
――――（2005）「エンパワーメント・アプローチ」久保紘章・副田あけみ編『ソーシャルワークの実践モデル』川島書店，205-226．
ホワイト，M. & エプストン，D. 著 小森康永監訳（1990=1992）『物語としての家族』金剛出版．
ホワイト，C. & デンボロウ，D. 編 小森康永監訳（1998=2000）『ナラティヴ・セラピーの実践』金剛出版．
Whitmore, E. (1991) Evaluation and Empowerment: It's the Process that Counts, *Empowerment and Family Support Networking Bulletin*, 2 (2), 1-7.
Wood, A. L. & Wahi, O. F. (2006) Evaluating the Effectiveness of a Consumer Provided Mental Health Recovery Education Presentation, *Psychiatric Rehabilitation Journal*, 30(1), 46-52.
やどかりブックレット編集委員会編（2005）『伝えたい この気持ち，この願い』やどかり出版．
――――――――――――――編（2015）『こころの病いの物語をつむぐ 学校における語り部活動』やどかり出版．
谷中輝雄（1993）『谷中輝雄論稿集Ⅲ 社会復帰』やどかり出版．
やまだようこ（2000）「人生を物語ることの意味」やまだようこ編『人生を物語る―生成のライフストーリー―』ミネルヴァ書房，1-38．
――――（2008）「人生と病いの語り」やまだようこ編『人生と病いの語り』東京大学出版会，1-12．
山口創生・榮セツコ・芦田邦子・清水由香（2010）「精神障害当事者の語りによる中学生の精神

障害（者）に対する態度変容」『精神障害とリハビリテーション』14（1），101-106.
米本秀仁監訳（1999）『ソーシャルワーク・トリートメント相互連結理論アプローチ 上』中央法規出版.
全家連30年史編集委員会編（1997）『みんなで歩けば道になる 全家連30年のあゆみ』全国精神障害者家族会連合会，40-42.
全国精神障害者団体連合会準備会・全国精神障害家族会連合会編（1993）『こころの病 私たち100人の体験』中央法規出版社.
全国精神保健福祉会連合会 平成21年度家族支援に関する調査研究プロジェクト検討委員会編（2010）平成21年度厚生労働省障害者保健福祉推進事業 障害者自立支援調査研究プロジェクト『精神障害者の自立した地域生活を推進し家族が安心して生活できるようにするための効果的な家族支援等のあり方に関する調査研究』報告書.

【初出一覧】

第1章　栄セツコ（2005）「エンパワーメントアプローチーパワーの喪失に関連する要因」『桃山学院大学社会学論集』39（1），153-173.

第2章　栄セツコ（2015）「精神障害当事者にエンパワメントをもたらす公共の語りの場の設計―語り部グループ「ぴあの」の実践事例をもとに―」『コア・エシックス』11，83-94.

第3章　栄セツコ（2012）「早期支援における精神障害当事者の語りの意義：当事者の経験に基づく「語り」が地域の生きる力を育む」『精神障害とリハビリテーション』16（1），38-42.
　　　栄セツコ（2013）「精神障害当事者が参画した中学生に対する福祉教育」『日本福祉教育・ボランティア学習学会研究紀要』22，35-47.
　　　山口創生・栄セツコ・芦田邦子・清水由香（2010）「精神障害当事者の語りによる中学生の精神障害（者）に対する態度変容」『精神障害とリハビリテーション』14（1），101-106.

第4章　栄セツコ（2014）「社会貢献としての病いの語り―精神障害当事者による福祉教育の「場」に着目して」『コア・エシックス』10，109-120.

第5章　栄セツコ（2015）「精神障害当事者にエンパワメントをもたらす公共の語りの場の設計―語り部グループ「ぴあの」の実践事例をもとに―」『コア・エシックス』11，83-94.

第6章　栄セツコ（2017）「公共の場の語りによる精神障害当事者のエンパワメントの獲得過程とその特徴―語り部グループ「ぴあの」の語りの実践から―」『コア・エシックス』13，73-85.

第7章　栄セツコ（2016）「精神障害当事者の語りがもたらす社会変革の可能性」『コア・エシックス』12，89-101.

【著者略歴】

1997年3月 大阪市立大学大学院生活科学研究科人間福祉学専攻博士課程前期課程 修了（生活科学修士）
2003年3月 大阪市立大学大学院生活科学研究科人間福祉学専攻博士課程後期課程 満期退学
2017年9月 立命館大学大学院先端総合学術研究科先端総合学術専攻博士課程（一貫制） 修了（学術博士）

田中診療所，医療法人養心会 国分病院，財団法人東京精神医学研究所付属東京武蔵野病院において精神科ソーシャルワーカーとして勤務，大谷女子大学文学部幼児教育学科 専任講師を経て，2013年4月より桃山学院大学社会学部社会福祉学科 教授，現在に至る

◆主たる研究テーマはソーシャルワーク・当事者の病いの経験も含めた社会資源の開発
◆主な著書（すべて共著書）
  ・『コミュニティ臨床心理学―共同性の生涯発達』創元社
  ・『精神保健福祉ボランティア―精神保健と福祉の新たな波』中央法規
  ・『ソーシャルワーク論 岡村理論の継承と展開』ミネルヴァ書房
  ・『こころの病いの物語をつむぐ 学校における語り部活動』やどかり出版
  ・『精神保健福祉士の仕事』朱鷺書房　その他
◆主な訳書（すべて共訳）
  ・『ストレングスモデル 精神障害者のためのケースマネジメント』金剛出版
  ・『コンシューマーの視点による本物のパートナーシップとは何か？―精神保健福祉のキーコンセプト』金剛出版

病いの語りによるソーシャルワーク
エンパワメント実践を超えて

2018年10月20日　印刷
2018年10月30日　発行

著　者　栄セツコ
発行者　立石正信
印刷　平河工業社
製本　東京美術紙工協業組合
装丁　mg-okada

発行所　株式会社 金剛出版
〒112-0005　東京都文京区水道1-5-16
電話 03-3815-6661　振替 00120-6-34848

ISBN978-4-7724-1644-3　C3011　　Printed in Japan ©2018

コンシューマーの視点による
本物のパートナーシップとは何か？
精神保健福祉のキーコンセプト

［著］＝ジャネット・マアー・AM
［監訳］＝野中猛　［訳］＝山本和儀　栄セツコ　平田はる奈

●A5判　●並製　●130頁　●本体 1,800円＋税

その人らしく生活していく地域づくりに必要なのは
本人と支援する側との「本物」のパートナーシップである！

精神保健福祉士のための
地域生活支援活動モデル
対人援助職の成長プロセス

［著］＝住友雄資

●A5判　●上製　●190頁　●本体 2,800円＋税

エンパワメント志向のソーシャルワーク実現に向けて
精神障害者の地域生活支援に携わるすべての援助職に
日々の活動指針を与える。

地域で暮らそう！
精神障害者の地域移行支援・地域定着支援・自立生活援助導入ガイド

［著］＝岩上洋一＋一般社団法人 全国地域で暮らそうネットワーク

●B5判　●並製　●148頁　●本体 2,200円＋税

「精神障害にも対応した地域包括ケアシステム」を見据えた
明日から使えるサービス導入ガイド。